THE
DIGITAL
FRONTIER

HOW CONSUMER COMPANIES CAN
CREATE MASSIVE VALUE THROUGH DIGITAL
TRANSFORMATION

消费类企业
数字化转型

[印] 阿杰·索霍尼（Ajay Sohoni）/ 著

边立志　田悦　章爱民 / 译

华龄出版社
HUALING PRESS

图书在版编目（CIP）数据

消费类企业数字化转型 /（印）阿杰·索霍尼
（Ajay Sohoni）著；边立志，田悦，章爱民译 . -- 北京：
华龄出版社，2023.5
  ISBN 978-7-5169-2538-6

  Ⅰ . ①消…　Ⅱ . ①阿…②边…③田…④章…　Ⅲ .
①企业管理—数字化—研究　Ⅳ . ① F272.7

中国国家版本馆 CIP 数据核字（2023）第 091752 号

北京市版权局著作权合同登记号 图字：01-2023-2273 号

策划编辑　颉腾文化

责任编辑　裴春明　　　　　　　　　　　　**责任印制**　李末圻

书　　名　消费类企业数字化转型
作　　者　[印] 阿杰·索霍尼（Ajay Sohoni）　译　者　边立志 田悦 章爱民
出　版
发　行　　**华龄出版社** HUALING PRESS
社　　址　北京市东城区安定门外大街甲 57 号　　邮　编　100011
发　　行　（010）58122255　　　　　　　　　　传　真　（010）84049572
承　　印　石家庄艺博阅印刷有限公司
版　　次　2023 年 5 月第 1 版　　　　　　　　　印　次　2023 年 5 月第 1 次印刷
规　　格　880mm×1230mm　　　　　　　　　开　本　1/32
印　　张　9.5　　　　　　　　　　　　　　　　字　数　219 千字
书　　号　978-7-5169-2538-6
定　　价　79.00 元

数字化转型的本质：未来场景的价值创造

邓斌

华为原中国区规划咨询总监，《华为数字化转型》《管理者的数字化转型》作者

　　春江水暖鸭先知。数字化浪潮汹涌澎湃，千行百业之中离消费者最近的消费类企业最先被"呛到"，最先舔到海浪扑面而来的"咸"味。颉腾文化把阿杰·索霍尼的这本《消费类企业数字化转型》带给中国读者，正当其时。

　　作者阿杰·索霍尼在可口可乐公司担任东盟战略副总裁、数字总监，曾在东南亚地区最大的电子商务公司 Lazada 担任执行副总裁，长期从事消费品行业的数字化工作，深度洞察行业 Know-how，加上他曾担任全球顶级咨询公司麦肯锡副总裁的履历，使得这本书散发着"泥土"芬香的同时，又很有战略高度，读起来有一种空中鸟瞰大好河山的愉悦感。

　　数字化转型涉及的知识体系博大精深，在当前市场已经有上百本关于数字化转型图书的情况下，为什么还要读这本外版书？索霍尼做了精辟的阐述，他认为知识和见识是不同的，这本书讲的不是知识，而是见识。从认识论上讲，知识必须植根于真理，消费市场的日新月异导致市场变得格外复杂，在这种市场环境下是不可能辨别出真理的。存在即真理。这本书分享的多个案例，也并非都是有关数字化转型的技术知识，而是作者在数字化领域的丰富见识。正如华为创始人任正非对华为管理者们所说的："人

的见识比知识更重要"。一个阅历丰富的作者，带给我们最关键的是"见识"，这也是本书的核心意义。

这本书中，作者把他对数字化影响消费类企业未来的见识提炼为六大前沿：触达用户、消费者互动、商业交易、产品开发、供应链和部门职能，在每个前沿下设想了四个应用场景，全书一共讲述了24个场景案例，比如：公司如何触达用户，探讨电视广告和户外广告的未来，了解个人设备，以及社交媒体的本质将如何改变。这样的叙事方式视角开阔、场景清晰，明确地体现出作者多年洞察的结论，达到就事论理的效果。

这本书给我最大的两点启发是：未来场景是什么？如何让价值创造归位？

未来场景是什么？这是贯穿全书不断追问的问题。我做了一个不完全统计，书中谈到多个"未来"：未来户外媒体、未来忠诚计划、未来移动商务、未来浏览购物、未来消费者研究、未来个性化定制、未来本地化特许经营、未来工厂、未来物流、未来循环经济、未来就业、未来领导、未来政府……站在未来看现在，牵引中国读者开展数字化转型时以愿景为驱动，而非拘泥于现状。

如何让价值创造归位？作者认为，只有为所服务的组织创造出增量价值，数字化转型才能算是成功。因此，他给出一个特别精辟的定义：数字化转型是通过将技术全面筛选且可持续地部署到组织的业务运营中来创造增量价值的过程。

综上所述，作者不是一个技术派，而是一个有丰富阅历的管理者，我从阅读这本书中更加确信数字化转型的本质是未来场景的价值创造。另外，值得一提的是，消费类企业是数字化转型的排头兵，本书的论断不仅仅局限于消费类企业，其他行业也有很好的借鉴意义，诚挚推荐政府、事业单位、企业的管理者读一读这本书。

写作缘由和必读理由

2020年7月初，我们刚刚从新加坡的新冠疫情封锁（当地称之为"熔断"）中走出来。由于之前实施了为期六周的封控、保持社交距离和严控社交行为等措施，我们居住的这座城市没有暴发大规模疫情。在我们把五岁大的孩子送到附近去参加首日的艺术夏令营后，时间刚过早上8点，我和太太在一家咖啡馆的漂亮的户外座椅上坐了下来，这家咖啡馆位于新加坡安静、绿色、现代的媒体区。因为只有我俩在此，由日本建筑大师槙文彦（Fumihiko Maki）设计的媒体城（Mediapolis）更显得宽敞大气、低调宏伟。我本打算休两周假的，但在疫情暴发后，人们已经不再请假了，公司也敦促大家做好自我防护，不用去上班了。

我对我太太说："我担心两件事。"一是如何有效利用这两周的时间。过去六年里，我一直在数字和技术类业务领域工作，目前正处于职业生涯的转折点，我希望转向其他领域。但我又很喜欢当下从事的领域，觉得自己还能贡献很多东西。二是担心如果现在"离场"，我所掌握的一切都会过时。我太太比我聪明多了，这一点在11年前就有了定论：当时她的GMAT得分就比我高，而且在我俩相识的欧洲工商管理学院（INSEAD）念书期间，她各科成绩的平均绩点（GPA）可能也比我的高。但是我们无从得知真相，因为我们一直延续着INSEAD不公开成绩的做法。

我太太说："写本书吧。"于是，我听从了她的建议。

本书汇集了我在推动面向消费者业务进行数字化转型方面的

理解和看法。具体而言，这些理解和看法源自我的工作经历：在来赞达集团负责数字创业、在麦肯锡担任转型顾问以及为可口可乐公司制定面向消费者的业务战略等。迄今为止，在我14年的职业生涯中，我庆幸自己在全球各地不同的公司里工作过，这些公司带给我一系列不可思议的经历，可谓跌宕起伏、精彩纷呈，我希望能把这些说给大家听！所以，借本书与读者分享我迄今为止的所学所获。不过，在进入本书正文之前，我想先来分享三件事，它们是我职业生涯中发生过的至今仍让我记忆犹新的事，涉及三位令人钦佩的领导者。

第一件事：时间回到2010年，大约在11月，阿姆斯特丹开始变冷。我们没能预料到那一年将在一场导致机场关闭数日的暴风雪中结束。但是，在11月那个寒冷的日子里，我正在风景如画的阿姆斯特尔（Amstel）河畔，坐在麦肯锡一间漂亮的会议室里，帮忙给一份演示文稿做最后的编辑。我们的客户是一家大型消费品企业集团，新近任命的首席执行官（CEO）将在拥有300多年历史的阿姆斯特丹艾尔米塔什博物馆（Amsterdam Hermitage Museum）举办一场年终庆祝活动。来自全球各地的顶级商业领袖齐聚一堂，在灯光师和音响师布置场地时，我们正在与那位CEO讨论他演讲的一些细节问题。当晚，他开启了一场跨越十年的转型之旅，把公司跨国经营的多品类业务拆分、调整、并购、拼接成一个全新的形态，同时从内到外改变了公司的运营方式。回顾那次阿姆斯特尔之夜，想想当时在幻灯片上还只是提纲挈领的策略，再看看随后切实开展的行动，我们会发现这位变革型领导者身上具有两个熠熠生辉的品质：勇气和承诺。

第二件事：五年后在杭州，也是11月，天气也很冷。从上海出发，经过短暂的夜间航班和车程，我昏昏沉沉地来到规模庞大、令人难忘的阿里巴巴园区，走进一间会议室。此行要见的是阿里巴巴的CEO张勇。来赞达集团是一家东南亚领先的电子商务公司，当时正在讨论来自阿里巴巴的一项投资，我负责的是来赞达的支付公司，该公司随后将被支付宝收购。几个月后，阿里巴巴收购了来赞达的控股权，但2015年11月，我们仍在谈判中。张先生身上有一种强烈的光环，他说话沉着冷静、字斟句酌，是一位令人印象深刻的领导者。我们大概花了30分钟讨论消费者看重什么、商家看重什么以及品牌看重什么。没有复杂的专业术语，也没有金融科技以及区块链等烂大街的流行词。回顾那次互动，我意识到了将在本书中多次重复的核心思想：公司的目标在于利用技术创造商业价值，而不在于为了技术而应用技术，然后以某种方式找到相关的商业价值。张先生身上也具有两个变革性的品质：务实和专注。

第三件事：四年后的9月初，这次地点是在新加坡市中心附近的一间会议室里。天气跟往常一样温暖，新加坡全年都这样。街区多处道路封闭，几周后将在这里举办一级方程式大奖赛的标志牌随处可见。一个周末的工夫，市中心的街道就变成了世界上速度最快、声音最大的汽车赛道，堪称当代奇迹。在这栋70多层的酒店的一个高楼层上，聚集了可口可乐公司中最聪明、最有创造力的人，他们一起讨论品牌对消费者意味着什么。演示目不暇接，点子层出不穷，辩论富有成效，然后在这一切之中——这次会议最高级别的领导者卷起袖子，走向投影幕。接下来是令人难忘的一对一关于可口可乐品牌的讨论时间，时长30多分钟，涉及以下内容：品牌推广史；过去几十年中品牌在消费者生活中所扮演的角色的改变；产品的化学成分和每种成分的生理作用；品牌自身的定位和品牌观以各种不同的方式与产品的科学性紧密联系，但其所蕴含的意义远超产品本身；消费者从货架上选择可乐罐时所暗含的生活方式和个人品位。这几乎是在提醒我们：不要做出辜负公司130多年历史的选择。

我记得当时我在想，为什么商学院没有教过我们那些东西，这也算是给我上了一课。丰富的领导经历以及数十年来积累起来的对人情世故的理解都是无可替代的。与让"会写代码、阅读《连线》杂志、领英身份显示为连续创业家的人"担任领导角色相比，让我们的高级领导者跟上数字化的步伐，我们将收获更多。我从中学到的变革型品质是：对消费者的深刻理解和企业传承。

知识和认识是不同的，二者有区别，但经常被混用。本书讲的不是知识，而是认识。从认识论上讲，知识必须植根于真理，但日新月异且深不可测的技术导致商品和服务的市场变得格外复杂，在这种市场上是不可能辨别出真理的。存在即真理。所以，我能分享的未必是有关数字化转型的知识，而是自己在这方面的认识，这正是本书的内容所在。本书在章节安排上，每章只讨论一个主题，并写出我自己的认识，这就是在向读者传递信息，由读者来接收和处理，并对我所写的主题形成自己的认识。如果读完本书，你对涉及数字化转型的种种变革感到更加从容不迫，那本书就算成功了。

最后一点，我希望你在阅读本书时感到趣味盎然。我喜欢冷段子、美食、令人震撼的电影、动人的歌曲、烈酒、长跑、烧脑的故事，最重要的是，我喜欢不那么一本正经地对待严肃的事情。所以，我试图让数字化转型这个听起来很严肃的话题变得有趣，并希望你能在阅读的过程中开怀大笑。希望你开卷有"趣"，乐在其中！

ACKNOWLEDGMENTS | 致谢

首先，我想感谢我的太太恩珠（Eun Joo），最初是她建议我写作本书，并在整个写作过程中不断向我提出建议。感谢我的小女儿艾拉（Ira），因为她睁大眼睛充满好奇，不知道爸爸为什么从早到晚都在不停地敲打笔记本电脑。一想到将来有一天带她走进书店，让她看看她爸爸写的书，我便充满了力量！

我要感谢我的父亲，他是第一个阅读本书初稿的人，并建议我在书中虚构一些情节，我听从了他的建议；感谢我的母亲和妹妹不断地鼓励我；感谢我的妹夫亚索迪（Yashodeep）、我亲密的朋友米海尔（Mihir）和莱斯利（Leslie）抽时间一丝不苟地通读了初稿，并提出了颠覆性的修改建议。

在我的可口可乐"大家庭"中，我要感谢敦促我出版本书的伊恩·麦克劳克林（Iain McLaughlin），感谢允许我在本书上花费时间的克劳迪娅·洛伦佐（Claudia Lorenzo），感谢贝琳达·福特（Belinda Ford）通读了全书并提出了我未曾注意到的问题。

最后，我要感谢可口可乐、来赞达—阿里巴巴和麦肯锡等公司的领导和同事，他们都是我非常好的老师，让我学到了很多东西，使我在此基础上创作了这本书。

CONTENTS ｜ **目录**

第一章
背 景

①

让价值创造归位

我们不要再装模作样了

至少对我来说，那是在索霍尼（Sohoni）家的又一个清晨。我近来一直是每天早上 5∶30 就醒，我太太认为我这是变老了。事实上，此时此刻我才 38 岁，但考虑到那些天有太多信息、太多情况要处理，我猜想我的大脑确实老化得更快了。

因此，在 2019 年 9 月的那个早晨，当时的世界尚未暴发新冠疫情，所面临的问题只有气候变化、种族主义和偏见等，我正在晨读相关文章。当然，我所谓的晨读，无非是坐在客厅沙发上，悠闲地啜饮一杯黑咖啡，漫不经心地浏览几个新闻网站和论坛。突然，我看到这么一则头条新闻：

众创空间（WeWork）公司创始人亚当·诺依曼（Adam Neumann）辞去首席执行官一职。

此事发生前数月，高管不良行为、首次公开募股（IPO）失利以及商业模式老旧等问题引发的阴谋论甚嚣尘上。我想：又来了，现在我们都必须假装这事令人震惊，因为大家都觉得，众创空间公司是注定要达到那个高度的。这真是一种"有毒的"管理文化，把一个完美且可投资的项目弄得一团糟。这不是常态，而是意外，一次规模巨大的意外，但终究还是一次意外。我们都不得不再次装模作样地感到震惊，就像在听到特拉维斯·卡兰尼克（Travis Kalanick）2017年辞去优步（Uber）CEO一职、伊丽莎白·霍姆斯（Elizabeth Holmes）2018年被指控在血液检测创业公司"疗诊"（Theranos）实施电汇欺诈等消息时假装感到震惊一样，甚至要比当年听到色拉布（Snapchat①）、来福车（Lyft）或史莱克（Slack）等知名科技公司的上市没有激起大家意料之中的反应时表现得更为震惊。如果说公司上市有点像马拉松比赛的终点线，我们的反应就相当于不关心谁跑完全程或赢得比赛，而只是在庆祝那些在前几公里拼命冲刺的人。

快进或者更像是快退（有这种操作吗？）。到2019年12月，又是一个多云的清晨。我差不多待在同一个地方，除了天气，另一个不同的是我的咖啡，这次喝的是我信赖的胶囊咖啡品牌——哥伦比亚特制版咖啡，虽然味道与上次的黑咖啡没什么两样，但我乐于为更具吸引力的包装多掏点钱。我每个月都会阅读圈内的成功故事，但那次在领英上的阅读让我觉得自己是个十足的失败者。《福布斯》30位30岁以下精英榜"刚刚发布，这30名拥有巨大勇气的"千禧一代"，他们创办的公司名称由五个字母组成，朗朗上口，如"ZIPSY"和"FRIXO"（这些都是我编的），已经筹集到数千万美元。我们都必须再次开始装模作样地表示，这才是我们和我们的孩子需要追求的成功新模式——筹集资金，

---

① Snapchat是一款由斯坦福大学学生开发的图片分享软件应用。——译者注

多次筹集，越筹越多。

这次是 2019 年初，我在美国参加一个研讨会，我们即将召开一次为期三天的敏捷会议（是的，我说的有点太简单了，更多内容见第 7 章）。这里也有咖啡，但这是在美国公司的办公室，所以咖啡是滚烫的，带有淡淡的咖啡豆香味。为了烘托效果，我们在角落里扔了几个咖啡豆袋子。我们举办了一个现场工作会，在那里我们录制 TikTok 之类的垂直视频，以便稍后有人进行视频剪辑（因为是数字视频）。一位高层领导者站起来，非常感谢我们讨论这个重要话题，然后说："我们需要开始像初创公司那样去行动和思考。"于是我们又开始假装认为，像初创公司那样去做事、去思考确实是我们需要做的一件大事。我们假装知道像初创公司一样思考的重要意义。

这就是让我夜不能寐的原因，我想我应该写这本书，这样才能安然入睡。说真的，我们需要停止装模作样。身处传统大型公司内部的我们现在需要弄清楚这些问题：外面到底发生了什么？我们如何才能更好地理解这种变化？我们应该做什么？做这些事将帮助我们赚更多的钱吗？我们如何共同商定前行之路，而不是你走你的阳关道我过我的独木桥？如何不再参加各种网络研讨会而是着手完成实际工作？

价值创造：一切的根源

公司赚钱是因为创造了价值，个人赚钱也是因为创造了价值。如今，赚钱是我们都能尽力为之的一件事。本书将当前的市场形势作为企业需要在其中经营的现实环境，并试图解锁形势，以确立共同的理念并打造切实可行的成功之道。在这个世界上，成功关乎利润，而利润又关乎价值创造。

我不是科班出身的经济学家，也不是大学教授，但我试图在本书中展现我内心的对话和反思，看看这样做是否能像它对我所起的作用一样，帮助你们理解正在发生的事情。在写作过程中，我将把问题大大简化，希望这么做不会削弱本书的效用。

我把价值创造定义为个体从事的一项活动，该活动可以产生对他人有价值的结果（如产品）。在完成这项活动的过程中，个体为他人创造出一些有价值的东西，这就是价值创造。举个例子，甲发现自己刚好坐在一口油井上面，于是决定钻探，开采一桶石油需要花费他10美元。乙需要这桶石油，并愿意支付15美元来换取这桶石油。甲决定开采这些石油，便创造出15美元的价值；如果他选择什么都不做，只是坐在家里追剧看《巫师》（The Witcher），这些价值就不会被创造出来。

在整个过程中，甲赚到5美元的利润，这是他从地下开采石油活动中所获得的报酬。

如果因为发现了更多的石油，或者因为全世界意识到气候变化的严峻现实而不再使用石油，导致现在甲这种人大为增多，而乙这种人大为减少，那么对石油的需求就会下降。其结果是，世界不再认为石油开采活动"具有价值"，并且乙只愿意为每桶石油支付12美元。开采石油仍然需要花费10美元，但现在只能赚到2美元，而不是原来的5美元了。甲的利润减少，是因为世界不再看重他们所做的事情，即创造的价值变少了。

我们需要把世界和我们的经济想象成一个极其复杂的、多层次的、相互联系的网络，个人和公司每天都在进行活动，为其他人和其他公司创造价值。如果你是在为别人创造有价值的东西，你将为此获得报酬并赚到钱。你赚多少钱不仅取决于人们对你所从事的活动的需求大小，还取决于正在从事同类活动的其他人的数量多少。反之亦然，如果你没有赚到钱，或者赚得不够多，那你可能就没有创造出任何价值，或者没有创造出足够的价值，来为你的活动获得公平的报酬。

那么，这就引出了一个问题：初创公司在创造价值吗？

为深入研究这个问题，我们选取五个近十年最为常见的应用场景①为例：打车、联合办公空间、送餐、电子商务和数字支付。

打车

早在 2009 年，当年我在读 MBA，我们一群人去吉隆坡雪邦赛道观看一级方程式大奖赛。那时在吉隆坡打出租车是一场噩梦，宰客、拒载屡见不鲜，持刀威胁也偶有发生。十年之后，在吉隆坡打车变得轻而易举，出租车公司为城市交通市场的供需平衡增加了绝对的透明度，这真正为消费者做了一件有价值的事情。但是，出租车公司在整个发展过程中，都没能从这件事中赚到任何利润。打个比方，它们从每桶石油中获得的报酬是 8 美元，而开采成本是 10 美元。背后的原因很简单：为了确保在激烈的竞争中继续获得巨额资金和超高估值，它们不得不在亏损的情况下售出越来越多的载客服务并获得越来越多的消费者。这一切都基于未来将把这个消费者群货币化的愿望，但这个愿望尚未实现。有些资本已经分流到其他应用场景，比如送餐和支付，这

---

① 原文是"use case"，本来是软件工程或系统工程领域对系统如何反应外界请求的描述，是一种通过用户的使用场景来获取需求的技术。该术语常译为"用例""使用案例""用况"等，但结合上下文，本书统一译为"应用场景"。——译者注

些也全都亏损，正如人们所预料的那样，将几项亏损的业务归入一家公司的结果是出现一家更大的亏损公司。

联合办公空间

关于联合办公空间，我一直在思考一个关键问题：公司为谁创造价值？众创空间公司的失败可以归咎于很多事情，有太多的原因，但它们也错误地回答了这个基本问题。爱彼迎（Airbnb）为房东和旅行者创造了明显的价值，你们大多数人都明确体验过这一点。联合办公模式创造了很多价值，是因为这种模式扩大了房地产的消费者群体，提高了入住率，从而房地产资产所有者有机会获得更好的资产回报。但众创空间公司的做法是先拥有房地产，再廉价出租，这样就没有创造出什么价值，因此它们是从自己兜里掏出房地产资产的价值，然后将其转交给消费者。在消费者方面，除了明显极具吸引力的价格外，尚不清楚他们是否真的需要这种产品。在我们的城市里，总体上并不缺乏办公空间，初创公司员工对破旧办公条件的接受度远高于旅行者对爱彼迎破旧住宿条件的接受度。在我的创业生涯中，我曾经有整整一周的时间坐在一把只有三条腿的椅子上。对了，你还可以去星巴克工作，无须花钱。

送餐

送餐并不是什么新事物，比萨配送始于 20 世纪 60 年代，几十年前就开始接受电话订单，到 90 年代中期又开始接受互联网订单。你能相信吗？竟然是拿起电话和另一个人交谈一番！这已经为消费者带来了明显的价值：足不出户就有人送餐上门。送餐应用程序只是将该价值扩展到更多的餐馆经营者和更大范围的已安装应用程序的消费者群体。现在，所送餐食的种类比以前丰富多了。送餐服务商根据所提供的价值向消费者和餐馆合理收取费用。

然而，送餐行业经历了几个有趣的转变。首先，送餐服务商对配送半径划定了地理范围，并普遍改进了配送效率，因此餐食在20分钟内即可送达，从而为消费者提供了更多的价值。其次，一些送餐服务商意识到，他们无法在某些市场以可接受的成本开展配送业务，并开始收缩并退出特定城市。迄今为止，随着送餐行业日趋规范化，这是完全可以接受的做法。就在这种情况开始发生时，网约车巨头和更多的竞争对手涉足送餐业务，并开始让消费者享受免费送货和大幅折扣。结果，我们现在又遇上了一个无利可图的应用场景，只有在消费者被要求为其所获得的服务付费时，这个应用场景才会开始具有意义。这并不总是那么容易的：如果那桶油过去一直是免费送，但现在让你花15美元去买，你会勃然大怒。

电子商务

当今的电子商务有许多不同的形式，但无论平台承载的分类规模大小，交付及发货模式如何，电子商务创造价值的两大要素都是提高可用性或可见度以及增进在家购物的便利性。以前只有那些有幸住在大城市零售点附近的人才能看到的产品，现在世界各地的人都可以买到。我在印度的一个小镇长大，记得母亲第一次买微波炉还是电饭煲时，只有一种规格可选，价格也无从参考。我父亲去年买咖啡机的时候，几乎有无穷无尽的选择，得以做出极为明智、颇感骄傲的决定。不用自己把东西拖回家的便利是显而易见的，不需要我在这里解释。还有许多其他因素使电子商务令人兴奋，但也有一些价值破坏因素，例如缺乏店内体验。遗憾的是，对于电子商务而言，太多的品牌和平台为了展示短期销售成果而不顾一切地将其视为折扣渠道，而且消费者也开始这么认为。产品的价值受到威胁，但我相信这种情况会改变。对作为消费者的我来说，电子商务的好处实在很诱人，不能因为不习惯支付运费就放弃。

数字支付

这是一个有趣的支付方式，本人很久以前在经营一家支付公司时曾为此苦苦挣扎过。广义上说，数字支付属于金融科技的范畴，这个话题可以再写一本书，但我在此想讨论的是围绕消费者使用非现金工具来享受支付便捷性的狭义定义。支付公司总是理所当然地吹嘘数字支付的一项关键优势：消费者可以方便地进行无接触、一键式、免点击等支付，无须提取现金，无须处理找零钱。对商家来说，这有可能将匿名现金支付转化为有用的消费者数据，同时还有望降低现金处理成本和交换费用。

但这种价值真的实现了吗？在美国欠发达的城市，现金仍然被广泛使用，消费者并不真正关心非现金支付的便捷性。在大城市，信用卡和银行已经开始提供类似的便利，消费者使用数字支付应用程序主要是为了返利和折扣，这不是可持续的模式。我仍然相信数字支付可以创造价值，但支付宝 2005 至 2015 年间在中国崛起和贝宝（PayPal）同期在美国崛起的情况不同（前者是由于零售银行提供的个人金融产品不足，后者是由于易贝的专属交易），传统银行和信用卡公司的支付工具在渠道和质量方面如今都有了很大改善。而且，转向新的支付工具所带来的增量价值或许对消费者或商家来说没有足够大的吸引力。

那么，我们能从过去十年最受欢迎的创业案例中学到什么呢？

首先，要为消费者（买家）和商家（卖家）创造明确的价值。开始数字化转型的公司需要由此开始，确定它们在为消费者和生态系统中的其他合作伙伴创造什么价值，这些合作伙伴可能包括供应商、零售商、制造商、员工或公司与之有财务关系的任何其他实体。探索价值创造的所有这些方面很重要，因为一种新的经营方式的真正受益者往往不是最明显受益的那些人。

其次，这种对价值的追求需要坚持不懈，坦率地说，这是我们进行数字化转型的唯一原因。但事实往往并非如此：融资目标（本章稍后将详细介绍这一点）、领导者（他们只是想要建立声誉而不是创造收益）的个人议程、不必要的紧迫感（不允许公司以适当的方式让消费者了解一种商业新模式追求长期价值的经济原理）以及思想领袖的叙事方式所产生的震慑与敬畏（他们不断地将新术语杂糅其中，并不断分散毫无戒心的公司高管对创造利润的关注）等因素使情况变得混乱。

但是，如果这些公司并不总是在创造价值，那么它们的市场估值怎么会如此疯狂呢？为什么传统公司就做不到这一点，从股价飞涨中受益呢？这些都是非常中肯的问题，需要加以回答，我想花一些时间来反思这些问题。

请资金极为充裕的资本家入场

2017 年 5 月，孙正义宣布他的千亿美元愿景基金（Vision Fund）完成首轮融资，协议投资大部分来自中东主权财富基金，其中沙特主权财富基金出资高达惊人的 450 亿美元。随着大公司投资范围的收窄，我们都可以陶醉于自 2017 年以来我们从沙特石油资金中受益的事实。1000 亿美元，这个数字让我沉思，我想我个人是想象不到这个数字到底意味着多少钱，而且坦率地说，大多数公司也想象不到。如果拿游泳池或足球场来表述，也许会容易些。比方说，软银集团刚刚在软银愿景基金中筹集到的钱相当于在 50 个大小符合奥运会标准的游泳池里装满了百元美钞，你可以想象那是多少钱。还有更多的基金、更多的投资者，更多的游泳池里都装满了钱，以及很多很多的政府无法停止印刷的钱。

在这一点上，重要的是要回过头来了解资本市场，再次使用我那个过于简化的类比，即一个家伙从地下采油。在这种情况下，甲一直以每桶 10 美元的成本开采石油并以每桶 15 美元的价格向乙出售石油，从而创造价值。甲现在意识到对石油的需求会增加，因此对石油开采的需求也随之增加。因此，他决定花 100 美元买一辆卡车来搬运油桶，但他意识到自己没有那么多钱。于是请丙，即投资者入场。丙将购买那辆卡车的钱交给甲，丙得到的回报是获得公司股份并与甲分享未来利润的承诺。产生的利润越高，丙获得的分成就越高，丙就越愿意把钱借给甲。在这个简单的世界里，投资者总是会寻求更大的分成，公司创造的价值越多，吸引到的资金就越多。那么，为什么现实并非这样呢？

假设甲的公司随着需求的增加而不断扩大，并且由于规模和运营创新而不断提高效率，因此其公司的价值或其未来的利润中被切分的部分也会继续增加。现在，很多像丙这种投资者手中有很多钱，他们为了赚更多钱而热衷于投资。他们不想等利润实现，而是想快速赚钱，因此他们不断地从彼此手中购买公司股份，并通过估值的增加来赚钱。倘若丙手中可以四处投资的资金有限，还不会出现什么问题。但是，如果资金充足呢？那就会由此引发崩溃。

现在世界上的钱太多了，过去十年一直如此。本书不是讲宏观经济学的书，即便如此，也不存在关于什么是对、什么是错形成绝对的全球共识的版本。但抛开对错不谈，我对因果关系的简单理解是这样的：

经济衰退→人人都抓狂→人们不再购买东西→公司不再生产东西→人们失业→人们更加抓狂→政府变得紧张→政府加大印钞→政府免费发钱→公司获得资金继续发展→公司重新雇人。但等一下，需求实际上并没有增加，公司也没有创造比以前更多的价值，所以额外的钱只是通过创造就业机会来安抚普通民众，并导致资本市场大规模的扭曲。

为什么经济一开始就崩溃？政府应该如此应对吗？如果政府不如此应对且存在地方性失业的话会发生什么情况？当然这些都是巨大的问题，其中许多植根于我们的人性和动物本能，但它们远远超出了本书的范围。因此，我们要说的是，跨越几十年的一系列事件，特别是过去十年发生的事件，导致我们最终陷入了一个资金过多的世界。

这些资金疯狂流入可能一开始就不值得投资的资产，再加上总是不切实际地期望所有投资都会带来超高回报，这就有了盲目投机的操作。邀请年轻的创始人来追求名利，引进以股票期权作为报酬的志同道合的专业人士，他们将不惜一切代价去提高公司的估值。再加上一小部分极为热衷于炮制各种方法来为根本不赚钱的公司估值的投资银行家。投资银行基本上会告诉甲组投资者以一定的估值购买一家公司的股票，然后在一年后让乙组投资者以两倍的估值购买同一家公司的同一只股票。在此过程中，他们将甲组的投资翻了一番，并且可以向乙组声称银行给出了令人难以置信的好建议。该银行的收费极具吸引力，似乎没有人质疑标的公司的价值是否真的翻了一番，也没有人指出，同一家银行在随后的两轮融资中任意提高公司估值这一事实存在明显的利益冲突。

所以，这一切看起来像是某种疯狂的庞氏骗局，当某个事件允许真实价值（或价值不足）暴露时，最终持有股票、最终买单的都是穷苦人，就像上市失败和独角兽公司倒闭等情形一样。当然，并不是所有的初创公司都是这样，我们已经看到像脸书和谷歌这种科技巨头已经找到了令人难以置信的价值创造模式，并证明了没有任何欺骗行为的情况下可以发展得很好。顺便说一句，公开市场也不能幸免于此，看看亏损公司的上市方式，例如优步或来福车（Lyft）。这并不意味着它们会倒闭，也许投资者相信未来会有回报并赢利，毕竟脸书和亚马逊在上市时也是亏损的。但如今，在廉价资金环境中开展业务的科技独角兽从来没有真正创造回报的自律，而且在前几轮融资中措辞明确的条款的推动下，它们可能急于上市，以满足急于退出的私人投资者。

初创公司主要为投资者而创建，有时是为消费者而创建

有人并不认同这个观点，但我坚持认为这种情况并没有错，其中也有市场力量在起作用。我们最终筹集到太多的资金，需要有人创造资产来使用这些资金，并为投资者提供从投资中赚更多钱的方法。初创公司只是在满足这种需求，在此过程中，它们为获利后退出的投资者创造价值。初创公司可能没有为生态系统中的消费者或其他利益相关者创造价值，但它们会为股东创造价值，这没有错。我甚至可以大胆猜测，在"改变世界"和"让世界变得更美好"的表象下，初创公司的大多数创始人和高级领导者都知道，这里上演的是一种双重游戏。我们希望通过生产出好产品为公司赚钱，但我们也希望通过确保公司估值不断增加来为投资者赚钱。

好吧，这对我们来说意味着什么？对于想要像初创公司一样思考的企业来说意味着什么？

对于初创公司，我们需要承认有两款不同规则的"游戏"，我们需要决定想要玩哪一款，这样才能全心全意地玩好。经营者会利用技术和创新来寻找为消费者创造价值的新方法；代理人将建立可投资资产以吸引未来外部投资，我们是经营者还是代理人呢？最终退出是否会创造更多的股东价值？或者，我们真的可以同时玩这两款游戏吗？

我们首先来研究创新型经营者的反应：公司进行内部创新的例子当然有很多，事实上，这就是如今仍然有几家标志性公司位居《财富》500强的原因，这些公司在50多年前就已经存在了。但这些创新往往隐藏在公司的核心业务中，不受外部资本市场的影响，而且很难通过财报电话会议和分析师报告反映在股票市场上，以获得估值收益。更糟糕的是，公司内部的融资市场和监管规则不允许它们像初创公司那样进行突破性创新。

从纯粹的投资者角度来看：传统企业成功投资的例子是可以

找到的，这方面可以追溯到杜邦公司1914年投资通用汽车，以及后来的微软公司2007年投资脸书；但这样的例子很难找，因为企业一般不做投资业务。有些企业通过建立孵化器来进行投资。这些都无所谓，因为企业做的是部分投资，绝不会是足够的投资，创新也只是与企业部分相关，绝不会完全相关。过去，企业风险投资可谓喜忧参半，企业发现很难扮演投资者的角色，因为巨额风险投资资金的强势介入，风险投资的起步资金就让传统企业承受不起。传统企业要做的是更加传统的投资，对传统投资者负责，且行事需更加谨慎。

但我认为，这并不意味着企业不能参与投资，现在正是我们构思一种新型创业公司的时候。它与我们的核心业务有关，甚至可能拥有多数股权，但通过特定的机制，我们可以保留在初创公司的激励措施和工作方式，使其有机会为我们的业务和股东创造非凡的收益。本书最后一部分将讨论公司如何在数字化转型过程中构建这一中间地带，既为消费者创造价值，又为现有股东提供可持续的回报。

也许这里可以拿体育来类比。传统公司可能永远无法成为数字行业的迈克尔·乔丹（Michael Jordan），我们不能那么善变且一直承担高风险，因为我们是否每个赛季都赢得"最有价值球员"的头衔并不重要，重要的是我们要赢。斯科蒂·皮蓬（Scottie Pippen）也赢了，我们要学会像皮蓬一样。

那么，你具体是做什么的呢？

这个问题我反复问过，而且问的时间不同，答案也大不相同。在我结束创业阶段并决定进入企业界时，就业市场上充斥着带有

"数字"术语的职位，包括我自己的职位。这些职位有不同的后缀：数字集成负责人、数字商务负责人、数字营销负责人、数字化转型负责人、数字业务管理、数字业务开发——全都带有"数字"。每个职位描述基本上都围绕技术、数据、互联、创新、初创公司、区块链等进行了相同的模糊叙述，但关于在该职位上的人到底应该做什么的具体信息却非常少。

我遇见过几位同行，他们是传统组织中数字变革的推动者，而且经历都是一样的。获得聘用后，我们的第一项任务就是去弄清楚聘用我们的目的到底是什么。除了为我这样的人提供了就业机会这个明显的事实外，聘用我们确实彰显了公司的勇气，对此我不想贬低。在不清楚员工应该做什么的情况下就聘用他们，做到这一点很不容易，但相信你的直觉：确实有事需要他们做。所以，我早期就开始尝试确定数字化转型的含义，并在此提出一个定义：

数字化转型是通过将**技术**全面筛选且**可持续地**部署到组织的**业务运营**中来创造**增量价值**的**过程**，因此它成为**新常态**的一部分。

上述定义中的黑体部分需要进一步解释。首先，数字化转型是一个过程，而不仅仅是一个结束状态。数字化转型负责人将基于技术的创新引入组织，如果有新技术，就有机会使用它来影响转型。所以，在可预见的未来，带有"数字"的职位可能不会消失，因为总会有新技术出现。技术发展的步伐不断加快，这使得在公司中不断过滤、综合并将想法注入组织的角色变得非常重要。

只有为所服务的组织创造出增量价值，转型才算成功。很多东西对公司都有价值，因此价值自然就是一个模糊且经常被误用的术语，但它有助于从增量利润的角度来考虑价值创造。

这种关联可能并不总是那么直接，例如，安装一个新的数字应用程序允许员工通过拍照来报销出差和伙食收据，这将为员工创造便利，并可能节省员工的时间，为更多以某种形式提高公司利润的增值项目争取时间。我们并非总是需要弄清楚到底增加了多少利润，但了解价值创造可能增加盈利对我们来说是有帮助的。对公司利润具有显著影响的举措自然应该得到更多的关注和优先考虑。

数字化转型应该主要关乎技术。数字化转型与创新（如果组织中存在创新功能）有何关系，这是许多公司都在努力解决的一个非常关键的问题。在我看来，数字化转型是创新的一个子集，但在当今的环境中，它有可能在所有创新中占据相当大的份额。也许曾经有一段时间，世界上大多数技术突破都是通过发现新燃料、新材料、新的生产方法、新的管理理念、新的配料和新口味来实现的。但在过去十年和未来十年中，很大一部分创新将来自技术，而数字化转型的职能部门负责将这些创新带入组织。当然，数字化转型这个技术术语内容广泛、包罗万象，我们将在下一章解读其丰富的内涵。

对于引入何种技术，数字化转型应该有所选择。有些技术对特定的组织环境没有用处，有些技术还没有发展或成熟到足以有所作为，还有些技术太昂贵而无法大规模运用。负责转型的主管需要能够在特定时间点分辨出有意义的技术和没有意义的技术。这方面一个很好的例子是区块链，在过去三到五年里，对区块链的欣喜狂热之情可谓来去匆匆，但并没有对大多数消费类公司产生明显的影响。高管们一直在努力理解区块链并为之寻找用武之地，但与此同时，区块链继续在各种会议和小组讨论中被宣传，在各大公司中营造"机不可失"的氛围，浪费了宝贵的时间和思维空间。也许区块链终将迎来高光时刻，但不是现在。

数字化转型应是可持续的，这意味着公司需要能够在足够长的时间内保持一种新的存在状态，以便能够兑现数字技术创造的所谓价值。这也关系到数字化转型所需要的耐心：要允许新的商业模式在开始交付价值之前运行几个周期并完成几次迭代。组织往往要求立竿见影的结果，而这只会导致短期思维，而短期思维可能会彻底毁掉长期价值创造的潜力。电子商务中的"秒杀"活动为公司提供了绝佳的机会：短期内亏损，以展示惊人的销售业绩，但几乎不影响渠道的长期前景。"秒杀"在提升品牌知名度和鼓励产品试用等方面非常有效，但它更常见的用途是：以完全不可持续的定价来提高销售数量。

数字化转型可以而且应该触及企业运营和组织的任何部分。本书从第 2 章开始将关注的是数字化如何影响面向消费者业务的不同方面。通常，真正的潜力只能通过无缝的端对端实施才能发挥出来，这就要求不得将数字功能仅仅局限于组织的传统职能（最显著的是营销功能和商业功能）。针对数字化转型，现在讨论最多的结构性问题是品牌营销、购物者营销和实际购买之间的模糊界限（撇开制造业不谈）。这个问题非常有助于端对端地考察数字消费者旅程，但我们现有的组织几乎不可能做到这一点。

在新常态实现之前，数字化转型不会结束。通常，公司到最后都会拥有一批外来的"创意人才"，他们充当思想领袖，能激发变革，但几乎不能完成变革。重要的是，转型主管的角色不应停留在战略上，而应包括实际指导组织进行正确的投资和资源分配，以实现新的飞跃。这将需要公司更大胆地把更多资源交给转型主管支配。衡量成功的标准不应该是炫耀谁雇用了最令人兴奋、对所有术语了然于胸的千禧一代数字人才，而是谁将新技术努力嵌入业务从而获得了可观的利润。

总而言之，数字化转型就是寻找合适的技术并将其嵌入公司，以改变业务，从而获取更多利润（见图1.1）。但是，有哪些技术是这样的呢？是否存在某些广泛适用的管理趋势能使当前的时代更加令人兴奋，使变革的环境更加成熟呢？

好吧，既然你已经忍受了我这么多页的夸夸其谈，并听完了我所有的抱怨，那么在下一节，就该少一些固执、多一点事实了，我们将研究一些可能影响未来十年的炫酷技术。

推动数字化转型的技术

在我当顾问的日子里，公司总有一位典型的变革管理大师，他具备成为大师的所有特质。他在高级会议上说了一些令人讨厌的话，在一次大型演讲的前一天晚上改变了计划，他的礼服衬衫上有番茄酱的污渍，外套上还有一些头皮屑。正如你所想象的那样，他满脑子都是些很棒的想法，并反复敦促领导者去一探究竟，去进行抽丝剥茧或大刀阔斧地变革。对此我想说的是：我们面临着令人难以置信的应用场景和价值创造的机会，这一切的背后，一定存在着底层的技术演变或环境形态的改变。如果能发现完美的底层变革公式，然后再来一探究竟、抽丝剥茧或锐意改革，最终获得无尽的价值创造机会，那该有多好。

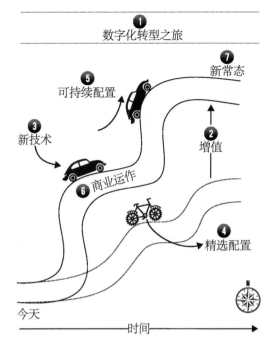

图 1.1　数字化转型

　　然而，要理解正在发生的一切是完全不可能的，即使有人理解了，情况也会很快改变。但接下来，我将开始尝试列出我所看到的那些重大的根本性转变。我会鼓励你反思这些转变并想出更多转变（如果确实存在的话）。在本书后面的部分，我将尝试将这些转变与实际场景联系起来，尤其是在消费品和服务领域里的场景。

地理空间情报的精确性和可及性

　　那是在 2011 年秋，我和妻子发现了"找到我的手机"这个应用程序。苹果公司在一年前就推出了自己的"找到我的苹果手机"应用程序。我俩满心欢喜，因为现在终于可以用这个应用程序来找到我们的安卓手机了。下载完后，我们继续使用这项服务互相连接，这样如果找不到手机，就可以用对方的手机来寻找。没过多久，我们就意识到这也意味着我们可以随时掌握对方的位置，当时我们结婚还不到一年，这给人感觉像是一个相当重大的承诺。使用一周后，我们在晚餐时有过一次简短对话：

"亲爱的，我们是不是应该删除那个应用程序呢？""是的。"

名正言顺的理由是太耗电。这事过去十年了，现在非常清楚的一点是：准确知道你在哪里、（允许你知道他在哪里的）其他人在哪里、任何一个地方是在哪里、谁在那个地方（如果那个人同意的话）或者某个对象（比如公共汽车或送货员）在哪里，可以为企业带来不可思议的价值。这就是我所说的地理空间智能。我写这些的时候正值新加坡因新冠疫情而处于半封锁状态，允许你扫码登记后方可进出的安全入境[①]服务以及追踪密切接触者以追溯感染风险的共同追踪[②]服务是社区确保安全的宝贵财富。关于隐私的想法，我稍后阐述。

在未来十年里，这种地理空间将继续演进发展：越来越多的个人或企业拥有的设备产生越来越多的地理空间信息，定位特定设备所在位置的准确性将随之得到提高，对数量惊人的地理空间

---

① 安全入境（SafeEntry）是一种国家数字登记系统，记录访问热点地区、获准入境企业工作场所以及指定公共场所的个人身份证号码和手机号码，通过接触者追踪和识别新冠病毒聚集性病例等活动，预防和控制新冠病毒传播。

② 共同追踪（TraceTogether）是新加坡推出的一项旨在加强对新冠病毒接触者进行追踪的计划，它由共同追踪移动应用程序和共同追踪码组成。

数据进行分析的能力更强，且企业和消费者可以随时利用这种智能来提供服务。虽然谷歌地图、网约车甚至宝可梦（Pokemon Go）已经成为我们当今不可或缺的服务，但我们还没有看到地理空间智能大规模应用于消费品行业。想象一下，在这样一个世界里，公司根据消费者曾经去过的地点或他们目前所处的地点来为消费者提供差异化的价值主张。

个人设备的全面可用性和商品化

2016年初，印度一家不知名的手机商宣布将推出售价251卢比（约合人民币25元）的"自由251"手机，声称要以此来抢占印度的智能手机市场。市场先是骇然，陷入一片混乱，然后爆发了一系列类似于弗莱音乐节（Fyre Festival）大骗局的事件，公司网站被"挤爆"，最终以公司的前负责人和员工遭到逮捕而告终，压根没有手机被生产出来。但在这场争议背后有一个有趣的发现，即个人设备正在迅速成为一种商品，不可避免地几乎完全渗透到社会各个角落。在这种环境下，成为先行者并拥有庞大的安装客户群将使你成为任何想要触达该消费者群体的关键人物。在短期内免费赠送设备将在长期内收回成本，因为你能够从消费者群体中获利。

同年晚些时候，信实集团（Reliance）推出了吉奥（Jio）4G服务，凭借激进的定价策略，在不到六个月的时间里收获了1亿用户，吉奥现在成为印度领先的电信运营商。他们的策略是一样的，只是这次是由一家信誉更卓著、资源更丰富的公司实施的。吉奥现在控制着数以亿计手机用户的入网，并通过大量的应用场景从这些用户中大获其利。但现在，一切都归结于智能手机。十年前，智能手机的普及率并不高。那么，十年后可能会发生什么？

有趣的是，如果我们看看美国过去几十年来的技术采用情况，采用率超过 80% 的行业，从彩电的 20 多年缩减到智能手机的 10 多年。未来十年，会涌现出更多的家用设备和个人设备，有可能完全取代智能手机。这种被动的、默默在后台运行的方式将成为未来伴随每个消费者的新常态（想想一些跟踪你的情绪并据此推荐活动的东西），尽管听起来很可怕，但可能会成为常规做法，并且对消费类企业来说具有巨大的适用性。

人工智能与机器学习

2017 年，网飞（Netflix）公司发布了纪录片《阿尔法围棋》（*AlphaGo*）。该片记录了谷歌旗下深灵（DeepMind）公司开发的围棋程序 AlphaGo 与世界最顶尖围棋棋手李世石（Lee Sedol）比赛的全过程，最终 AlphaGo 以 4∶1 击败李世石，随后李世石宣布退役。对计算机来说，围棋比国际象棋更复杂，在下完前两步棋之后，国际象棋只有约 400 种可能的下法，而围棋有大约 13 万种可能的下法。虽然计算机可以准确分析出所有可能的国际象棋下法及其结果，但全世界的计算能力都几乎不可能分析出围棋中所有可能的下法。AlphaGo 使用了深度学习，这意味着它研究过去的比赛，并且与自己对弈，在此过程中教会自己识别下棋招数，从而计算出最终可以击败李世石的棋步。特别有趣的是，在其中一场比赛中的第 37 步，最初每个人都认为这步下错了，但后来证明这是 AlphaGo 自学的一招，其过于复杂，人类大脑根本理解不了。

现在整个世界都充斥着各种术语和技术，包括人工智能、高级分析、大数据、机器学习、深度学习、数据挖掘等。这个领域代表了一种潜在的趋势，这种趋势正在让我们的生活变得更美好，但我们对它的理解才刚刚开始触及表面。从广义上讲，让我们把这一趋势视为由四个要素组成：首先，从不同来源（如前文讨论过的提供位置数据的个人设备）捕获更多数据的能力得到提升。其次，我们能够将其与从各种其他来源获得的数据联系起来，例如，曾经在 Y 位置的 X 人也使用他的信用卡为商店 Q 中的物品 Z 付款。第三，我们有能力去理解这些信息，更重要的是，有能力根据这些信息来预测未来的事件，例如，X 人下周可能在同一个地点出现，且很有可能再次购买物品 Z。最后，我们把实用性放在首位。我们会提供相关的应用程序和可视化工具，以供个人和企业实际使用。

当然，这个例子太简单了：想象有这样一个世界，每天有数以亿计的消费者从数百个完全断开的不同数据源中生成数百万个数据点。再想象一下，为了确保这些数据得以捕获、连接、分析和呈现，得付出多大的努力，这样你就开始理解其中的难度以及数据科学家难以找到且报酬丰厚的原因了。在接下来的十年里，对公司来说，上述技术处理和数据科学家聘用都会变得很容易，而且，这种技术的应用和价值创造将变得更加明显。未来可能会是这样：许多人类决策将由计算机使用深度学习做出，就像我在这里谈到的大多数技术一样，这是一个可怕的可能性，但如果换个角度看，这也是一个非常令人兴奋的可能性。

内容创建及呈现的自动化

我那五岁的孩子刚刚看完《汪汪队立大功》（*Paw Patrol*）的第二季（也许是第三季）。对于不知情的人来说，这是一部加拿大系列动画片，讲述了一个小男孩和他的六只小狗团队的故事，他们各自身怀绝技，可以对付不同的问题。每季26集，每集两个片段。已经播出了五季，还有几季正在制作中，到目前为止，已经播放了300个故事。这部动画片的惊人之处在于每个片段都有相同的故事情节。有人遇到麻烦，打电话给汪汪队，汪汪队派出两只身怀绝技的小狗去救援。在救援过程中，发现还需要一只小狗，于是就召唤它出场。问题解决了，狗狗们得到了款待。故事情节是如此统一，很适合计算机来编写。讲出这件轶事，只不过是想简单地引出合成媒体各种各样的可能性和陷阱。

合成媒体是一个包罗万象的短语，本质上是指从零开始自动生成故事、图像、视频、言语、声音或任何其他类型媒体的能力。如前所述，这项技术本身与人工智能和机器学习密切相关。理解它的一个简单方法是把它看作是一个程序，这个程序支持在极其详细的粒度级别上构成一段媒体的所有不同结构元素，例如一张脸的图像。然后，该程序通过查看数百万张人脸图像来训练自己，将每一张图像解构为其单独的结构组件，并学习不同的部分如何组合在一起形成真实的图像。通过这种学习，程序可以创建随机选择的子元素的超现实组合，以组成一个媒体，在本例中是一张脸，看起来非常逼真。

至少可以说，这项技术能带来的可能性是令人兴奋的，不仅对媒体和娱乐业，对严重依赖富媒体来提高对其产品和服务的认识和偏好的消费部门来说也是如此。遗憾的是，这项技术因其可能用于色情和极权政治领域而声名狼藉；在一个把创造性天才几乎等同于人类的努力、把价值归因于真实性的世界里，该技术将继续受到怀疑。也许将会出现这样一个世界：艺术家联合起来反对合成创意商店！但就像所有事情一样，这种情况也会改变，我预计未来十年将会有大量基于合成媒体的价值创造。假设有一天你醒来发现艾玛·沃特森（Emma Watson）不是真的，她所有的图像都是一家制作公司合成的，这很重要吗？她还是那么美艳动人，你又不可能见到她本人。

植入物和传感器

我太太曾做过糖尿病护理和血糖监测方面的工作，该领域现有的技术非常厉害，在手指上扎一个小点，用一个小棉签吸一滴血，然后用手持设备验血。她当时告诉我，她们的主要中断风险不是来自其他医疗设备公司，而是来自谷歌。早在2014年，谷歌就致力于开发可以从眼泪中测量血糖水平的隐形眼镜，不过该项目似乎没有产生预期的结果。但研究仍在继续，包括可以测量眼睑后面血管中血糖水平的镜片。从人体中提取信息有若干种方法，要么像触觉和基于触摸的技术那样主动，要么像智能手表那样被动，这个例子只是其中之一。再加上在产品或机器上添加传感器的能力，我们就可以想象一幅有趣的世界地图，在那里触发器、需求和响应的可追踪性令人难以置信，这对公司是有益的。

就可穿戴设备而言，这项技术将继续沿着三个关键维度发展：实际设备本身、与人体的集成程度以及设备读取的内容和改变人类行为的能力。该设备本身可以采用许多不同的外形尺寸，并且很可能是多种外形的组合，包括耳机、眼镜、服装、手套、植入物、补丁、珠宝首饰（包括手表）、运动检测、语音检测（例如亚马逊语音助手 Alexa）等。我们将看到设备被动地直接收集越来越多的信息，并向我们提出行动建议。特别是在医疗诊断领域，这种设备明显大有用武之地，在娱乐领域也将派上用场。例如，外骨骼形式的可穿戴设备还可以为我们的身体提供实时的物理反馈，用于指导特定的动作或游戏。

射频识别（RFID）技术和物联网（IOT）技术代表的是两种不同的环境，都将出现有益的进步。射频识别技术本质上是给物品贴上标签，当被信号触发时，会对标签所贴之物的身份做出响应。这项技术将在以下三个方面得到改进：把标签的单位成本降低至几美分，提升标签在触发时传递更复杂信息的能力，以及拓展识别范围。物联网技术无论在传感器还是与之相连的网络方面都更加先进。它不同于我们今天使用的其他无线网络，因为它功耗更低、范围更广、设备成本更低。在功率、范围和传感器成本这三个领域，未来几年会看到重大进步，随着世界在特定协议和标准上趋向一致（例如 21 世纪初的 GSM 和 CDMA 手机），对于公司来说，进行大规模采用在财务上是可行的。

供应链将最终交付给消费者的产品组合在一起。不难看出，将传感器嵌入每个消费者和供应链中的每项资产上的能力将为公司提供更好地预测产品需求、在正确的时机捕捉需求并通过价值链以最有效的方式满足需求的机会。

5G 与连接

我相信我们大多数人对 90 年代中后期还记忆犹新，当时上网得用调制解调器，如果你有幸在新兴市场长大，可能还会遇上停电。每逢朋友给你发来图片或短视频时，你都得逐帧观看，因为数据传输的速度慢得令人难以置信。现在我们是多么幸运，生活在一个网速快得惊人且数据成本至少不像过去那么高的世界里。那么，这就引出了一个问题，随着 5G 的到来，我们将何去何从，又将因此获得哪些新机遇？

在深入研究连接的概念时，我们需要理解并承认关于 5G 的三个关键点。5G 比 4G 好在哪里？这种进步将解锁哪些应用场景？会出现 6G 吗？我们首先来看 5G 到底给连接带来了哪些改进。如果你懵懵懂懂地回答 5G 比 4G 更好是因为它更快，那么你答对了。但到底快多少？一部时长两小时的普通电影，用 4G 下载可能需要 6 分钟，用 5G 只需要 4 秒钟。这太不可思议了，5G 如果只是用来下载电影，可能并不完全必要。但除了速度快之外，5G 还有其他几个关键优势，其中最重要的是网络总容量和数据传输之间的延迟或时滞可以低至一毫秒。

实用性随之而来。前文讨论过的许多围绕物联网、互联设备和互联人群的技术都依赖于数十亿个不断相互通信的硬件和设备，而如此密集的通信网络，只有借助 5G 提供的大容量和高速度，才能有效运行。在过去的五年里，大众文化和科技杂志一直把自动驾驶汽车、智能城市、智能制造、互联家庭等应用场景吹捧为下一个年度最值得关注的看点。所有这些都将比过去更快地开始得到实现。

所以，这一切听起来都很棒，但对 5G 的未来发展我们得现实一点。5G 是在 2019 年才刚刚问世的，各个国家、城市和电信供应商都需要时间才能将它提供给消费者，而且其普及也需要时间才能增长到我们所说的应用场景可以实现的程度。这在一定程度上是因为 5G 需要比 4G 更密集的节点（好比手机信号发射塔）来提供相同的服务，而且还需要将世界上所有已安装的设备转变为与 5G 兼容的设备。根据一些估计，我们可能需要到下一个十年中期才能达到 5G 的安装基础，从而有助于采用与 5G 相关的应用场景，根据这个计算，下一个十年很可能属于5G。这就回答了下一个问题——我们还不需要考虑 6G。因此，如果你是早期采用 5G 市场上的个人或公司，你完全有理由感到高兴。

软件开发中的效率与模块化

"魔鬼最厉害的伎俩就是让全世界相信他并不存在"——《非常嫌疑犯》(*The Usual Suspects*) 这部精彩的电影中就有这样一句著名台词。同样，初创公司，尤其是处于后期阶段的初创公司所采用的一个最棒的诀窍就是让世界相信，在某种程度上，它们做事比大公司更有效率。回想我在初创公司的时候，作为集团内一条业务线的负责人，年度产品规划过程无疑是一年中最关键、最具阴谋性的活动。我们都提交了大量的请求，询问我们需要在应用程序中构建哪些功能，接下来是为期三天的唇枪舌剑，有时物品扔得到处都是，激烈言辞随处可闻。最后，软件开发能力总是欠缺，离开时大家都不太高兴。还有，任何确实同意纳入产品待办列表的东西几乎都没有按照约定及时完成。整个过程绝对没有让我们觉得自己处于科技世界的前沿。

那么，我们可能会在软件和应用程序的开发和运营中看到哪些变化呢？我个人远远算不上技术人员，写不出具体的新技术和编码语言，但我将强调我认为的软件接受者或企业用户可以期待世界前进的大致方向。首先，我们要考虑模块化。在过去几年里，应用程序开始被构建成越来越小的组件模块或服务，这些组件模块或服务都通过应用程序编程接口（APIs）相互交互。这种趋势将继续下去，虽然将单个应用程序分解为子单元会增加管理子单元之间通信的复杂性，但这是构建和更新应用程序的一种更有效的方法。接下来，考虑人工智能辅助开发。之所以说"辅助"，是因为我目睹了一名优秀的开发人员的天赋抵得上至少十个普通开发人员，我很难相信人工智能可以完全接管开发工作。但是应用程序开发过程中有一些部分（比如测试或一些相当简单的服务或模块的开发）将完全实现自动化，并有助于提高现有开发团队的效率。

计算能力可能会发生重大革命，更有效的数据存储新形式也会出现。我们需要计算大量数据和存储大量数据的能力，才有可能让上文强调的任何其他技术（物联网、人工智能）发挥出全部潜力。诸如量子计算或DNA数据存储之类的技术，要么正在试验中，要么正在进行大量研究，它们需要看到曙光并获得大规模采用，才有可能发挥出全部潜力。

最后，我们还将看到，企业买主和软件供应商之间的关系在若干商业新模式下的演变。比如，低代码应用程序开发的使用越来越多，在低代码应用程序开发中，公司基本上采用拖放式方法来构建自己的应用程序，无须编写单行代码；在无服务器应用程序中，公司为实际使用付费，而不是为通常未得到充分利用的阻塞容量付费。再比如，几乎所有的公司都采用混合云模式，大多数数据的存储和应用程序的运行采用多个云解决方案。

个人数据隐私及安全

2015年7月，某个自以为是的激进黑客组织威胁要通过阿什利·麦迪逊（Ashley Madison）网站发布数千名通奸者或潜在通奸者的用户详细信息，这个消息让世人震惊。对于不了解内情的人来说，该网站就是一个为已婚人士寻觅婚外情的配对网站。随之而来的场景堪称大屠杀：数据被转储至暗网、诉讼和反诉、敲诈勒索、自杀、八卦文章——全都一一上演。这种模式在2015年前后的几次备受瞩目的数据泄露中重演，包括大家都在使用的平台（假设阿什利·麦迪逊不在其中），如奥多比（Adobe）、易贝（eBay）、领英（LinkedIn）、健康饮食助手（My Fitness Pal）和雅虎（Yahoo）等。如今，你甚至不需要成为高水平的黑客，只要能聪明地使用社交媒体和搜索引擎，就能从公共领域中获取有关某人的所有信息。所以，这就引出了一个问题：在未来十年，这一切将走向何方？

这个问题不仅仅关乎技术，尽管技术是答案的关键部分。同样重要的是，消费者对个人数据隐私的态度正在改变，以个人数据交换为主题的价值等式和经济学，当然还有管理个人数据交换的法律框架也都在不断演变。未来几年，随着世界在数据隐私方面走向新常态，技术、态度、经济和监管这四大要素将相互推动和拉扯。这方面有点像男士发髻的演变历程：从最初让人感到粗鄙的冒犯，到让人觉得体面，再到让人觉得有意思，然后让人觉得是"偷偷模仿女友"的样子而备受追捧，到最后是无人真正在意。就数据隐私而言，我们仍处于粗鄙的冒犯阶段，但我认为这将会发生改变。

首先很简单的一点，技术。当然，将来会有更好的方法来加密个人信息，而且现在在匿名化个人数据方面也取得了很大进展，但随着人工智能和机器学习的出现，这一进展失去了意义，因为算法再次能够基于行为模式识别来确定所有匿名者背后的身份。技术将继续努力使解密数字足迹背后的真实身份变得更加困难，方法是使计算和服务能够在加密数据上呈现而无须解密，这样身份从一开始就不会被泄露，并将服务拆分给多个提供商，这样就没有人能看到完整的身份。但就我个人而言，我认为这一战必败，也许再也没有办法保证数据完全安全了。除非发生数据泄露的成本远远大于潜在收益，否则数据泄露将继续发生。区块链可能会在这方面有所作为，稍后会对此进行更多介绍。

消费者的态度也将发生改变，在某种程度上，这将减少数据泄露可能带给犯罪分子的潜在利益。举个例子，我有许多坏习惯，其中之一就是非常喜欢在公共场合挖鼻子，我妻子可以作证我有这种非常恶心的行为。我在此把这事写了出来，欺诈者就没法通过威胁公开这些信息来从我身上占到便宜了，因为我已经将这种隐私侵犯的价值降低到零了。甚至像婚姻不忠、经济困难或慢性病等难以启齿的事情也是如此。很难想象但并非不可能，还记得我们很快就习惯了男士发髻。

从经济学的角度来看，公司最终将开始为消费者数据付费，并停止怂恿消费者相信社交媒体等令人惊叹的服务是"免费的"。另一方面，消费者将独立评估隐私的价格，并很有可能允许数据共享以换取价值。在这种情况下，监管不幸地正经历着"美国禁毒战争"式的局面：美国不是对毒品实行合法化并加以控制，而是一禁了之，让该行业变得暴力、不透明和有利可图，基本上没有人从中受益。即使是罪犯也没有受益，因为他们中的大多数人早早就死去或在监狱里废掉了。数据隐私领域的过度监管可能会刺激犯罪分子想出更邪恶的数据窃取花招，推高数据保护成本，从而市场力量无法把围绕个人数据隐私的价值交换稳定在一个舒适点附近。但就像大麻正在慢慢合法化一样，过度监管将逐渐解除，数据市场将应运而生。

区块链与分布式台账

亚马逊公司的首次销售始于 1995 年 7 月，想想那都是 20 多年前的事了。最初的五年，销售额增长到 30 亿美元左右，随后互联网泡沫破裂。接下来，从 2000 年至 2005 年，销售额增长了 3 倍，这固然不那么令人兴奋，但从那以后，在基数要高出很多的情况下，销售额继续保持每五年 3～4 倍的增长。事后看来，2000 年至 2005 年这段时间似乎有点平静，当时世界正处于泡沫破灭后的"后互联网"时期，只是在自我梳理并迎头赶上。然而，当世界最终准备就绪时，构建的资产（例如供互联网使用的带宽的安装容量）就可以实现低成本使用，这在很大程度上帮助了亚马逊等应用场景的繁荣。作为参考，在网络时代，美国铺设了全球 76% 的数字线路，带宽成本到 2004 年时降至 90%，直到 2005 年，美国仍有高达 85% 的宽带容量未使用。我认为，我们目前正处于区块链的平静期，这个时期始于 2017 年底，当时比特币价格达到 15 000 美元左右的疯狂峰值。先是兴趣盎然、趋之若鹜，随后就是投机，然后是意识到仍然需要做一些工作才能让世界习惯它，之后是超过两年半的平静期。也许这可能会让有利可图的应用场景在适当的时候出现并获得吸引力，我们将拭目以待。

　　这里，我不打算从任何技术层面回答"什么是区块链"这个问题，互联网上有数百种资源供我们了解其细节。我认为更重要的问题在于了解区块链是因为什么让人变得兴奋，然后思考区块链如何在未来十年获得发展动力并更好地服务于世界。这里有一个基本概念，即权力下放，这有可能提高运营效率、安全性和市场效率，我会在此加以解释。区块链的作用在于，将有关信息（比如与任何市场上的历史交易有关的信息）存储在信息块中，这些信息块在信息链中相互连接，其副本存储在多个节点（或多个地方）。因此，不存在你必须在其中注册、存储或检索自己的交易的中央机构，这就提高了运营效率。想想如今的限制：银行要是关门，周末就没法进行交易。因为没有存储信息的中央机构，所以更难对其进行破解和更改，要改也基本上得在所有节点上更改，或者理论上要更改 51%；因为节点有数百万个，更改的成本会高得离谱，这导致区块链更加安全。凭借这两个好处，区块链可以在银行、医疗保健、政府部门等领域找到大量应用，任何中央机构处理机密个人信息的地方，都有机会减少提供服务的时间和资源限制。

　　区块链更有趣的地方是：要成为一个节点，你必须通过做一些能证明自己的工作来赢得成为节点的权利，并在这个过程中获得补偿。因此，这些历史交易记录的副本将与已经获得资格去认证额外交易的实体放在一起，并更新之前的记录。为了使其更实用，我们以猫途鹰网站（TripAdvisor）为例。猫途鹰网站应用程序实质上剥夺了一些认证机构或酒店品牌本身对酒店进行资格认证的权利，而将这一权利交给用户，当然，要给一家酒店评级，你必须入住这家酒店，才能获得评级的权利。现在发挥你的想象力，想想如果是这样会出现什么情况：酒店房间的价格完全取决于猫途鹰网站的评级，一开始就没有运营该平台的猫途鹰公司，而作为消费者，你可以享受的价格取决于你的评论对其他消费者的质量和有用性。很快你就会开始理解去中心化模型的潜力，本书的后续章节会对此详加介绍。

机器人技术与 3D 打印

新加坡针对第一波新冠严重疫情的封锁限制一解除，我和妻女一致同意，必须去离我们最近的海底捞火锅店大吃一顿。那些还没去过的，请一定要去吃一次。海底捞的菜品很棒，服务一流，而且确实体现了我在第一章中提出的关于真实价值创造的观点。在后疫情时代，我们通过平板电脑下单，这在当今很常见；但是你瞧，一个机器人把食物送到我们的餐桌上，整个餐馆挤满了嗡嗡作响的食物搬运机器人，它们礼貌地避开对方和其他客人，并将食物送到你的餐桌上。有一个人负责一小片餐桌区，实际上他是在上菜，但除了对我五岁的孩子来说很有吸引力之外，对我来说，不可否认的是，这种做法能让员工专注于更重要的客户服务，而不用操心把食物从厨房端到餐桌。这里所有人都是赢家。

未来十年，机器人技术将开始在我们生活中获得更多的实际应用，部分原因是前面提到的技术，如物联网传感器和连接技术，还包括体积不断缩小的电器和设备。推动硬件小型化的主要原因是更小的印刷电路板的发展；有了 3D 打印技术，多层材料、更小的组件、具有电子功能的液体墨水和更有效的组件嵌入成为可能，从而为在尽可能小的物理空间中塞入尽可能多的电路开辟了大量的可能性。缩小尺寸、降低组件及制造的成本将扩展机器人技术的实际应用，包括各种尺寸的无人机及其他各种个人和家用小工具。再加上人工智能，这些小工具将承担越来越多的复杂工作，让我们从中受益。

过度简单化地看，任何机械操作本质上都是将物体从甲位置移动到乙位置——可能是在装配线上安装零件，将电子商务订单送上门，将食品送上餐桌，或者是将人们从一个目的地转移到另一个目的地。到下一个十年结束时，在机器人没法以可接受的成本取代人类工作的领域，会剩下极少量的琐碎任务。远程执行许多机械操作的设施也将改变我们的供应链选址策略，因为通过大规模制造实现规模经济的传统模式可能不再适用。总而言之，我们最终将进入一个这样的世界，服务员把时间花在服务餐桌上而不是把食物从厨房端出来，或者说，我们将把注意力集中在需要"人情味"的地方，这种领域究竟有哪些还有待观察。

虽然我的十大技术列表还不够完美，但这些技术的发展将为世界创造价值。这个列表肯定做不到详尽无遗，也并非一成不变，也许我遗漏了一些，也许会出现新技术。其中有些技术将会淘汰，也许有一些会演变发展。但这是一个好的开端，我建议任何希望开启数字化转型之旅的高管，随着技术突破的发生和应用程序的出现，紧跟这些技术的发展步伐。理解这一点确实是让创意工厂保持活力的基础。

应用领域遍布所有行业，包括能源、金融、医疗保健和电信。本书主要考察的是消费品和服务领域，除了技术之外，消费者无论是在现实生活状况还是在对待环境的态度方面，都会发生中长期变化。接下来，我将介绍我认为最值得注意的消费者转变。

未来十年的主要消费趋势

"每一代人有每一代人的生活",我总会说这句话。这里我先来解释一下。我年届不惑,我父亲已逾花甲,我祖父要是还活着,应该进入耄耋之年了。我的祖父在印度西海岸的康坎乡下地区度过童年,然后在我的家乡纳希克上学,也是在那里开始了自己的职业生涯,他生前是一位知名教授。三段人生,即一个童年、一个成长的学生时代,再加上早期的职业生涯和作为教授的杰出职业生涯。我父亲体验过这一切,几年前他面临着一个问题:"现在怎么办?"他最近开始了他的第四段人生:尝试着重新思考应该如何教授建筑学,从一个名为"意念慕课"(IdeaMoocs)的在线学习资源网开始。一定要去看看这个网站,页面很漂亮,内容也丰富。

我可能比我父亲早15～20年会面临"现在怎么办?"这个问题,现在,我已经开始尝试过渡到我的第四个人生。在纳希克度过了美好的童年,在欧洲度过了学生时代和早期的职业生涯,在新加坡度过了重要的职业生涯,希望在接下来的几年里会有不同的开始。大概在年届60之前,我都会追求我的第四个人生,然后我需要开启第五个人生,再然后在我80多岁的时候需要追求第六个人生。自从我父亲到我现在这个年纪以后,世界发生了很大的变化,再也不可能单纯参考父母的经历来设想下半辈子的生活了。

换言之,参考过去已经不足以预测未来。但我们必须看到蛛丝马迹,并试图想象一个未来,通过领先未来而从中受益。在本章，我将重点介绍当今可识别并在未来十年将伴随我们的十大消费趋势，还将研究这些趋势的影响及其为创建数字化赋能的价值创造型企业而创造的机会。其中一些谈到了在未来世界中作为人的现实性，还有一些谈到了作为人的精神性，但它们最终都塑造了消费形态，这正是美国企业寻求获利的源泉。这些业务可以是线上的或是线下的，在下述每一个消费趋势之后，我将列出几个利用这一趋势的应用程序。这纯属抛砖引玉，我相信你可以找到更多、更好的例子。

不断变化的家庭形态

几年前，我偶然发现了韩国的"独身族"（Honjok）概念，可能是我的韩国妻子顺便提到的。它是一个由两个成分词组成的新词，"Honja"表示单独的意思，"gajok"表示家庭；所以，这个概念本质上指的是单人家庭。你可能听说过日本的"蛰居族"（hikikomori），指的是那些选择退出社会并在数月甚至数年时间内闭门不出的人。"独身族"不同于"蛰居族"，前者被认为是一种非常正常的选择方式，围绕"独身族"可以开展很多商业活动，包括独自出去就餐、独自去唱卡拉OK、独自看电影等，这在韩国是完全可以接受的生活的方式，也理应如此。

我认为在未来几十年里，普通家庭的形态将有四种主要的变化方式。第一个我们都知道且有过大量讨论，就是人口老龄化，以60岁为界限，到2030年老龄人口将超过14亿。这个年龄段的人要花的钱更多，但对高投资率或储蓄率的需求更低。其次，单身家庭将出现全球性增长，预计在2016～2030年间单身家庭的数量将增至1.2亿。第三，由于购房成本上升，以及新入职者因个人经济原因而买不起房，越来越多的孩子成年后还将继续与父母一起生活，这段时间会比现在更长。在大衰退后的过去十年里，美国25～34岁的成年人与父母共同居住的比例上升，并且由于新冠疫情，现在美国有52%的年轻人与父母中的一方或双方住在一起。这一趋势将在未来十年继续下去。最后一点是女性主导，女性当家作主的趋势越来越明显，这种家庭获得越来越多的接受和认可。如今，在美国的异性恋双收入婚姻中，收入女高男低的家庭约占1/3，我认为这个数字在未来十年里会只增不减。

这些家庭形态的变化趋势为新形成的家庭带来了许多创造价值的机会。为了方便老年人和让退休生活更丰富多彩而设计的应用程序和应用场景将很容易受到欢迎，前者包括容易操作的用户体验程序，后者包括有声读物或免费食谱程序。希望我不会看到我妈妈上抖音的那一天，因为她会有自己的一套平台。当然除了火绒（Tinder）、遇见（Meetup）之类的约会软件外，专为单身人士设计的平台也将继续出现，这些平台专注于让消费者独自享受生活或与他人保持联系。

不断变化的个人财务状况

早在2009年的暑期，正读商学院的我们一群人上了一门名为"在印度创业"的课程，作为课程的一部分，我们有组织地去了达拉维（Dharavi）的贫民窟。达拉维是世界上最大的贫民窟之一，有100多万居民，进入贫民窟破败的边界区，我惊讶地发现那是一个完全自给自足的城中城。贫民窟里有一个住宅区，成千上万的人生活条件恶劣，但彼此友好相处，尊重对方的生存权。贫民窟里有一整片商业区，有数千家企业，其中一家是大型再生塑料出口企业。那天晚上，我们在一家新开的高档酒吧庆祝为期两周的课程结束，一杯鸡尾酒就要 15 美元。几十年来，这一直是孟买的一个耐人寻味的地方，而当我们进入下一个十年时，这将成为全世界的现实。

三个重要的趋势将影响未来十年的贫富方程式，首先是一个简单的事实，即富人更富，穷人恒穷。富人（定义为每天支出超过 110 美元的家庭）虽然仅占全球人口的 4%，但将占全球家庭消费总额的四分之一。在北美，未来十年所有支出的增长都将由富裕家庭推动，而中产阶级所占的份额将停滞不前，欧洲也是如此。其次，庞大的中产阶级将推动亚洲的增长和支出，到 2030年，亚洲将占全球 55 亿中产阶级人口的很大一部分。虽然中国的"上层"中产阶级会推动未来十年前半段的支出，但印度当前的"下层"中产阶级可能会在未来十年的后半段和更长时间内推动这一支出。第三，大衰退后上升的储蓄率在过去几年里有所下降，对中产阶级来说尤其如此，并且未来十年在新冠疫情后可能先经历短暂复苏，然后再度继续回落。自 2010 年以来，美国扣除总支出后的平均储蓄率下降了 16.6 个百分点，目前处于较低水平，这一趋势将导致资产和财富积累的速度越来越慢。

在消费者经历这些变化的过程中，技术和数字化转型能在为其提供价值方面发挥作用。随着富人更富、消费更多，这一转型为一系列在线服务和电子商务创造了空间，这些服务和电子商务主要植根于便利性和多样性，而不是像精品酒店平台史密斯夫妇提供的那种价格折扣。中国中产阶级消费者数量激增，已经催生了一场数字化转型的革命，印度等国的中产阶级显然有机会通过针对当地环境量身定制的应用场景来进行创新，比如电商平台邓佐（Dunzo）就取代传统的跑腿业务并对其进行了数字化变革。另一方面，随着欧洲和北美的中产阶级希望充分利用经济停滞，我们将看到前所未有的寻求低价和折扣的行为，这将为植根于打造价格透明度的市场创造机会。最后，随着对资产积累的兴趣全面降低，我们将看到，无论是共享出行、共享住宅，还是共享办公空间、共享厨房，共享经济的需求都会增长。

不断增强的责任感

社会责任和环境责任似乎跳过了两代人，至少跳过了我的家乡。我的祖父有着格外温和且普遍乐观的个性，什么东西都是用了又用。那些80、90年代在印度长大的人应该知道每年买新书后就得包书皮的惯常做法。我在学校用的笔记本和课本的封皮就是用祖父投资的公司的年度报告做的。每一个半升装的牛奶袋都要经过仔细倒空、剪断、清洗，然后用来包带到学校当午餐的三明治。快进30年，今天的我拆开一个价值3美元的充电线，它装在一个塑料袋里，外面还有一个带气泡膜的盒子，另一个塑料袋里装有三张A4大小的纸，印有各种资料。但希望仍是有的。我那五岁的孩子在学校当了一个星期的"地球保护者"，他经常提醒我不要浪费水，并不断关闭我身后房子里的所有东西。这么看来，责任意识或许跳过了几代人，但它又回来了。

消费者更加注意他们的消费对环境和社会的影响，这种潜在趋势将在未来十年提供的一些设施中得到强化。社交媒体让表达不满变得更容易，也让人更容易看到，人们很快就会发现其他同样抱有不满情绪的人，一个观点很快就会变成一场运动。在2017年，消费者开始对包括可重复使用吸管在内的塑料污染抱有不满情绪，相关的谷歌搜索量两年之内就增长了20倍，于是，如今有好几个国家出台了塑料吸管禁令。

在公共领域也出现了很多更直观的研究，消费者很快就能了解关键问题。支持素食主义的纪录片《游戏改变者》（*The Game Changers*）在上映后，尽管因选择性呈现事实而受到广泛批评，但在网飞（Netflix）尚未播出前的一周内就成为iTunes上有史以来最畅销的纪录片。反过来，公司能够相对较快地了解消费者的反馈，而且往往倾向于采取正确的措施来处理这些反馈，因为掩盖真相变得困难，而且事实证明会适得其反。2015年，在泰勒·斯威夫特（Taylor Swift）在推特上向她当时8500多万粉丝表达了她的不满后，苹果公司为苹果音乐实行三个月免费试听期（这期间不向艺术家和音乐人付费）而公开道歉并改变了这种做法。也许最有趣的是，不良行为开始被越来越准确的定价，允许公司和个人购买在有限范围内实施不良行为这种权利的市场正在涌现。就在去年下半年，碳抵消公司酷效应（Cooleffect）发布的报告称，购买抵消信用的个人增长了700%。

最初，疫苗反对者、气候变化否认者、地球平面论者和其他非理性群体获得了不应有的发言权，令人困惑，但这几年过去后，可靠、独立和基于事实的平台将会出现，并供消费者确立有效的观点。以正确的方式跟踪、树立和塑造消费者的态度将成为使用Mention等社会情绪分析工具的企业及其他实体的重要应用场景。到目前为止，最大的机会在于建立购买不良行为信用或让良好行为获得真金白银奖励的市场，如前面提到的酷效应平台。我认为这是一个有趣的发展动向，作为消费者，你可能真的会为做错事"付出代价"。

可接受的无家可归形式

几年前，我失业休整了几个月，在完成了令人满意的旅行和几周的无所事事之后，我开始厌倦待在家里。我的解决办法是去一家不错的咖啡馆待上一整天，所有咖啡馆一直爆满着实让我感到震惊。人们整天待在咖啡馆，在里面工作、学习、读书、睡觉、开会、约会、吃饭、喝酒、画画、绘图、照看孩子、闲聊等。我记得十年前还不是这样，二十年前就更不是这样了。当然，自新冠疫情以来，情况已然发生了变化，但我相信，一旦世界再次开放，我们都会直奔餐馆和酒吧花光手里所有的钱。

如今，消费者在户外的时间比在家的时间多得多。外出就餐的支出正在超过在家就餐的支出，以美国为例，2007年外出就餐支出超过了在家就餐支出，此后差距不断扩大，几年前外出就餐支出占到总额的54%。对于就餐和其他活动来说，这一趋势将继续下去。社区空间也变得越来越复杂，以前的活动场所要么是咖啡馆，要么是办公室，要么是理发店，现在可以是以上任何地方，甚至范围更广。预计在未来三到四年内，把办公空间、咖啡馆和聚会点结合在一起的合作空间的用户有望增长至2.5倍。随着房地产价格的飙升，房屋会越来越小，合租会越来越流行。例如，在2014-2017年间，印度大都市里的公寓面积缩小了27%，其中孟买的公寓面积缩小了45%。共同居住是"有室友"的一种更优雅的说法，这种说法正在兴起，预计未来几年美国可用的床位数量将增加两倍。最后，由于新冠疫情，去城市化将成为一个意想不到的趋势。我听说有些家庭从孟买搬到一百公里外、交通方便且购物便利的小城镇生活了。不过，这一趋势在新冠疫情之前就已经出现了，在美国的主要大都市区，人口年增长率一直在下降，纽约、洛杉矶或芝加哥的人口年增长率甚至出现负增长，因为有很多居民搬到了远郊，那里成为城市郊区以外的繁荣地区。

这些趋势为消费者带来诸多机遇，他们可以通过共享生活平台（如 Common 或 Ollie）最大限度地利用他们更小的房子。随着消费者在户外花的时间越来越多，帮助消费者决定在哪里以及如何在户外度过时间的平台（Yelp 等类似平台）将像在过去十多年里所做的那样，继续提供强大的功能。

接受隐私战的失败

Tinder 是一个令人难以置信的颠覆性平台，和优步一样几乎无人不谈。Tinder 是在我认识妻子几年后才创建的，所以它对于我个人没有任何用处，但它显然接管了许多单身朋友的生活。几年前，我的一个朋友分享了一个经验：为了消除照片远比本人好看的风险，他会使用脸书（Facebook）、照片墙（Instagram）、领英和纯粹的旧网络进行综合搜索，去找到有关他在 Tinder 上的伙伴的几乎所有照片，甚至在遇到她之前就这么做。我猜每个人都这样做，这只是表明我们有多少信息已经在公共领域曝光，而我们又无能为力来避免这种情况。只需要你的名字，其他一切都找得到，所以也许最注重隐私的人应该停止公开分享他们的名字，并选择永远匿名。我经常使用假名字，尤其是当我在旅行且需要预订车辆等东西时，因为让个人接触到外国某个城市的出租车黑手党似乎不合适。

因此，已经有太多的个人信息可以搜索，而且每分钟都在呈指数级增长，无法控制。在脸书，每天有超过 17.3 亿的日活跃用户上传3亿多张照片，这是一扇前所未有的了解全球消费人口生活的窗口，不是说关闭就可以随时关闭的，隐私战争因此已经失败。消费者开始对这个话题产生浓厚的兴趣，全球三分之一的成年人表示自己关注隐私问题并愿意采取行动。这些消费者更年轻、更富有，因此这种隐私意识方面的趋势将继续下去。但是，有意识并不意味着不情愿：在这些有隐私意识的消费者中，愿意分享购买历史以换取个性化的产品和服务的比重占三分之二。有意识意味着消费者对提供给他们的许可和管理有信心：三分之二有意识的消费者表示，他们认为自己的隐私如今可以得到很好的保护。

因此，在未来十年里，如果公司能够提供管理、获得许可，最重要的是提供真正的价值作为回报，那么人们对待数据共享会变得更有信心，而不再过分担忧。对于仍然担心的人来说，将会有像"DeleteMe"这样的"清理"服务，这种服务只在一定程度上起作用，而对于更从容的人来说，可以获得丰富多样的服务以换取允许数据转售，基因测序公司"23andme"就是一个很好的例子，它向消费者提供有价值的DNA分析，仅收99美元，但也与葛兰素史克（GSK）等公司分享数据以进行药物研究。

思维和习惯的多元化

故事发生在我刚在阿姆斯特丹办事处的一家咨询公司开启职业生涯的时候。那个办事处设有一个名为加里波第俱乐部的秘密俱乐部，服务对象是那些对意大利19世纪的将军朱塞佩·加里波第（Giuseppe Garibaldi）有着难以置信的欣赏的人。要加入该俱乐部，必须回答一个超级难的有关他生平的问题。加里波第俱乐部当时只有两名成员，也许现在更容易加入了。该俱乐部建了一个脸书主页，我上次查看时，有 55 个人关注。更令人沮丧的是，2018 年，网飞播出了纪录片《罗诉韦德案：政治博弈》（Reversing Roe），该片讲述了美国支持和反对堕胎法规以及辩论的风风雨雨。撇开我自己对这个话题的看法，真正让我感到困惑的是，一个国家竟然有近一半的人愿意去决定并把生活方式或个人选择强加给一个完全不相关的人。当然，这不仅仅是美国的现象，你只需要参考一下大多数亚洲国家在 20 世纪 80、90 年代的育儿方式就能知道我在说什么。

不过，这种情况有望随着千禧一代的到来发生很大变化，也许未来每个人都可以随心所欲地做事和生活，只要不伤及他人。现在的人们更有信心做自己，想怎么生活就怎么生活。消费者对思想和生活方式多元化的态度也发生了重大变化，相互宽容、和谐共处的理念变得越来越包容。2019 年 4 月，脸书表示，约有 4 亿消费者直接或间接加入脸书的各种群组。

公司可以充分利用这一消费趋势来构建数字化应用场景，以满足小众消费者的需求，同时实现大规模的个性化，让每个消费者都能得到自己想要的东西。例如，如果你身高不低于 6.3 英尺，你可以在 2Tall 平台购买男性时装；如果你身高不高于 5.8 英尺，你可以在彼得·曼宁（Peter Manning）平台购买男性时装。或者，如果你痴迷运动鞋，可能有兴趣在线设计自己的定制鞋，"耐克会员定制"（Nike By You）三周之内就能发货给你。

重视体验、渴望复杂

30 年前，在印度小镇的家中，比萨之夜就是吃一种标配的面饼，涂上番茄酱，加上鸡肉丝、许多辣椒和磨碎的阿穆尔奶酪，一起塞进烤箱。奶酪没有种类之分，就是装在罐子里的奶酪。几年后在大学吃的比萨必须是配上大量拉差辣椒酱的多米诺（Dominoes）比萨或欧特家博士（Dr. Oetkars）比萨。在那之后，有些东西开始改变，对于比萨的要求继续提高，很快它就变成了薄皮，用帕尔马的熏火腿、新鲜的芝麻菜和意大利干酪烤制。现在所有的比萨都这样，但面团需要用普利亚的面粉制作，还必须要有烤马槟榔，而且环境需要让人想起佛罗伦萨的一个偏左翼的社区，浴室侧墙的一半贴有瓷砖，一面墙上有涂鸦，有无靠背的凳子，人们用玻璃瓶喝葡萄酒，还有一位身上散发出淡淡烟草气味的女服务员，重复播放"La Municipal"这首歌。现在，想吃好比萨需要这些。

消费者不再满足于单纯的产品，他们需要在消费时获得一种体验。有必要确保像比萨这样的单一产品现在能带来多感官的享用体验。四分之三的消费者宁愿把钱花在购买体验，而不是单纯购买物品。但这种需求不会止步于此，当然对我们人类来说，需求永不止步。消费者希望体验不断升级，越来越复杂，越来越极端。在过去的几年里，我开始发现越来越多的朋友报名参加铁人三项赛，据我所查，从2005年到2017年，中距离铁人三项的报名人数从5 000人增加到13万人，平均完成时间为6小时多一点。这些"有体验的"消费者往往除了体验，还希望能炫耀一些荣誉徽章来证明自己有过体验。一个略微相关的统计数据表明，文身越来越受欢迎，它集产品、体验、声明和徽章四大属性于一体。美国人中有文身的占三分之一，从2012年到2019年，这个数字增加了20%。文身已然成为主流，我甚至曾经参加过一次专门讨论这种问题的会议：如果面试候选人的脖子上有非常明显的文身，如何对他们做出适当的反应（正确的答案是完全不要做出反应）。

因此，公司提供越来越多的产品体验具有明显的价值，爱彼迎尝试提供体验就是一个很好的例子，该公司甚至在新冠疫情期间提供在线体验。当然，那些认可消费者已获得的体验并在此过程中可能打造出网红的平台将获得关注，游戏公司已经通过自己的代理联盟（例如，英雄联盟电子竞技，围绕"英雄联盟"游戏体验产生的数千个本地、地区甚至社区联盟）取得了巨大的成功。

可用性、可选性和透明度势不可挡

那是在 2010 年，当时我在旧金山看望女朋友，也就是现在的妻子，她决定向我展示在她方圆五英里范围内最令人震惊的三种美式奢侈。首先是国际煎饼屋（iHOP）的一叠薄煎饼，浇上黄油浸泡在糖浆中；然后是零售药店（CVS）无数的止痛药货架；最后是全食（Wholefoods）超市，我在橙汁区前恍如来到耶稣身边。

我这辈子还从来没有在如此微不足道的购买上面临如此多的选择，但我离开那家店时感到过去上当受骗了：以前从来没有谁向我提供过这种完全应有的分类。一年后，我在河内，策划向她求婚，才知道选择合适的钻石何其难，要有六个关键变量进行多元分析，试图优化出幸福的无形结果，这与求婚时那个相当二元的决定"我愿意"或"我不愿意"基本没什么联系。我惊慌失措，打电话给我的姐夫，他把他在香港的"钻石男"的电话号码给了我，我不想说得太笼统，姑且叫他摩西。于是，我打电话给摩西，他说："别担心，把她的家乡和你的预算都告诉我，我就能给你买到最好的钻石。"后来我发现他是韩国人，而且买钻石唯一重要的是尺寸，所以很容易选择，但我真的需要摩西告诉我这一点。

现在，消费者对可用性完全不知所措，在有了无限货架空间这个概念后尤其如此。我记得仅仅五年前，那时我在一家电子商务初创公司，我们的目标是平台跨越 400 万个最小存货单位（SKU）的门槛，而今天同一个平台上有 3 亿个 SKU，选择面之广令人震惊。对于大多数购买行为，尤其是更复杂的购买行为，还有太多的杂乱无章的信息。因此，决定购买 3 亿个 SKU 中的哪一个需要更长的时间和更多的努力，消费者比以往任何时候都要做更多的研究，进行更多的咨询。80% 的消费者在购买前使用在线搜索和视频，71% 的消费者甚至站在货架前进行研究。即使在做出决定后，仍然存在"机不可失"的心理，消费者需要保证自己确实做出了正确的决定，或者就算确实买错了，也可以灵活地撤销购买决定。在线订购的服装和鞋类商品中，几乎有三分之一会被退货，这种无悔购买的便利是电商渠道在时尚和服装领域出现爆炸性增长的关键原因之一。

一个明显的价值创造机会已经存在多年，那就是价格比较。价格比较让消费者免费获得透明度，比价平台通过联盟营销佣金实现零售流量的变现。这个领域将继续发展，对谷歌这样的巨头来说更是如此，我将在书中进一步讨论这个问题。通过先买后付（BNPL）等服务，为消费者提供在付款前试用产品的便利，这是数字商务的另一个关键推动力，有多家数字支付公司在这一领域开展业务，如 Klarna.

对待教育和就业的态度不断改变

我和我那些在印度长大的朋友只有两个职业选择，要么当医生，要么当工程师。一旦长大一些，并意识到要当上医生需要十年的紧张学习，就会选择进入工程学领域。作为一名工程专业的学生，你进入了大学，那时大学的主要价值主张很少关乎教育，更多的是基于入学难度的选拔，随着时间的推移，这种选拔与教育质量本身不再有太大大关系。几年后，商学院也变得如此。有学习的因素在，但也有出身的因素，除了人才选拔，还看是否支付得起高额的学费。这样一来，教育便关乎学习、出身、肯投入的勇气和选拔了，学校向未来的雇主提供的是出身自富裕家庭、接受过教育的聪明孩子。一位朋友听他 10 岁的孩子说，他自己长大后想当"油管博主"，他的大多数小伙伴也是这么想的。那位朋友随后试图去了解成为"油管博主"意味着什么，并找到了一些人 20 来岁就身家百万的例子，这给了他一些安慰：这确实是一条合理的职业道路。但他也感到恐惧：没有培养"油管博主"的正规教育；他要勉为其难，支持孩子走上一条他自己的财富之路，但对于这条路，孩子的在校成绩或他进入著名大学的能力都不起任何作用！

求职者们正在快速习惯那些非常规的职业发展路径，并一心一意地参与到零工经济中。几年前，美国已经有 36% 的劳动者参与到零工经济中，非常规的工作安排成了他们的首选工作类型。

因此，传统的高等教育体系正面临挑战，因为大学学位与获得和维持就业能力之间的联系开始变得越来越弱。例如，自 2010 年以来，美国高等教育机构的入学率一直在下降。高校的集中认证已经远远不够用了，雇主开始依赖推荐和评级来更准确地衡量一个人从事特定工作或提供特定服务的能力，80% 的人力资源主管总是为有经验要求的职位联系推荐人。最后，随着个人技能更新成为常态，求职者致力于终身学习并不断提升自身技能，教育逐渐失去时间限制。尽管围绕 25 岁左右的创业者的故事令人心潮澎湃，但现实情况是，一些创业的百万富翁在 30 多岁时才赚到第一个 100 万，而且他们所从事的领域往往与他们所受的大学教育和职业生涯起点没什么关系。

数字化平台让消费者有机会学习，像 Coursera 这样的在线课程项目已经存在了一段时间，并将在未来十年以牺牲正规教育为代价继续获得吸引力。Upwork 等自主择业平台也已经存在了一段时间，尽管它们已经有过几次改变，但这类平台将继续扩大范围，涵盖越来越复杂的工作。

生活参考和自我实现的社交媒体

五年前，我的私人教练兼好友走进健身房时会大喊一声，然后在随后的 60 分钟里把我累瘫。他会在训练间隙谈论他的照片墙，上面详细记录着他每天的每个生活细节。几年后，我自己也终于开始做照片墙了，我毫不掩饰地陷入其中不能自拔。当然，做起来并不容易，我有一些肯定比我更专注于此的亲密朋友，他们其实每天都无所事事，但无论多么平凡或特别的事，都会拍照上传到照片墙。我知道，传统观点将这种行为视为寻求自我实现的绝望表演，有大量知识分子对这一行为的影响者 [1] 和其空洞性进行评判。但我们得承认，这是一场非凡的社会运动，或许我们可以深入了解它为何如此流行，以及它如何在未来十年或更长时间里为我们提供良好的服务。我清楚地记得 20 多年前即时通信

---

[1] 影响者（influencer），源自营销领域的一个术语，目前学界尚无统一的定义，应该指的是那些能真正影响别人采取行动的人。——译者注

软件（ICQ）和聚友网（MySpace）横空出世时，世界各地的父母都非常担心孩子们会突破家庭和社区的社交障碍，与周围社交圈之外的人进行对话。同样是这一批父母，现在对网络世界另一端的人没有照顾好他们的杜鹃花在平台发表措辞强硬的评论。

可以不断分享自己的生活体验，这为消费者提供了一种让生活更充实、更有动力的方式，即使在一些平台最初带来的兴奋消退后，我认为这一趋势将会持续下去。脸书在全球范围内的活跃人数超过 17 亿，其中绝大多数人在上面分享自己当天的所作所为。能够参与他人的日常生活选择，这是消费者每天为自己做出更丰富决策的重要参考。几乎四分之三的照片墙用户会根据自己在平台上看到的内容做出购买决策，这些内容大多还不是付费广告，而是与模仿同龄人有关。我认为，人们之所以会抱怨这种现象，实际上是因为付费影响者和发帖人缺乏真实性，却在易受其影响的消费者心中设定了不切实际的个人期望。一个令人欣慰的统计数据是，与粉丝超过 100 万的网红或关注者超过 10 万的自封付费影响者相比，你的朋友圈和粉丝不到 5000 人的普通朋友参与互动的可能性要高出 3 倍。

因此，消费者将社交媒体作为生活参考的趋势将继续下去，我们将看到，那种让人们上传个人生活和管理社交媒体都变得更容易、更方便的平台会实现惊人的增长，比如多年来一直为企业服务的"互随"（Hootsuite）社交平台。另一方面，让公司和个人找到合适的关注对象及合适的影响者去联系，这类工具和平台也将继续融入人们的生活，如"跨境通"（Traackr）。

以上就是我认为未来十年将会出现的最有趣的十大消费趋势和科技趋势（见图 1.2）。有些具有很强的战术性和实用性，有些则更注重情感和精神，但所有这些趋势都有可能影响到未来的消费、企业的创建和经营。在下一节中，我们将退一步反思迄今为止所讨论的内容，然后再次回到这个激动人心的变革世界。

十大科技趋势	十大消费趋势
地理空间智能	家庭形态
被动式个人设备	个人理财
人工智能	社会责任
内容自动推送	可接受的无家感
植入物和传感器	隐私战失败
5G 连接	思维多元化
模块化软件开发	体验的价值
数据隐私及数据安全	势不可挡的选择
区块链	对待工作和学习的态度
机器人和 3D 打印	社交媒体与自我实现

图 1.2 十大科技趋势和消费趋势

先后退再深入

到目前为止，我们讨论了什么？数字化转型需要创造价值，数字化转型要靠技术变革来推动，数字化转型在追踪消费趋势时会发挥作用。接下来，我们将开始讨论组织或高管应该如何处理所有这些信息，以及人们在创建未来时会遇到的不确定性和荒诞性。最后，虽然我们承认数字化转型具有广泛的适用性，但我们将把关注范围缩小到消费品和服务业，并介绍本书下一章将要讨论的关键领域。

问题已经太多了，我从哪里开始

如果你在问自己这个问题，不要害怕，你来对了地方。2006年，我开始从事咨询工作，最初的几周和数月全都用于快速掌握所有咨询师必备的技能和工具了。我相信大多数专业服务公司都是这样，需要从学习公司用来与客户交谈的语言开始。公司向我介绍了解决问题的七步法，公司相信七步解决问题的过程不会太复杂或太困难。界定问题、构建结构、确立优先级、制订工作计划、分析、综合和呈现这七步本身并没有什么特别之处。我必须赞扬公司的严格和自律：要求每次都要或明或暗地执行这七大步骤，为客户提供解决方案。那么，如果这很简单，为什么有些咨询项目比其他项目更成功，为什么有些咨询公司比其他公司更成功，为什么有些初创公司比其他公司更有价值，为什么有些公司比其他公司为股东带来更好的收益？难道我们就不能完全按照这七个步骤来解决所有问题吗？

没有人告诉你的是，这中间有一个神奇的台阶，看不见摸不着，仿佛《哈利·波特》中的九又四分之三站台。前五个步骤用来界定问题、构建你想要理解的空间、决定首先要理解甚至更好地理解的部分、规划团队的时间并分析空间，简而言之，用前五个步骤来提高对眼前情况的理解，然后你稍做停顿，也许你可以慢慢理解。度过一个长周末，放松一下，跑个马拉松，一醉方休，连续玩 12 个小时的"反恐精英"游戏，陪孩子玩一个 5000 块的拼图游戏，只是别再想那个问题了。然后在周一早上回到办公室，站在椅子上向大家高声宣布答案。从被动的内化接受材料的立场转变为积极自信的故事讲述者立场，这中间的转变是神奇的一步。然后就到综合和呈现这一步了，但神奇的那一步决定了解决方案的成败，且没有简短的答案。它只是反映了你是个什么样的人，你如何解释给定的现实，如何在不同的洞察力之间建立联系并从中得出令人兴奋的推论。

对于简单的问题，比如两个个位数相加，只需要有限的计算能力，就能得到绝对正确的答案。由于技术变化、消费者受到影响、人们的个人议程、股市对回报的预期以及零售商和供应商之间的脆弱关系等因素的影响，像"在数字化转型中该做什么"这样的企业问题恐怕要复杂得多。因此，尽管对一家公司而言，可能存在一个最佳且详尽的方法，但几乎不可能绝对自信地把它说清楚。这就是人才的用武之地，而优秀人才对情况的了解和任何其他人都一样，但可以创造出伟大的魔法。在复杂问题缺乏明确答案的情况下，如果高管真的见多识广且头脑聪明，那么就按照这位高管做出的最佳猜测走下去吧。

要做到这一点，我建议分四个阶段：理解、阐述、争论和承诺，就这么简单。在开始数字化转型尝试之前，我们需要尽可能充分地了解这个世界正在发生的事情。本书前文部分就是从阐述部分科技趋势和消费趋势开始的。我的假设是你了解你的公司、你所从事的行业以及其中的从业者，但在下结论之前，要花点时间来加深你对所有这些维度的理解；理解得越深刻，阐明路径的能力就越强。在第二阶段，你站在椅子上阐述你的业务计划，虽然这可能会让你感到不舒服，但当你涉足令人恐惧、深不可测的技术世界时，你需要夯实基础。如果你见多识广且灵活聪明（这可能是你被雇用的原因），你的阐述就总能切中要害。在第三阶段，与你认为可能增补、调整和迭代你的阐述的任何人展开争论。建设性冲突会让你从中获益良多；在有人向你提出问题后，你调整自己的方法，使之变得更加稳健，这更会让你受益匪浅。最后，在第四阶段，你只需要承诺执行计划，在一定程度上保持灵活性，但大多数情况下要锁定计划，不要回头。组织无意在一个财年内就改弦更张，即使我们希望它们那样做；而且，在尝试改变方面失去动力的损失，将远远超过致力于执行最终可能只是略低于期望的计划所带来的损失。

本书最后一章将专门更详细地讨论如何具体做到这一点。届时我将为您提供有关如何在您的组织中构建和运行这个数字化转型引擎的方案和一些更具体的想法。眼下，请和我一起走入这个变革的世界，一起学习，一同探讨。让我做一个深谙背景知识的转型主管，让我基于但限于我的所知来阐述我心目中未来十年左右的情形。然后让我们展开争论，也许不是当面，但希望在你反思这本书时，至少在脑海中争论一番。

消费品和服务业的六大变革前沿

几年前，当我开始思考一家标志性公司及其自创品牌的长期数字化转型战略规划时，这六大前沿的想法首次在我脑海中萌生。这家公司和其品牌已经形成了自己的模式，但也有很棒的人想听听如何闯入这个新世界。有很多人谈论要站在现在向前看，努力做我们知道当前正在发生的事情，但也有很多人谈到要站在未来往回看，以便把自己移植到未来世界（比如2035年），想象未来的模样并开始思考接下来的五年需要如何积累才能实现未来的想法。我认为这是制定未来路线图的一种非常有效的方式，但它很快就变成了一种有点深奥的演练，原因要么是没有花足够的时间去理解背景，结果最终得到的是更多像喷气背包和仿生植入物之类科幻的东西，要么是没有足够的争论空间，因为争论不符合公司的文化。但这个概念一直让我不能释怀，我开始思考2035年，并试图将其分解成几大块，以便更好地向组织解释。

以上就是六大前沿的来源。我称之为前沿，是因为我想象着数字赋能的泡泡在沿着这六个前沿向四面八方生长，不断侵占越来越多的空间，并且在这个过程中变得越来越大，提供的价值也越来越多。在每一个前沿领域，我开始思考最激动人心的应用场景，其中，技术进步和消费者行为的碰撞将为面向消费者的公司创造增值机会。因为我有点强迫症，在每个前沿下我只设想四个应用场景，且确保总是能想出四个。因此，你可能会发现24个场景中有一些或许不那么引人注目，或者你可能会想到一些我没涉及的场景。你可以给我发条信息，让我们争论一番，我会把它写入本书的下一版。后面的六章就是按照这六个前沿组织的，如图1.3所示。

前沿1：公司如何触达消费者。我们将着眼于电视广告和户外广告的未来，了解个人设备以及社交媒体的本质将如何改变，并预测广告创意领域的颠覆性变化。

前沿 2：公司如何与消费者互动。我们将了解公司驾驭消费者群体的方法、忠诚计划的未来，以及新的价值主张和无形价值未来激发消费者考虑的方式。

前沿 3：消费者如何进行交易。我们将研究居家交易、移动交易、浏览交易和咨询交易在未来将如何发展。

前沿 4：公司如何创造产品和品牌。我们将讨论企业如何获悉消费者的需求，并将其用于创建有意义的品牌、个性化的产品和本地化的产品。

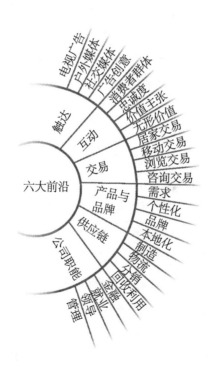

图 1.3　六大数字前沿

前沿 5：供应链如何配置。我们将在制造、物流和分销的背景下讨论工业 4.0，并探讨新出现的用于回收再利用的逆向物流。

前沿 6：公司如何发挥职能。我们将研究公司的一些关键利益相关者如何变化，包括通过财务功能研究投资者，通过 HR 功能研究员工，以及一般领导层和政府服务部门。

这将是荒诞的，但是一种好的方式

我出生在一个印度教家庭，父母较为开明，不热衷于宗教，也从未真正试图让我相信特定的宗教意识形态，这对我的成长有很大的好处。后来，我在柏林和阿姆斯特丹生活了几年，那里可能是社会自由主义盛行的两大城市中心。十年前，我结婚的对象来自一个保守的韩国基督教家庭。所以，如果谈到信仰，生活就成了大杂烩，我没有花太多时间去思考。反复在我脑海里回想的信念，也是我一直坚信的事实，那就是：生活本就是荒诞的。好人并非总是有好事，坏人也并非总遇上坏事。当然，人们可以确保理解当下并预测未来，从而使自己能完美应对未来，但最终，事情会以最荒诞的方式发生。

也许有命运，也许有因果报应，但如果有的话，那很可能只是一系列事件的结果，这些事件太复杂、太漫长，人类的大脑无法理解。想象一下，通过揭示所有相关事情最终何以发生在我们身上的复杂模式，人工智能最终会揭开因果报应的真实面目。在这一切中，我们会发现，绝大多数事件都只是荒诞的巧合。

我之所以想就此结束本书的第一章，是因为我想让大家知道，这个世界很可能不会沿着这些前沿以统一和完整的方式前进。在这个过程中会发生一些事情，有些人将在不同的公司工作，有些雇主将不复存在，将出现新的监管或放松监管，你可能会有孙辈或者离婚，技术突破、一场旷日持久的战争或传染病大流行等可能会消耗世界的资源，一切都将暂时停止，我们中有些人可能看不到2035年的世界，有些人可能会中彩票，选择撤回到偏远小岛生活。

　　就像生活本身一样，数字化转型之旅也将是荒诞的，不存在通过区块链、人工智能和可穿戴设备为我们铺就的既定路径，数字化转型能回答所有问题。正如阿尔贝·加缪（Albert Camus）所说，我们其实有三种可能的选择：字面上的自杀、哲学上的自杀或接受荒诞。在这种情况下，字面上的自杀意味着我们完全放弃这个话题，坦然接受命运的安排，这样也许会被时代抛下；哲学上的自杀将忽略荒诞，做一些象征性的事情，比如创办孵化器、参加网络研讨会、聘请咨询公司等，并相信这些事将会解决数字化转型问题。加缪和我都拒绝这两种选择，并强烈建议你接受荒诞，真正去做四件事：理解、阐述、争论和承诺。

第二章
触达消费者

②

对任何消费品公司来说，第一步自然是试图传递信息，让消费者意识到产品的存在且可能为他们的生活提升价值。我想象有一个史前的人，他多做了一件石质工具，然后在洞穴里跑来跑去，用他的史前语言大喊他那把石斧非常好用。他利用的就是"直接向消费者喊话"这种渠道——那石斧曾杀死过一头猛犸象的消息成功吸引了别人的注意。他肯定把目标对准了定居点中更有进取心的雄性，并用他最具创造性的动物声音来描绘这样一记重击会让他所说的猛犸象倒下。十万年后的今天，纵然发生了很多变化，但触达消费者的基本要素没有变化。意识、覆盖面、信息、渠道、目标、创意、利益等在今天和过去一样重要，将来也同样重要，区别将在于"如何做到"。

我认为，未来的广告将更多地由科学而不是艺术来驱动。提高广告触达消费者的效率和准确性会带来很多价值；虽然我相信我们未来会拥有惊人的创造力，但人的因素将继续减弱。当今大型组织里的广告商和营销领导者都非常注重策略和创意经验，而对科学（尤其是数据科学）则有些轻视。还有一种严重的倾向是一切广告事宜都依赖代理机构，因为代理机构是人才集中之地、创新起源之处。这种情况在未来可能不会继续下去，因为大多数代理机构正在像它们的客户一样奋起直追。公司也许会考虑对部分责任实行内包，结果却再将其外包给开放的市场，所以营销人员不可忽视这个话题。

四条主要的演化赛道强调了公司如何触达其潜在消费者这一前沿。其中三个涉及渠道，即户外媒体的未来、电视广告的未来和个人设备的未来及其对社交媒体的影响，第四个则把信息本身与广告创意组合方式的演变联系起来了。

户外媒体的未来

奥丁预订度假

寒冷的二月，又一个周四早上 7∶30，奥丁走出他在柏林米特区的公寓。今天气温零下 12 度，但听说周末会转暖，奥丁不确定这是好事还是坏事。冰雪融化成雪泥，再次结冰，变成溜冰场，这样的气温波动是不受欢迎的。"很快就会结束，再过几个月就到夏天了，我将和员工们去伊比萨岛开派对"，他一边这样安慰自己，一边沿着穆勒街走向万湖市郊威丁火车站。奥丁不知道的是，在大约 8000 公里外，马赫拉把女儿送到当地的学校，然后走向他在度假村的办公室的时候，他和他在斯里兰卡希卡杜瓦海滩新开的五间小屋海滩酒店另有计划。然后计划就开始实施了。

当奥丁经过赖尼肯多夫街附近的公共汽车站时，车站的一则数字广告闪烁着播放希卡杜瓦海滩上一间小屋的美丽景色，广告标题是"还没去过斯里兰卡？您的机会来了！"奥丁一边想"这个看起来不错",一边继续向威丁车站走去。在威丁车站,当他登上去往格孙特布伦嫩区的 S41 号线列车时,他松了一口气,终于暖和了一些。离目的地只剩下三站了,他站在门口,抬头一看,自动门上又在播放一则广告——"去希卡杜瓦海滩,获得您的高级 PADI 潜水认证!"奥丁回忆起他去年在西班牙参加了为期一周的潜水之旅,并在那里获得了 PADI 证书。在那一周的最后一天,他感到自己有点被冷落了:船员中更厉害的人们去夜潜,他最好的朋友和他的妻子决定共进晚餐,把他一个人留在酒吧。他在社交媒体上发布了一张自拍照片,标题为"热爱潜水,下一步拿下高级 PADI 证书"。

下午六点,奥丁在普伦茨劳贝格区的联合办公空间结束了一整天的工作,他在那里的一家小型初创公司担任财务主管,该公司为素食者提供备餐和送餐服务,并供应柏林最好的合成肉。他来到附近的一家酒吧和一位与他共事的自由职业者小酌一杯,并讨论财年收尾工作,他抬头一看,又发现一个广告牌,上面有一段吸引人的五秒钟视频,拍得很专业,内容是一群不同种族的朋友都跑向悬崖,跳入湛蓝的海水——"在美丽的斯里兰卡旅行交友!"

晚上 10 点半,这一天即将结束,奥丁蜷缩在一堆毯子下观看《权力的游戏》(*Game of Thrones*)第八季的翻拍版,他想:在第八季原版成为一场灾难后,他们决定重拍整部电影,这也算是一件好事。而且,一个人住也挺好,这样就不用每晚为看什么节目而争吵了。这里没有广告,只有不间断的内容,但他在推荐观看列表上看到出现了新标题:"斯里兰卡海滩——人间天堂"。两天后,奥丁在马赫拉的度假村预订了一个夏季周。四个月后,他们见面了，都说他们能一起喝啤酒是多么"幸运"。

了解户外媒体 ① 的演变

　　智能户外媒体的建立和发展将把各种与当今数字媒体相关的效率提升方法带入传统世界，与消费者进行真正的无缝沟通。

　　户外媒体有一段有趣的历史，其中有几个重要节点。19 世纪中期，路边广告在美国生根发芽，商人在自家店铺附近贴上彩绘标志，由此诞生了这种媒体形式。在几十年的时间里，路边广告就实现了商业化，最早的标牌制作和张贴公司应运而生。第一次重大变革发生在 20 世纪初，由于广告牌尺寸的标准化，各广告公司得以在全美范围内大规模生产和张贴广告，到 20 世纪 20 年代中期，第一家户外广告公司在纽约证券交易所上市。20 世纪 60 年代初，德高集团引入了公交车候车亭广告和另外一种流行的广告形式。后来在 20 世纪 70 年代，乙烯基印刷成为可能，且显著提高了创意质量和生产效率。2005年前后，第一块数字广告牌出现，行业从此处于变革的风口浪尖。尽管数字媒体蓬勃发展，但户外媒体仍然势头强劲，在过去十年里以年均 4% 以上的速度持续增长，而下一个十年的发展也将极为令人兴奋。

　　户外媒体这个领域可以分成几个部分，其中有五个主要的部分值得讨论：广告资产、供应方网络、可测量性、需求方交换和通过重新定位形成的消费者单一视图（见图 2.1）。让我们看看它们各自的含义以及我们可以期待每一个部分将如何演变。

---

① 户外媒体指的是围绕于生活者周围环境的广告。——译者注

广告资产

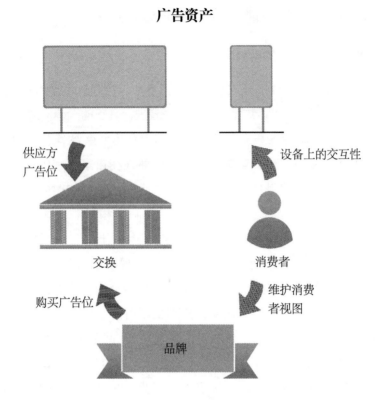

图 2.1　数字户外媒体市场

广告资产

　　我指的是实际的标志，包括广告牌、公交车广告、出租车广告、电梯广告、公交站广告、火车内广告、灯柱广告等。安装屏幕的成本在过去十年已大幅下降，并将继续下降，这促使广告资产的安装基数大幅增加。本质上，我们将开始看到屏幕无处不在，只要有空间就会放屏幕。此外，大部分已经安装但当前尚无法显示第三方广告（因此不能赢利）的屏幕将成为可用于向消费者展示广告的资产基础的一部分。因此，如果你在公共场所有一个用于其他目的的屏幕，你就会开始在上面显示第三方广告，并从中赚到一些钱。

供应方网络

这是一项把市场上所有屏幕聚合起来的任务，根据受众类型和摆放位置对这些屏幕进行分类，并让广告商购买这些屏幕。该任务还需要创建用于发送广告的主干网络，以及在网络中数百万个屏幕上运行这些广告的软件。像威斯坦媒体（Vistar Media）这样的公司已经开始向资产所有者提供管理屏幕和内容的解决方案，并在此过程中开始访问大量的数字户外广告位。这种趋势将持续数年，我们将看到谷歌可能会在这个领域发挥重要作用，因为谷歌组建的广告联盟（AdSense）形成了对现实世界的自然延伸。对于不知情的人来说，广告联盟是谷歌的产品，它允许网站所有者出租自己网站上的广告空间。

可测量性

如今的户外广告商不知道谁在看广告，也不清楚广告是否真的有效。在这方面户外媒体广告远不如标准的社交媒体广告，后者能更清楚地看出以上内容。可测量性对于证明这些媒体资产相对于竞争渠道的有效性至关重要。由于通过物联网和5G连接可以获得位置数据，广告浏览量的可测性将随着时间的推移而提高，用户设备一旦靠近屏幕，就可以加以跟踪。人脸识别和流量统计等技术也将提供某种方式来评估广告资产，但真正的可测量性只有在个人位置数据可用并且开启"共享"时才会出现。在此期间，用一些可能基于人工智能的资产认证系统来评判广告效果是合情合理的。

需求方和交易

一旦广告位被集中起来并获得认证，且准备展示广告，便需要一次交易，让广告商对广告资产出价，甚至私下交易特定广告位。智能户外媒体在需求方面的一个重要症结是广告商的需求要低得多，这主要是因为缺乏可测量性。供应商也不愿把广告位拿来交易，担心定价可能会下降，就像过去社交媒体的商业对等互惠系统（CPMs）一样，且短期内难以恢复。提高可测量性将使拍卖交易能够像今天的社交媒体营销一样发挥作用，创造更多的需求并稳定价格。与此同时，随着交易渠道的出现，广告商和媒体所有者之间的直接交易可能会更加普遍。

消费者的单一视图和重新定位

就像奥丁的情况一样，通过不同的触及点将特定的交流或消息链链接到同一个消费者，同时把过去的交互情况作为参考来定制未来的信息，这为我们有针对性、高效地触达消费者开辟了极大的可能性。首先，流量数据和人脸识别等技术有助于发现屏幕附近的消费者，而我们有可能依赖消费者类型的聚合数据，总有一天，通过户外广告来单独重新定位消费者将是可能且可行的。像谷歌和脸书这种已经拥有大量数据的"围墙花园"似乎有可能提供这种统一的消费者视图，但在围墙花园之外已经有大量的消费者数据可用，公司为了重新定位而获取数据的独立性会越来越强。

现在要做的三件实事

数字户外广告以明显的方式打入主流还需要几年时间，也许是三年。这为科技公司、初创公司、企业和投资者带来了难得的机会，他们现在就可以在这个领域有所作为，从而在三年内建立信心或者完美退出（如果这是你的首要任务的话）。

对于试图利用这种演变的公司和品牌，我有如下建议：

构建自有的屏幕广告位　即使是走廊上的屏幕、自动售货机上的屏幕，或者是电梯里的屏幕，也要尽一切可能去开始创建自有媒体资产。即使纯粹是为了学习，也要开始与供应方平台合作，从中赚取利润。

开始购买数字户外广告位　如果你的市场上有一个资产雄厚的媒体所有者，现在就开始购买有保障的广告位，即使只是试运行也无所谓。在贵公司的生态系统中寻找合作伙伴，也许是那些有屏幕可用的零售商（这些零售商可能成为未来的媒体所有者），并将这种资产的担保购买纳入你与他们的现有关系。

确立基本的可测量性　在购买广告位时，确立基本的测量和认证框架。基于位置和潜在目标消费者的资产分类可能与户外媒体所有者现在的做法没有什么不同，你可以使用谷歌地图或泰利科（Telco）数据等来估测流量的强度和类型。准确率可能只有50%，但已经是一个很好的开端。

电视广告的未来

比迪集市上的福来鸡快餐店

上午 11 点，在孟买炎热潮湿的夏季，瓦哈德带着他的工具包在瓦达拉挤进地铁 11 号线，前往位于瓦迪邦德的家。他想：

"半个钟头的零工就挣到 1000 卢比，真不错"。周五做祷告已经让他错过了半天的工作，他不介意周六出去赚点钱。在瓦迪邦德下车后，回到他租来的两居室公寓，感觉自己仿佛置身于世界之巅。

自从四年前搬到孟买以来，瓦哈德的生活就一直很美好。他没想到在家乡父亲的自行车店里学到的修车技能，很快就为他在这座城市的两大零工平台上都建立了"修理大师"的声誉，并帮助他幸运地和瓦希达结婚。瓦希达在一家回收初创公司做得风生水起，而且收入远远超过他。他想知道女儿们是否会回家——他答应带她们去比迪集市上新开的福来鸡快餐店；而且说实话，他和女儿们一样期待。

瓦哈德第一次听说"福来鸡"是几年前在收看印度通信巨头信实（Reliance Jio）提供的免费电视的时候。他认为相比能看上免费的电视节目，多看一些广告没什么大不了。福来鸡声称进入孟买已经有一段时间了，当然，最初是开在更富裕的社区，最后在比迪集市上也开了一家店。瓦哈德并不太介意这则广告，尤其是因为在这则广告中，他最喜欢的一位来自"孟买印第安人队"的板球明星装扮成一只鸡，跳着鸡舞。顺便说一句，他来自德里的妻子看早间节目时，看到了由她最喜欢的"德里首都队"的球星表演的广告，内容相同，舞蹈也一样。

当然，还有家人最爱看的爱情情景剧《爱》，说的是在这个可以免费学习线上大学课程的时代，一名远程教师爱上了一位"福来鸡"收银员。她在节目中给他带的那些鸡肉三明治看起来总是令人垂涎，更不用说华夫饼薯条了。那些日子很难找到好看的节目，瓦哈德觉得是因为节目太多了，但最近他从 Chick-nwatch 策划的节目频道中找到了一些有趣的节目，他喜欢节目中让人感觉良好的氛围，他们说在"福来鸡"用餐就是这种感觉。当然，他听说"福来鸡"的员工非常重视尊崇上帝和善待众生。

了解电视广告的演变

1941 年播出了史上第一个电视广告：一个类似时钟的图形，秒针扫了整整一分钟，屏幕右下方有一个公司标志。在过去的 80 年里，广告行业已经成长为一个关键性的旗舰产业。但在过去十年里，广告业在许多方面首次加速调整，迫使行业自省。彩色电视于 20 世纪 50 年代推出，到 20 世纪 60 年代，电视超过报纸成为消费者的主要信息来源，更高的收视率意味着更多的广告。20世纪 80 年代，苹果为推广麦金塔电脑（Macintosh），在超级碗（Super Bowl）比赛期间花费 50 万美元做了一个标志性的广告，突显了媒体的重要性。然后，油管于 2005 年推出，网飞流媒体于 2007 年推出，到 2018 年，油管的月度用户为 19 亿，网飞的订阅用户为 1.5 亿。顺便说一句，2007 年还带来了《广告狂人》（Mad Men），该剧将机构高管的角色浪漫化，从我自己对机构人员的经历来看，这并非完全不准确。但如今来到了一个独特的时刻，因为电视广告支出的份额在过去几年里一直在下降，如今仍在继续下降，且以绝对值计算，未来还将进一步下降。

电视广告与电视节目有着不可逆转的联系，因此，它的命运与电视节目消费的未来息息相关。传统的广告模式依赖于要求消费者观看广告，作为回报，他们可以免费获得高质量的节目内容。这种以广告消费换取高质量节目内容的模式将继续存在。也许真正需要改变的是支付的具体方式，行业需要发展这种价值交换模式才能生存。如今在电视上向消费者展示广告有点像是在让消费者用他们并不拥有的货币去购买产品。那么，为了理解电视广告的未来，我们需要理解哪些关键动向？（见图2.2）

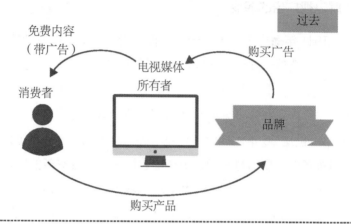

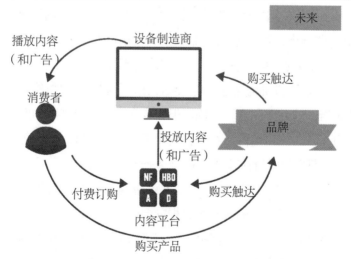

图 2.2 电视广告中的价值交换

智能电视的渗透

是的，智能电视、联网电视和投影设备的渗透率正在不断提高。在美国，目前有 74% 的家庭拥有联网电视，世界其他地区的国家也不甘落后。而联网电视，正如我们前面提到的数字户外媒体的机会，让广告能够更加针对消费者量身打造，精准对应，从而提高性价比。曾经，联网电视一度达到了 80% 以上的渗透率，并且它确实可以连接消费者，同样它也经历了一系列的变革，诸如广告如何投放市场，以及如何系统地基于曝光量收费。但是和你预期的可能相反，对于智能电视最大的阻碍不在于它的硬件渗透率，而是消费者如何通过它消费与购买，以及消费者对广告打断电视节目的容忍度。

内容平台

想象有这样一个平台，你作为消费者完全有权决定你想观看的节目类型，电影、体育广播、新闻、短片、音乐视频、纪录片，想看哪种就看哪种。往篮子里放什么，想要一份还是一大包，想要拿一件东西就走还是停下来再多买些东西，想成为会员以获得更优惠的价格，想要著名制作公司提供的品牌节目还是平台原创的那种自有品牌节目，这些你都可以自行决定。最终，所有的节目提供商都将汇聚于这个平台。现在，我们有多个平台，例如网飞、亚马逊、葫芦网、福克斯、HBO 和迪士尼＋，每个平台都有自己的自有品牌节目和第三方节目，迫使消费者成为正式会员。消费者在某个时候会产生订阅疲劳，并选择一个聚合众多节目的平台。如果节目提供商方面不进行整合，也没有保证节目的互操作性，那么设备提供商或网络提供商最终可能会扮演这个角色——将流媒体服务聚合到一个节目平台是一件轻而易举的事情。

内容经济学

2019 年，网飞在节目内容上花费了 150 多亿美元，披露的收入约为 200 亿美元，自由现金流为负 33 亿美元。因此，网飞现在就像是这样一家公司：花 10 美元挖一桶油，再以 8 美元的价格出售，唯一的差别是油只能使用一次，但节目内容一旦创建可以多次变现。网飞希望持续获得大量用户群，以证明在内容创作上进行投资是合理的，但这可能会受到以下事实的影响：市场上有四到五家其他公司正在用至少同样好的内容争取同样的消费者。唯一的办法是提高价格，他们过去成功地做到了这一点。但随着竞争加剧，消费者继续为多家供应商支付更多费用的意愿将会减弱。事实仍然是消费者已经习惯了花极少的钱消费质量高得惊人的节目内容。在未来十年里，我认为有些消费者会支付更多费用，有些会转向广告支持的模式，更多消费者则会转向平台，以寻求完全定制的内容。但随着更先进的人工智能、更优的整体制作技术以及更容易找到的优质内容的出现，创作节目内容的成本也将下降。因此，也许我们不需要像《老友记》那种每集就挣一百万的强大演员阵容，也不需要华纳兄弟那样的大发行商和全国广播公司的黄金时段。由于节目内容创造及消费的经济逻辑在不断发生变化，也许我们用更少的成本就能获得同样的快乐。

支持广告的订阅和捆绑

如今，音乐流媒体和视频流媒体之间的一个主要区别是，人们可以免费或非常便宜地订阅音乐流媒体，而且事实证明，那些想要消费更多且不看广告的消费者不会介意为音乐流媒体服务付费。音乐流媒体平台"声田"（Spotify）[1] 有 45% 的听众是付费订阅者，而且该平台距离盈利仅一步之遥。这是因为，尽管该行业规模不断扩大，赢利变得极为困难，但唱片公司开始接受更低的版税。"观看我的广告，获得免费或打折的节目内容"一直是传统电视频道的口头禅。音乐流媒体公司和视频流媒体播放器可能会开始尝试免费模式，但是"购买我的产品，获得免费或打折的节目内容"的模式也存在。尤其是电信运营商，它们的移动电话合同可以让你以折扣价订阅流媒体服务。市场上将出现更多此类捆绑销售，其中实体产品带来了固定期限的流媒体订阅，这实际上是消费者通过展示对另一个相关品牌的忠诚来为内容付费，亚马逊黄金视频会员服务就是一个明显的例子。

广告消费场合

在 20 世纪 90 年代，当广告打断你观影时，你会认为这事是不可避免的，只能硬着头皮看下去。后来在某个时候，你可以换频道了。自从出现了流媒体，突然间我们都认为插播广告简直是在施展诅咒。苹果公司在油管上购买的 15 秒不可跳过的广告倒是很漂亮，但是太烦人了，我可不想等上 15 秒后才能看我的猫咪视频。广告消费意愿已经发生改变，但并没有完全消失，广告商不应该完全放弃插播广告，因为这其中还是存在机会的。播放中的自然中断（如

---

① "Spotify"是一个全球范围的正版音乐服务平台，于 2008 年 10 月在瑞典首都斯德哥尔摩正式上线，目前是全球最大的流媒体音乐服务商之一。该平台目前尚无正式中文名称，本书采纳网上比较主流的译法"声田"（另有"声破天"等译法）。——译者注

板球测试赛的轮换或网球比赛的局间休息）、长格式节目内容开始时不可跳过的广告、精心安排的至少间隔30分钟的插屏广告、不影响观看质量的覆盖式广告等都可以发挥作用，并继续存在。我并不是提倡粗暴使用插播广告，但对于我们这些愿意通过观看广告来降低内容订阅费用的人来说，有减少广告干扰的办法。

现在要做的三件实事

我们已经了解了电视广告的未来与节目内容消费的未来是如何密切关联的，这其中也有许多创造价值的机会。对于关注该领域的消费品公司，我的建议如下：

购买联网电视广告。如果你还没有这样做，现在就开始与代理公司合作购买联网电视。它或许不会立刻给你带来很好的影响力，或者目前也提供不了足够的可测量性，但你学得越快越好。想想你当初花了多长时间才赶上社交媒体营销团队的潮流，你也一定不想错过这艘船吧。

与内容平台合作。确定并开始与未来的内容平台合作。可能是流媒体服务供应平台，也可能是电信公司或设备制造商，所以要全面接触，准备好"滚筒通讯录"（roller-decks）[1]。这些节目内容供应商将帮助你维护与消费者之间的关系。开始将你的产品与节目内容捆绑在一起。例如，在"福来鸡"享用一顿家庭晚餐就可以让瓦哈德在信实内容平台上收看一周的无广告电视，他更有可能奔向那个地方。创建节目并策划内容。找出哪种类型的节

---

① 在电子时代之前，摩根士丹利的核心资产是其营销经理们掌握的"滚筒通讯录"（Roller Decks），即一种圆形可滚动翻转的纸质通讯录。它把每个投资客户的情况，从财产情况、投资偏好到家庭成员情况，甚至细到每日作息习惯与业余爱好等，都记录得清清楚楚。——译者注

目内容最适合你的品牌特征，并投资制作长格式或短格式节目。好的节目内容将给你带来大量的、有机的影响力以及未来与媒体所有者讨价还价的筹码。

做一个插播广告的机会主义者。 掌握科学知识，或者介入那种研究何种插播广告依然可被接受的科学。未来十年，大多数欧美中产阶级消费者将感到手头拮据；新兴的亚洲消费者不会介意节省额外的钱，因此对广告的容忍度实际上可能会增加。广告支持的内容流必将到来，一旦到来，你会希望自己最适合拥有侵扰性最小的广告。

一种新型的个人设备

贾登做空梅洛葡萄酒

一个周日的上午，贾登想：对他十六岁的女儿来说，昨天的生日聚会真开心。他答应带他的妻子去梨泰院吃一顿丰盛的早午餐。他洗过澡，做好准备，戴上了他的增强现实（AR）眼镜。他住在首尔的汉南洞，这个地方和梨泰院都是政府指定的无人驾驶区，因此他很高兴不必自己开车去。他大声说："哈娜，查查昨晚的账单。"一张看起来不错的分项清单随之出现，他对自己辛苦挣来（且实实在在）的钱很仔细。他喜欢他的新金融服务提供商哈娜。尽管那是一个 AI 系统，他觉得她很理解他，很容易相处，他们像是一种亲属关系，这有点像华金·菲尼克斯主演的电影《她》。他的车把他放下，自行去某个地方停车。他很快就在 AR 上得到了停车费用是五枚硬币的通知，他眨了眨眼睛，表示同意。

贾登和妻子待在一起是很愉快的，他们在一个舒适的餐厅坐下来。贾登的 AR 上闪烁着菜单，他的私人语音助理埃卡立即指出了她认为他想要的东西，他又眨了眨眼睛。埃卡还建议他告诉他妻子不要吃甜点，她的贴片植入物与他的个人设备相连，上个月已经收到了五次血糖水平警报。他说："请不要吃甜点，亲爱的，我们挑一杯好酒来代替吧。"埃卡浏览了酒单，并为他推荐了几款葡萄酒；快速比照一般市场价格和餐厅菜单价格后，发现迪雅曼酒庄的拉丽塔 2019 年梅洛看起来要比其他酒便宜。埃卡建议点梅洛喝，贾登眨了眨眼睛表示喜欢这个不错的建议。

饭菜很可口，但葡萄酒不怎么样。吃完午饭回来的路上，贾登让埃卡快速检查一下 2019 年梅洛酒的最新评论。与其他年份的酒相比，梅洛酒明显偏柔和。他记得自己品尝过 2009 年和 1999 年的葡萄酒，与其他年份的出色葡萄酒相比，它们也有点平淡无奇。也许这是每十年出现一次的情况。他在 AR 上呼叫他的金融服务提供商哈娜："你能找到可以做空这种梅洛葡萄酒的地方吗？我想我找到了市场上大多数人可能还没有抓住的东西，这是一个快速赚钱的好机会。"那天晚上，哈娜给他找到了一个可靠的葡萄酒交易所，让他以非常有吸引力的价格做空梅洛葡萄酒，在让他吃惊的同时，她提出了几个建议："你可能有兴趣加倍享受你妻子的健康福利，我找到了一家合作公司提供的一种非常有吸引力的单一优质产品。还有一个短期机会，合作银行愿意为您现在绝对负担得起的六个月定期存款额外支付 50 个基点的利息。下周，南亚食品科技公司将推出三个有趣的首次代币发行（ICOs）项目，你说过你对这个领域感兴趣。"

贾登想，"是的，赚钱需要钱，但有时只需要几次眨眨眼。"要是生活中没有这些重要的女性，他该怎么办？埃卡、哈娜，当然还有他的妻子。

了解个人设备的演变

　　追溯智能手机或个人设备的历史以及是什么引导我们走到今天，要比电视之类的东西复杂一些，主要是因为若干应用场景都融入一个设备中了。因此，回顾过去时，我们需要简要了解移动电话、个人生产力设备（即 PDA、便携式音乐设备和便携式相机）的演变方式，以及它们如何在几十年的时间里融入我们今天所知的智能手机。史蒂夫·乔布斯 2007 年发布的苹果手机（iPhone）的演讲是我一直以来的最爱之一，当我听到他说"一个苹果播放器（iPod）、一部电话就能让你成为一个互联网交际者"时，我至今仍感到脊背发凉。他说了两遍，然后问："你们明白了吗？"这是科技史上的关键时刻，也许也是我一生中最关键的时刻。

　　1926 年乘坐往返柏林和汉堡的德国火车的头等舱乘客率先享受到移动电话服务。多迷人的场景啊！但这种设备直到 20 世纪 80 年代才开始投入个人使用，1983 年诞生了世界上第一部便携式手机，即摩托罗拉便携式蜂窝电话（DynaTAC 8000x）；这款手机耗资 4000 美元，很少有人见过，也很少有企业用过。随着 20 世纪 90 年代初全球移动通信系统（GSM）的推出，诺基亚公司于 1992 年推出诺基亚 1011 手机后，消费者总算可以拥有一部手机了。第一款智能手机是 1994 年推出的"IBM 西蒙"（IBM Simon），它可以发送电子邮件和传真，有一个带手写笔的触摸屏和日历等一些提高效率的东西。20世纪90年代出现了更多的市场进入者，在世纪之交开始出现功能手机，如诺基亚7110和2000年第一款拍照手机夏普J-SH04。2000年，诺基亚推出3310，销量达1.26亿部！21世纪初，3G开始实施，黑莓（Blackberry）手机凭借黑珍珠8100开始流行。然后在2007年，苹果手机发布，一切都改变了。到2011年，三星（Samsung）已经成为世界上最大的智能手机供应商。到2015年，华为和小米已经成为全球领先的设备提供商。我只是意识到，该领域在过去的15年里所发生的一切是多么困难，幸运的是，你们大多数人都还健在，和我一起经历过这段时光，所以我不需要进行全面总结。

已经发生的事情都已经成为过去时，即将发生的事可能更具颠覆性和碎片化。那些在预测下一个十年时，今天就能采取正确行动的人，也许会创建出另一家价值万亿美元的公司。

智能手机的持续发展

随着时间的推移，手持智能手机的外形可能会被其他东西完全取代，但至少在未来五到七年内，它仍会存在。我觉得这个世界已经做了一些实验来让手机变得更大或更小、更薄或更宽、可折叠或可弯曲等。在优化形状方面，已经没有太多价值可挖，但在材料方面，还有很长的路要走。我们将开始看到更薄、可拉伸、几乎像玻璃一样没有任何端口和按钮的面板，以及安装在外壳上的更高像素的前置和后置摄像头。也许会出现手持终端，它可以投射屏幕的轮廓，用手势进行操控——这与亚马逊推出的科幻剧《苍穹浩瀚》（The Expanse）中呈现的手持终端非常相似，尽管它似乎在颇为遥远的未来才可能出现。

增强现实眼镜

我想把赌注压在这种类型的设备上，这将成为未来十年的重大颠覆，并不止我一个人这么认为。谷歌眼镜尽管遭遇巨大失败，但它领先于时代，世界需要这种学习精神。我们所知的每一家科技公司都在这个领域大展拳脚，最引人注目的就是苹果公司。据传，苹果公司自己的项目最初遇到了挫折，但有人说苹果的第一款 AR 眼镜将于 2023 年上市，我认为我们可以相信苹果会推出一款超乎我们想象的产品。谷歌、微软和与雷朋（Ray Ban）合作的脸书都在开发旨在于 21 世纪 20 年代初期到中期上市的设备。博士（Bose）等公司的音频太阳镜已经上市，效果很好并且很受欢迎。我认为未来我们不用带手机，而只需戴上一副太阳镜的日子很快就会到来。

个人设备集群

虽然我们把智能手机或 AR 眼镜作为主要设备而继续加以关注，但我们也将看到大多数消费者将拥有多个智能设备，所有这些设备都相互关联，而且很可能来自某种设备集群中的同一品牌或同一制造商。因此，你可以想象一个像维特鲁威人那样的人，全身都是个人设备：智能手机、智能手表、智能眼镜、智能戒指、智能钱包、智能皮带，包括鞋在内的智能服装以及安装在身上或植入体内任意数量的跟踪器（见图 2.3）。尤其是在医疗保健和健身领域，我们将看到表皮电子产品的出现并获得普遍接受，这种电子产品创造了一种可穿戴的"贴片"，具有类似皮肤的特性，或者说对消费者而言不那么显眼。除了心率、卡路里、血压等常规指标之外，还可以测量血糖、血液酒精含量、心脏病风险、情绪波动、水合水平等，并使用这些数据来提醒医疗状况、进行医疗监测，甚至建议销售合适的产品，这些将成为广泛接受的应用场景。

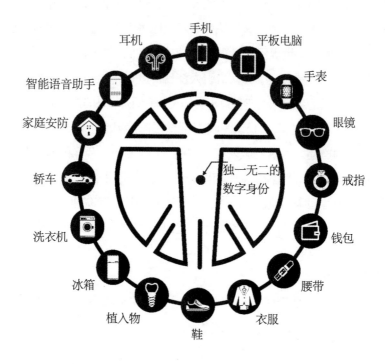

图 2.3　个人设备集群

所有数据都将同步到 iTunes 账户、谷歌账户或任何可能以您的数字身份为中心的操作系统。这里重要的一点是，设备本身最终将完全商品化，硬件也会非常实惠，甚至可能免费，因为公司争相拥有消费者的访问权，并将其有偿提供给服务提供商。例如，最终所有金融服务提供商的信息只有在通过哈娜并为此付酬时，才会传递到贾登的耳朵。

家用电器和智能家居

　　虽然本身不是个人设备，但智能的冰箱、洗衣机、家庭安全系统、吸尘器、吹风机、牙刷、剃须刀，任何你能想到的设备，未来都可以与消费者沟通。它们都将被接入前面提到的个人设备集群中，并且能够向消费者推荐特定的产品和品牌。已经有很多关于冰箱的讨论，冰箱可以储存里面的东西，还可以自动创建购物清单，我们将在后续章节中详细讨论这个问题。这里考虑一下这样一种可能性：你已习惯于购买某品牌的啤酒，当冰箱意识到啤酒快喝完时，它就会给你播放一则广告来向你推荐一个新品牌。亚马逊的智能语音助手亚历克莎（Alexa）、谷歌的智能家居设备"谷歌智家"（Google home）、苹果的智能语音助手"Siri"等产品最初都是被动的工作助手，只会在有人说话的时候说话，并按照别人的吩咐去做。但是，随着这些家庭助理设备的安装群体不断扩大，它们辨别如何以及何时最有效地向您推荐特定产品和品牌的能力也会增加。对公司来说，这可能是接触消费者的大好机会，就像是有人坐在每个消费者的家里，倾听且准备在合适的时候提出建议。

更加分散但透明的社交媒体

　　在过去十年，尤其是在过去 5 ~ 7 年里，社交媒体席卷了广告界，大多数品牌将巨额资金从电视广告转移到脸书广告和谷歌广告上。这带来了巨大的优势，例如有针对性的受众覆盖、较低的进入成本、诱发交易达成的能力等。但是，在过去几年里，由于尚不能可靠地衡量广告效果，人们开始对这类广告深感怀疑。广告显示次数与浏览次数之间似乎总是存在巨大差异，简单地说，大多数消费者不会观看或记不住你的广告，尤其是新闻推送中的广告。打个比方：假设你要举办一个聚会，并决定要邀请朋友，社交媒体会告诉你给多少人发送了邀请。但它不告诉你有多少人亲临聚会，更不会在意有多少人真正喜欢这个聚会。将这种衡量的不透明性与广告形式、平台和推向市场的产品逐年增多的事实联系起来，再加上可用于投放广告的设备呈爆炸式增长，社交媒体广告具备了怪物的所有特质。运营社交媒体最终会像运营核电站一样——按下一些开关并希望里面的一切都安然运转。

幸运的是，关于透明度的争论是当今的前沿和中心。许多初创公司正在涌现，并围绕这一问题开展服务，平台本身也意识到需要更加诚实地对待广告的触达效果。公司也纷纷鼓足勇气来要求自己在广告方面付出就得有收获。在接下来的几年里，即使实际的广告渠道变得异常复杂，我们也会看到社交媒体运行得更公平、更合理。

现在要做的三件实事

因此，正当我们开始习惯于使用智能手机并利用它们过去五年里创造出来的广告机会的时候，形势将再度发生变化。这对某些人来说很不方便，但它带来了创造更多价值的诸多机会。所以，如果你和我一样，在第一副苹果眼镜上架后兴奋不已并立即购买，我建议你考虑以下几点，这样你的公司才能从这一变化中获益。

关注社交媒体的质量。立即开始关注你的社交媒体广告的可见性。有一些特定类型的渠道、广告形式、广告创意和购买模式，它们服务于特定营销目标；大多数品牌和机构仍然在学习做正确的事情。当我们转向另一种广告形式，且广告类型变得更加复杂时，不知道如何设计有效的数字媒体广告组合将使你在未来十年中受尽媒体所有者的盘剥。衡量你的收益，且只为你能衡量的东西付费。

构建自有触达群体。现在就开始打造自己的触达渠道，不管多窄都无所谓。现在还无法确定脸书、照片墙和推特在新设备上的运行效果会像在智能手机和直接面向消费者的渠道上一样好，所以要把最好的消费者群组建起来，并将其很好地整合到一个或多个设备群中。为此，要收集你自己的消费者数据并建立你的受众群体，至少要把你最好的消费者群体建起来。公司需要做出这样的假设：它们的消费者是自有的，但如果必须通过他人的设备、他人的应用程序来触达消费者，并且得借助他人的能力来识别平台上的消费者身份，那些通过多年的媒体投入、权益提供和习惯养成等途径建立起来的消费者关系可能瞬间就会烟消云散。

与设备所有者合作。如今，大多数品牌都不直接与设备所有者合作，因为除了在工作中使用手机之外，它们之间没有天然的交集。但即使是手机也是由电信运营商提供的。设备所有者将是最终的守门人，如果把埃卡和哈娜预装在贾登的 AR 设备上，将确保她们在他的头脑（和心中）占有一席之地。因此，现在就开始了解设备和硬件厂商如何从你身上获益并与之建立关系，甚至与他们共同为已经存在的多种可穿戴设备创建解决方案。要特别关注亚历克莎之类的智能助手，因为它们已经问世并飞入寻常百姓家了。如果硬件成本不断下降，一些品牌为保持客户黏性和快速触达，甚至可以向顶级消费者免费赠送设备，对此我不会感到惊讶。

构建广告创意的新途径

努诺庆祝他的结婚十周年纪念日

努诺驾车行驶在波哥大的加拉加斯大道时想："天哪，很难相信我们结婚已经十年了。"不远处是国家公园，在2023年波哥大半程马拉松赛上，他第一次看到他的丈夫埃德挣扎前行，但始终没有停下来。那是他参加的第三次半程马拉松，感觉有什么东西让他想陪着埃德一起跑；他不确定埃德是否真的注意到了，但在那天晚上晚些时候举办的完赛活动中，埃德走到他跟前，感谢他一直陪伴在身边。他们互换了电话号码，剩下的就像他们说的那样已成为历史。

努诺是波哥大爱乐乐团小提琴合奏团的第二小提琴手，他走进自己在乐团的工作场所并步入电梯时，电梯里的屏幕闪烁着，屏幕上面他最喜欢的一位来自圣达菲足球队的运动员看着他的眼睛说："我有完美的礼物让您买给埃德，一双新款耐克滑板鞋。记住耐克，您来表达爱，我们带鞋来。"这是个有趣的想法，他一边这么说，一边开始了又一天漫长的训练。埃德走路明显是内八字，努诺自己更像是外八字，这给他俩的关系增加了另一个迷人的阴阳元素。在下午晚些时候的休息时间，他迅速查看了滑板鞋的价格和定制设计选项，看起来很有趣，他认为埃德也会是这种感觉。

几年前，他们一起在麦德林市跑完全程马拉松，因为海拔较低，在那里跑相对容易些；努诺喜欢他们俩在一起的事实。这是耐克一年一度的"耐克之恋"马拉松，你和你爱的人一起报名，你俩所用的时间最终会加在一起。在活动之前、活动期间和活动结束后，年长的退休夫妇之间、丈夫和他的癌症幸存者妻子之间还有两个退伍军人朋友之间，有许多美好的故事发生。他认为耐克让人们一起跑马拉松的想法是有道理的。在那之后，他在佐纳T区（Zona T）附近的跑步俱乐部里也遇到了很多很棒的人。那天晚上，当他回到家等待圣达菲足球队开赛时，他收到了耐克的提示："我们为您制作了一个两分钟的短片，请挥手查看。"他挥挥手，接下来看到的是一则精美的视频，里面是他和埃德跑过的所有不同路线的剪辑组合，甚至有他们第一次跑马拉松越过终点线时的一些镜头。"让您的结婚十周年纪念日成为一个难忘的日子。您来表达爱，我们带鞋来。如果您想立即购买，请挥手！如果您同意让我们与全世界分享这则短视频并获得10%的折扣，请向上滑动。"一挥一滑，他就搞定礼物了。

　　一周后，在他俩的周年纪念日之夜，努诺在他们最喜欢的查皮纳罗餐厅等待埃德的到来。就在埃德穿过餐馆大门的时候，努诺注意到他腋下夹着一个眼熟的礼品包装盒，看起来跟他放在桌子下打算送给埃德的那个盒子很像。他笑了，意识到耐克一直在做什么。他想："那一定是耐克给外八字的人准备的软垫鞋。"耐克这种公司一直在玩两面讨好的游戏。那天晚上当他们手牵着手走在卡雷拉7号大街时，抬头看着上面的巨大屏幕，看到他们的短视频故事作为"耐克之恋"广告播放，他意识到并非只有他一个人同意这么做。

了解广告创意的演变

一位营销人员曾经对我说：我们的广告要做到不让人视为不便，而是要让人想看。他的话颇有道理。有时，除了为产品做广告，一些广告的信息和图像会成为某种标志，这将永远改变世界对某种生活方式的选择或某个主题的看法。我相信你们每个人都有自己喜欢的创意，在这里我只想记住一些我喜欢的，并试图找出这些创意所带来的长期文化变革的本质。

首先，我们来看看李奥·贝纳1954年塑造的经典营销形象——"万宝路男人"（Marlboro Man）。几十年来，这种形象和相关的信息塑造了男性吸烟者的自我认知，并成为一种标志性观念，包括电影在内的其他艺术形式反复强化了这种观念。因此，这个创意确实塑造了消费者在消费产品时的感受。1931年，可口可乐委托插画家海顿·珊布为其圣诞广告绘制圣诞老人，他选择把圣诞老人画成一个快乐、慷慨的老人，留着白胡子，身着红袍子。在这次营销活动之前，公众对圣诞老人的普遍看法并不统一，也不是今天看到的样子。因此，这个广告创意塑造了消费者对一年中最重要的节日的看法，并让他们从中联想到慷慨待人的精神。接下来，我们回想一下红牛赞助拍摄的跳伞特技。2012年，菲利克斯·鲍姆加特纳[①]从平流层自由下落到地面，它本身并不是广告，但通过赞助本次及其他若干类似活动红牛巩固了该

---

① 菲利克斯·鲍姆加特纳（Felix Baumgartner），奥地利极限运动员，曾是美军跳伞表演队员，是红牛公司最早开始赞助的极限运动员之一。在他的各种极限挑战中，都会身着印有红牛标志的服饰。2012年10月14日，菲利克斯·鲍姆加特纳乘坐平流层气球从地球表面上升到太空边缘，距离地面超过24英里。——译者注

品牌对极限运动的身份定位，消费者会自动将能量饮料与巅峰表现联系起来。能量饮料至少确实能给你提供能量，而香烟绝对与男子气概无关。想想百威1999年推出的"Wassup"活动广告，这很可能是在没有百威出售的市场上比在有百威出售的市场上收看频率更高的首批广告之一。其幽默独树一帜，个性张扬的青少年仍然在世界各地互相问候"你怎么啦"，向这个广告创意致敬。该创意把一种轻松随意、略带虚夸的"问候"情感具体化，除了表达实际的"你好"，还意味着问候者是一个非常悠闲且平易近人的人。所有这一切都融入了"Wassup"这个短语中。

创意并非总是图像和视频，有时它可能是极具感染力的俏皮话，如"只管去做"（Just do it）或"钻石恒久远，一颗永留传"（A diamond is forever），也可能是现象级的音乐。因此，广告的历史充满了创意如何塑造行为和情感的例子，而整个广告创意产业在过去几十年里一直专注于提炼和重复这种魔力。但是，随着人们注意力持续时间的缩短和广告支持的电视节目的减少，这种创意自由在未来十年将何去何从？

在思考创意如何产生广义的价值链时，我们可以分解为以下几个步骤：大创意的萌芽、通过生产将创意转化为随时可以制作的创意、通过媒体将合适的创意交付给合适的消费者。未来十年将会出现的明显进步在于创意转化变得容易且能更好、更高效地向消费者交付创意产品。虽然人工智能将发挥辅助作用，但我确实认为，那些具有创造力和深入人心的奇思妙想仍需要人类的手去完成，至少在不久的将来是这样。在这个领域，我们需要关注五个关键的演变（见图2.4）。

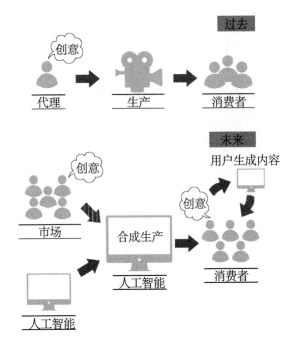

图 2.4　新的创意价值链

合成创意

我在前一章简要讨论了合成媒体。合成媒体无须人工干预即可通过程序生成超逼真的图像、视频、声音等。未来十年，将出现更多的合成媒体产品及代理机构，这将使广告商以相对较低的成本（只需对创意进行足够的调整以适应特定的目标消费群体）便能够放大每一个创意。想想一个广告创意，它首先以核心创意为基础，然后由各个种族的人在适用的当地环境中说这种语言综合生成。这些全都实现自动化，无须以传统方式生成单个视频或图像。这其中的成本和效益都将特别巨大。

人工智能（AI）讲故事

AI可以根据你的个人喜好来为一段内容开发故事情节，我想让你的思维进一步超越这个已然令人兴奋的世界。这很棒，而且与合成媒体的思路相似，差异只是在于：如此产生的故事情节是AI合成起来使之与你更相关的一系列事件。除此之外，AI将使故事情节中的角色以超现实的方式与消费者互动，同时保持不可预测性和真实性，就像人类一样。想象一下交互式视频里的角色，有万宝路男人AI，更好的是有圣诞老人AI，你的孩子可以在圣诞节和他说话。你的孩子也许会和圣诞老人交流自己一年来的表现，也许会谈论自己喜欢做的事情。然后圣诞老人（或者更可能是届时拥有与圣诞老人相关的所有IP的亚马逊）向父母提出玩具购买建议，父母确认购买并交付所建议的玩具。因此，AI将使今天受限于15秒或30秒标准广告中的无数角色变得栩栩如生，并让这些角色参与到你的生活中。

动态创意优化

所谓的动态创意优化（Dynamic Creative Optimization，DCO）已经横空出世，所有数字广告平台都以某种方式将其作为产品提供，如果你是谷歌或脸书等平台上的广告商，你可能已经多多少少用过这种产品。该理念的基本论点是，通过调整广告对消费者的吸引力，你将能够获得更有效的回应。例如，通过"我是"或者"我愿意"类型的信息，广告商便可以向外八字和内八字的人推销不同的鞋子。但是，今天的DCO以有限的已知变量集为基础，这些变量集在数据集中被标记为属性，所以如果仅以使用者年龄、性别和以前的行为作为输入标准，那么所有 45 岁的男性半程马拉松运动员都将看到相同的创意。但是有数百万跑步者，当然不可能建立一个完全预测的模型来决定五个参数，这些参数最终以超过 90% 的拟合度做出购买决定。这就是 AI 的用武之地，它将帮助我们使用更难识别的模式来动态优化创意。

来自平台的创意

随着 AI 和合成技术等方面的发展，在未来十年里，创意的科学性似乎会超过艺术性。我仍然相信，在接下来的七年多时间里，肯定会很大程度上依赖人类的天才来提出创意，比如万宝路男人、圣诞老人和耐克的广告语等。然而，巨变将出现在拥有这些天才的地方，以及他们的创造力如何为公司所用。像所有的专业服务机构一样，创意机构在优秀人才的支持下建立了大规模的全球业务，然后在一个有点不透明的、关系驱动的市场上，这些人才以储备的方式提供给企业。当然，总是存在规定至少要有三个投标人等内容的推销与采购规则，但我们仍然总是受少数几个大机构的摆布，它们向我们保证它们确实拥有最优秀的人才。但是，真的是这样吗？即使现在具有几分真实性，下一个十年还会是这样吗？大多数顶级创意作品可能来自在透明市场上可签约的小公司或个人，而传统的代理模式可能面临来自这些市场的竞争，甚至开始依赖这些市场。这并不是因为人才不选择去大公司，而是因为世界上的人才总是比代理市场所能接触到的人才要多得多，数字平台会让这些人才显现出来。

用户生成的内容

这就是众所周知的 UGC（user-generated content），在过去几年里，这个概念炒作得很厉害，但现在已经有所减弱。公司或个人通常以低成本创建一段内容，然后一遍又一遍地重复、修改和重新共享，直到获得巨大的影响力，这种想法驱使公司试图创建病毒式内容。我想说，99% 的情况下，公司创造病毒式内容的尝试都是失败的，营销人员和代理机构总是能找到一些"有机接触"消费者的数字来取悦领导层，而实际消费者几乎没有受到这种营销活动的影响和打动。我认为 UGC 将在几年后卷土重来，因为随着技术的发展，会出现以下三个不同：首先，由于在内容开始流行甚至是流行之前，基于 AI 和模式识别的社交媒体聆听工具在内容拾取方面变得越来越复杂，对晦涩热门内容的查找能力将得到提高。其次，通过使用更好的个人工具来创建高质量的媒体，UGC 的质量和影响力将会提高。我认为十年后，像你我这样的个人将能够用易于使用的工具制作出漫威质量的短片。最后，公司将能够使用更智能的播种策略来识别合适的微观影响者以重新播种内容，从而找到一条科学的最佳病毒式传播途径（如果确实有的话）。考虑一下，如果把"鲨鱼宝宝"这首歌换成其他歌曲，并激励前 100 万名观众和分享者以完全相同的顺序观看和分享它，它最终还会有 67 亿次的播放量吗？也许吧。

现在要做的三件实事

因此，我们将在创意空间看到大量的活动和机会，让许多公司和企业家从中受益。作为一个想要参与其中的管理者，我有如下建议：

学会使用动态创意　现在就开始在所有的数字营销活动中最大限度地使用DCO。无论是脸书的动态创意产品还是油管的"导演混剪"（Directors mix），媒体所有者都带来了越来越多的功能，像你这样的广告商可以决定是否尝试这些功能，看看在DCO世界中哪些对你的品牌有效。个性化创意的可选择性和复杂性将会呈爆炸式增长，如果你还没有弄清楚如何使用现有的任何东西，你就不太可能理解即将发生的事情并从中受益。

与创意市场合作　在至少要能满足从整体品牌故事的角度来看并不那么重要的创意需求的情况下，开始学着从创意市场中获得创意。十年后，你可能会从此类市场中获得大部分（如果不是全部的话）的创意，并且越早开始和学习，你在未来十年的发展中就越能获得高效率。数字连接世界要求以一定的频率把大量创意组合起来，而现有的创意机构将无法在经济上发挥作用。所以，更明智的做法是着手创建可行的选择方案。你在这么做的时候，要投入精力去从数据科学的角度理解病毒式营销路径。了解哪些平台、微观影响者、内容类型、内容长度、内容属性、消息类型等看起来可以很好地传播，并且要花费时间和金钱去寻找内容，而不是创建内容。

创建自有的角色　或者，继续培养一批明星代言人。这个建议听起来有些奇怪，但让你最喜欢的足球运动员与你进行一对一的对话将是一种无与伦比的销售方式。因此，拥有自有角色的版权（扮演"迪士尼"里的角色真是太好了）或能接触到角色将是你从中受益的关键。这一趋势已经流行开来，过去几年出现了一系列非常具有创新性的营销活动，比如"接听你最喜欢的偶像打来的智能电话",虽然它不是个性化的,而且非常初级,但它仍然有效。

行文至此,你对第一个前沿有了更深入的了解。我希望你现在已经开始意识到数字技术将对公司产生影响的广度和深度;我们才刚刚开始,但我觉得我们已经经历了很多机会。在下一章中,我们将不再谈论触达消费者的问题,而进入消费者考虑阶段。我们将探讨备受关注的互动营销概念,并思考数字化将如何使公司能够吸引消费者参与进来。

第三章
与消费者互动

几年来，营销人员一直在鼓吹要从干扰式营销（interruption marketing）转向互动营销（engagement marketing）[①]。其中的关键信息是，你不是向消费者单向传播你的品牌和产品并希望由此产生交易，而是让消费者通过双向交流与你的品牌互动，并在此过程中引发其购买行为。我明白其中的道理，并认为这是一种新颖且令人兴奋的思考营销的方式，但是，这里有一个"但是"。我调研过多次对话、小组讨论、网络研讨会和网络博客，尚未发现有谁或什么场合将"如何互动"的问题阐述得足够清楚。几年前，社交媒体领域甚至出现了一场全球性的错误尝试，当时品牌开始跟踪和优化"点赞"和"分享"等参与度指标，结果发现参与度与实际购买二者之间的相关性非常弱。因此，我开始就此展开独立思考，试图至少从数字赋能的角度，提出一种看待互动营销的方式，为读者提供一种务实的方法来处理这个话题。

我的基本前提是品牌和消费者之间的所有互动都必须基于价值交换：免费观看广告换取免费电视节目内容；付钱换取产

---

① "engagement marketing"是移动互联网思维的核心体现，也是移动互联网商业时代最常用、最实用的营销模式，能够通过对目标用户的洞察和互动，满足用户个性化的需求。该术语有"参与营销""参与式营销""互动营销"等译法，考虑到"互动"一词更鲜明地体现了该模式在数字时代的特征，本书遂译为"互动营销"。——译者注

品；试用免费样品就得承诺未来可能购买该品牌；免费获得第五杯咖啡就得同意购买前四杯。因此，虽然与消费者的互动是有意义的，但如果以潜在价值交换的形式表达出来，会产生更大的实际意义。鲜有消费者会在不期望得到任何回报的情况下自愿与品牌互动。即使是痴迷于品牌并且消费者参与度最高的"收藏家"，也是出于社区意识和社会地位而参与互动的。

因此，当品牌开始将这种价值交换从单纯的"以广告换内容"和"以金钱换产品"扩大到更广泛、更多元化、更频繁的交换时，它们将与消费者建立更广泛的互动，最终适时推动赚取金钱的主要交易。数字赋能将在帮助公司转向参与模式方面发挥重要作用，因为数字平台非常适于成为这种价值交换的载体。因此，在本章中我们将讨论数字化在公司与消费者互动方式演变中的作用。首先研究公司如何利用和招募一个属于自己的消费者群体并与之互动，然后考察公司如何通过推出忠诚激励计划、提出其他相关的数字价值主张和利用其他无形福利等途径来建立实实在在的互动关系。

驾驭消费者群体

巴特延寿数年

上午 10 点，在长岛（Long Island）一个清爽的夏日早晨，巴特刚刚从梅里克高尔夫球场开车回到他在海岸大道新买的房子。退休后的他六个月前和妻子吉尔搬到了长岛，到目前为止，他喜欢这里，尤其是几乎每天早上都去打高尔夫球。还有，他的儿子刚刚开始在曼哈顿生活，开车过去很方便。他仍然为一家总部位于硅谷的旅游咨询初创公司工作，他认为自己现阶段的职业生涯正处于黄金时期，而且不必忍受纽约的严寒和拥挤。

　　巴特决定到梅里克路的零售药店再买点肠道健康药。三年前，他曾患过一次急性肠胃炎，结果住了整整三天院。医生当时告诉他，如果不大幅改变饮食习惯，会有患胃癌的风险。然后他就注册了"我可舒"（Alka-Seltzer）的肠道健康社区"肠道通"（Speedy Gut）。这个应用程序有一些非常有用的功能：他只需把自己的饮食全都拍下来，再进行照片识别，就可以了解肠道风险评分，并针对他是否应该吃以及应该吃多少提出建议；还能提醒他何时服药，并允许他通过博客和论坛讨论了解自己的病情。在零售药店，当他买了一盒雷尼胃药片（Rennie），自动结账系统要求他同意与制造商分享他的数据，他说"同意"。那周晚些时候，他在家休息时，智能冰箱推荐他试试达能公司新推出的一款益生菌酸奶产品，它可以根据你的肠道健康数据来调整菌落形成单位（CFU）的数量，也就是酸奶中的有用细菌的数量。

　　当巴特在长岛逍遥度日期间，发生了一些事情。在巴特注册"肠道通"应用程序时，拥有该互动平台和品牌"我可舒"的拜耳公司记录了他的第一方数据。随着时间的推移，它们不断在这些数据中加入更多关于巴特的信息，包括他同意拜耳在"那件事"期间从为他提供护理的医疗机构中提取的病史。每当巴特在零售药店购买拜耳产品，并"同意"时，拜耳就会通过与零售药店的第二方数据协议获取数据，并进一步丰富他们对巴特购买行为的了解。当达能向拜耳支付费用以获取潜在益生菌酸奶消费者数据库作为它的第三方数据，并收到数十万条线索时，巴特就在其中。实际上，巴特的身份是无法被识别的，但他的冰箱可以，达能只是将广告发送到冰箱上。巴特同意将他的匿名个人资料与（被独立机构评为纯净广告商的）白金级广告商分享，换来的是免费订阅"肠道通"三个月。

那天及以后很多天的晚上，巴特都睡得很香，他很高兴地知道自己正在尽其所能避免"那次危险"重演。他为自己的生命增添了美好的十年。

了解如何建立消费者数据库

因此，当我们开始讨论公司在未来十年建立自己的消费者数据集的重要性时，看看不同公司以自己的方式做的一些有趣的、在我看来是成功的案例，将有助于了解制定消费者数据战略的方法和理由。基于在线订阅模式建立的公司当然可以立即访问消费者数据，我们将对其进行研究以获得灵感。那些成功建立了数据采集引擎的"线下"公司很难找到，但我们也会讨论一些这样的公司。

声田

在你使用电子邮件地址注册服务时，声田会获取你的个人信息，并允许你输入性别和出生日期。声田会跟踪你的设备以及最近家庭订阅的位置，以确保已注册的家庭成员住在同一个家中。然而，声田的真正魔力在于它如何通过你的收听行为来丰富你的消费者档案，以此来延长你的收听时间并找到更多像你一样的人注册声田。声田按其收入的固定百分比向唱片公司付费，能否逐步降低这一比例，将取决于它能否通过每年获得数千万用户并影响这些用户收听特定的音乐，向唱片公司展示真正的分销实力。声田将利用来自其用户的收听行为数据，让用户发现他们想要的音乐类型，或者通过追踪在前 30 秒内切换的曲目来远离他们不喜欢的音乐。这不仅证明了声田在让歌曲传播到唱片公司方面的影响力，而且还极大地改善了收听体验并推动了持续订阅。声田还利用收听趋势来找出其服务的哪一部分最适合推销给潜在的新用户，以及哪些艺术家或歌曲在推动下载量方面居于"领先"地位。这里的大学问在于：仅仅拥有消费者的联系方式是不够的，公司需要继续用行为信息丰富数据库，使其在推动用户参与度方面发挥作用。

耐克

在过去几年中，耐克可以说是投资数字商务领域的开拓者。众所周知，为了直接面向消费者的销售，它冷落了第三方电子商务平台。耐克最初采用的是实体店模式，对消费者数据的掌握远远赶不上声田，耐克对此的解决方案是创建大量的数字化互动渠道来获取消费者数据。首先，耐克现在的总收入中有近 30% 是靠其直接零售模式（耐克官网或耐克应用程序）推动的。此外，为了在令人兴奋的运动鞋世界中与时俱进，耐克还拥有并运营多个额外的消费者应用程序和平台，包括其忠诚计划"耐克 +"（Nike+）、"耐克跑步俱乐部"（Nike Running club）和"耐克训练俱乐部"（Nike Training Club）等实用应用程序，还有针对运动鞋爱好者的"耐克独门鞋会"（Nike SNKRS）应用程序。此外，用户可以将他们"耐克跑步俱乐部"应用程序连接到其他健身应用程序和可穿戴设备，例如他们的通腾（TomTom）或佳明（Garmin）手表，甚至是他们的苹果健康应用程序，这些应用程序为"耐克跑步俱乐部"提供了重要的活动数据流。耐克还有一个名为"耐克健身"（Nike Fit）的应用程序，可以根据用户给自己的脚拍下的照片来推荐鞋码。因此，我们在这里看到了一家公司的例子，该公司专注于直接向消费者提供实用程序和产品，并在此过程中获取消费者数据，将其转化为更深的了解、有针对性的优惠和推送，从而获得消费者的持续交易。这里的主要经验是：即使对于传统上属于线下实体的公司来说，数字化互动也将为它们开始积累消费者数据提供一个受欢迎的途径。

费埃哲，第三方数据的鼻祖

我一直在思考，谈及第三方数据使用时，应该举什么例子？这方面的例子通常极为少见。我立即想到了第三方数据的鼻祖——费埃哲（FICO）。FICO是费尔艾萨克公司（Fair Isaac Corporation）的缩写，这家上市公司为贷方提供被称为FICO评分的信用分数，贷方可以通过该评分来评估是否向消费者提供贷款或抵押之类的信贷产品。FICO从益博睿（Experian）、艾贵发（Equifax）和环联（TransUnion）这三大信用报告公司获取信息，这些公司又从各种来源获取信息，包括首先根据FICO评分做出信用决策的银行和贷方。这三家机构都声称拥有10亿以上消费者的信息，并且都已公开上市。

这种第三方数据模型自20世纪60年代就已经存在，为了确保公司不会根据不正确和不公平的共享数据做出错误的信用决策，《公平信用报告法》（Fair Credit Reporting Act）于1970年通过。2003年对该法的修正案还规定，消费者能够每年从每家机构收到一份免费的信用报告副本，以了解哪些信息可以与贷方共享。尽管多年来针对该系统出现了各种诉讼和批评，更不用说黑客攻击和数据泄露丑闻，但是，这种由私人公司操作并接受监管的纯粹商业手段来进行数据的收集、存储和销售的做法一直为信贷的发放和接受提供了极大的便捷性，使公司能够开展大型贷款业务并有利可图。这里最大的收获是：第三方数据的销售是出于商业目的，这尽管听起来很不光彩，但在经过同意且受到严格监管的情况下，这么做是行之有效的。

现在要做的三件实事

在接下来的十年里，我们将看到全球各地的公司都努力打造自己的消费者数据库、赢得忠诚消费者并吸引新消费者和潜在消费者等。比起那些没有在实际交易（可能包括大多数的消费品，尤其是快速消费品）中发挥重要角色的零售商和公司相比，与消费者有直接关系的零售商和公司将会更加从容不迫。为了随着时间的推移慢慢构建起这种关系，公司需要有耐心并按照下面推荐的几个重要方向采取行动。

收集第一方和第二方数据

开始建立直接渠道与消费者互动，并开始通过该渠道积累消费者数据（见图3.1）。可以是像耐克官网那样的直销渠道，也可以是像"耐克跑步俱乐部"那样的附加实用程序，还可以是忠诚计划，甚至是特定的东西，比如不一定与交易相关的"耐克独门鞋会"应用程序。如果消费者想利用促销活动或参加营销活动和竞赛，则必须强制他们与你分享他们的数据。即使是线下活动也可以作为获取消费者数据的简单渠道，要求消费者在激活地点的平板电脑上注册。第一方数据收集重在积累，需要付出耐心、长期坚持，做到持之以恒，而后你将开始获得"有趣的数据"。

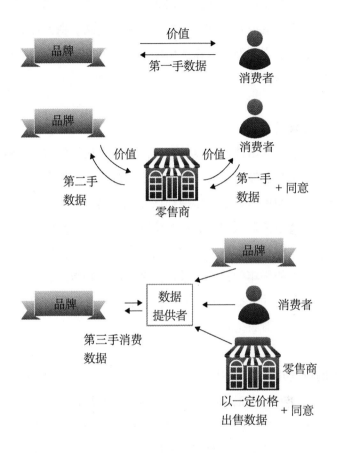

图 3.1　第一手、第二手和第三手消费者数据

　　无论你的合作伙伴是零售商、媒体渠道还是其他合作伙伴，说服它们与你共享消费者数据将是一个漫长而艰巨的过程，但如果你不主动要求，它们就绝对不会共享。开始在所有联合业务规划和合同重新谈判讨论中定期要求共享消费者数据。推广费用要由与你共享的基本消费者数据来决定。最重要的是，通过将其与购买第三方数据的成本或你的内部客户生命周期价值计算进行基准比较，了解获得消费者数据的价值，并准备好就与你共享的数据向合作伙伴提供补偿。

购买第三方数据

我不知道为什么传统观点认为第三方数据质量低劣而逃避购买它，但事实并非如此。有一些第三方数据质量高得令人难以置信，它们会定期更新数据；希望在该领域站稳脚跟的公司应该开始每年分配资金去购买数据。从多个提供商的小受众开始，以了解它们的内容以及数据在接触和吸引消费者方面提供的效率。我认为在接下来的十年中，随着数据安全问题开始得到缓解，将会有更多公开可用的数据，第三方数据在数量和质量上将可以媲美谷歌和脸书等"围墙花园"。

丰富你的数据并管理用户授权

在积累个人数据记录时，还要重点关注的是，在你的数据库中尽可能多地添加"我愿意"类型的数据。一般来说，你若是没有在一个月内更新记录，就可能已经失去了该消费者。从每月活跃用户（MAU）的角度考虑消费者数据，你持有某位消费者的数据，但如果在一个月内没有与之互动，那么这位特定用户将不再是你的消费者。激活数据库可采取以下某种形式：通过一些消息和跟踪性的收据来接触消费者；提供一些促销优惠、跟踪兑换或交易；了解消费者是否使用了现有的任何其他应用场景。每次交互都会留下一条数据轨迹，你应该将其捕获到数据库中，这有点像声田为每个消费者的收听行为所做的那样。

最后但并非不重要的一点是，让你的法律团队对你所有市场的数据隐私法规进行全面审查，并为组织制定适当的准则，说明该做什么和不该做什么，但务必让你的法律团队记住，这么做的本意是要遵纪守法，而不是要对公司进行超出法律要求的过度监管。一条简单的经验法则一直是"同意为王"，但由于数据采集是在不同时间点从多个来源进行的，并且在许多情况下是批量购买或批量转让的，因此每个数据记录本身所收到的"授权同意"都需要记录下来。大多数消费者数据库都提供全面的授权同意管理功能，如果没有，市场上有几个授权同意管理平台，建议你加以研究并充分利用。这么做将有助于保证数据使用有干净的记录，这不仅有助于你的公司避免监管机构的罚款，还可以向消费者证明他们的数据在你手中确实是安全的，他们的信任完全掌握在你手中。

所以，就是这样，第一步是吸引消费者，利用他们的数据，并通过至少每月一次互动来确保他们确实是你的消费者。最后一点建议，消费者数据采集是一项长期的工作，获取数据需要时间，从获取的数据中实现收益也需要时间，无论从哪个角度看，都需要久久为功。你需要表现出耐心和投资意愿：未来三到五年内投资建设，且不指望立即看到投资回报。另一种选择是：在五年后的世界中醒来，你的公司沦为唯一一家没有任何消费者访问的公司，而且你也可能不会再拥有一家公司。

忠诚计划的未来

奥丁"宣誓效忠""极道枭雄"游戏

距离奥丁在斯里兰卡度过那史诗般的海滩假期已经过去了几个月，他竟然惊讶地发现：尽管他的公司去年才改为每周工作四天，但形势又快到了他急需再次休假的地步。他开始意识到，假期对他来说不仅是为了逃避工作，还是为了逃避自己和他对自己应该如何生活的期望。不知何故，当他不在柏林时，所有的赌注都泡汤了，他甚至允许自己吃几块真正的牛排，而不是他全心全意热衷的植物餐食。但不管是否去度假，他至少有一件事可做——玩"极道枭雄"（The Syndicate）游戏。

奥丁从床上爬起来，半睡半醒地骑自行车到几个街区开外的健身房。因为他是"极道枭雄"的折扣会员，可以提前参加一些非常受欢迎的动感单车训练课。"极道枭雄"的会员通常很低调，所以他并不知道当天有多少单车爱好者也是其会员。不知道也是诱惑的一部分。那天晚些时候，在他用优步打车上班的路上，他惊讶地发现他的优步应用程序出现了"极道枭雄"新推出的皮肤。该皮肤用的都是黑暗模式和"极道枭雄"的行话，所以行程被称为任务，目的地被称为集合点，非常讨巧。

临近中午，他和一个同事共进午餐，就在他准备付钱时，他的同事瞥见了他的"极道枭雄"全金属信用卡。人们已经有一段时间不使用信用卡了，更不用说塑料信用卡了。同事说："那到底是什么？"奥丁完全反应过度地答道："没什么，算了，我不想谈论它。"

现在大家都不谈论"极道枭雄",但奥丁当时非常期待参加下个月举办的"极道枭雄"年度聚会。届时,一整天都可以享受特殊权限,参加各种活动,特别好玩。最重要的是,终于可以公开谈论自己加入"极道枭雄"的经历,并与志同道合者待在一起。

当奥丁深夜坐在他破旧的游戏椅上,穿上他的 VR 装备时,他开始振作起来,开始不像奥丁,更像他在游戏中的化身那样去思考。在这样的情况下,他觉得自己可以做自己,做真正的奥丁,不必决定自己的命运,因为那是由"极道枭雄"决定的。不必用德国人所说的"怀疑精神"去思考他的目标。"极道枭雄"告诉他需要把谁干掉,他就照办,就这么简单。他喝了一口他最喜欢的能量饮料,深吸一口气,从着火的大楼上跳了下去,枪声响起,进入到另一个三小时的刺客信条游戏——"极道枭雄:重回杀戮战场"(The Syndicate Redux)。

了解现代忠诚计划

在接下来的三个主题中,我们将研究构建出色的数字化参与平台背后的不同类型的价值交换——从忠诚的概念开始。让我们看看当今一些成功的忠诚计划和原型,并从中学习。

星巴克忠诚计划

后文将讨论单一品牌、单一产品的忠诚计划越来越少的原因。在所有这一类计划中,星巴克忠诚计划脱颖而出,不仅因为它能幸存下来,而且因为它进行了自我重塑,为消费者和公司本身增加了真正的价值。星巴克计划为消费者提供了一些相关的福利:一款允许消费者预订、支付和免排队取货的应用程序,一个可以无缝充值和支付店内订单的电子钱包，用积分免费兑换饮料和商品，生日免费咖啡和特殊活动邀请券，消费者可以将星巴克店内的音乐与声田播放列表同步，向朋友发送礼品卡，定位门店，等等。简而言之，通过识别并以数字化方式支持与用户的星巴克体验相关的各种应用场景，并让消费者参与这种体验变得更容易、更有价值，星巴克已经成功地吸引消费者并保持了他们对品牌的忠诚。对星巴克有帮助的是，大多数消费者养成了日常消费习惯。在这种情况下，公司自建应用程序并加载各种体验，会让消费者值得花时间在智能手机上进行维护。当然，星巴克在这个过程中获得了宝贵的消费者数据，这有助于它更敏锐地为每位消费者提供个性化服务，让他们每天都光顾。

亚马逊至尊会员和阿里巴巴的 88VIP 会员

如今在讨论忠诚计划时，如果不谈及亚马逊至尊会员制和阿里巴巴的 88VIP 会员制是不全面的。这两种计划有相似之处，但基本理念略有不同。亚马逊的至尊会员制是一项付费订阅服务，年费为 119 美元，会员可享受亚马逊整个应用场景家族的宝贵福利，包括：某些送货方案中的免费送货，亚马逊官网和全食公司（Wholefoods）的独家优惠，Prime 视频、Prime 音乐、亚马逊游戏和 Prime 阅读服务等。据最新统计，亚马逊有 1.5 亿至尊会员。虽然亚马逊从该计划中获得了可观的会员收入，但福利的成本远远超过了这一收入。然而该计划的付费性质在消费者心中对亚马逊拥有的应用场景生态系统产生了一种心理黏性。阿里巴巴的 88VIP 会员制也是如此：不仅为会员提供折扣服务，还链接到视频流（优酷）、送餐（饿了么）、音乐流（虾米音乐）、电影票务（淘票票）等。亚马逊至尊会员和阿里巴巴 88VIP 之间的一个根本区别在于，消费者通过写评论、与其他消费者互动和使用各种应用场景来进行与阿里巴巴平台的互动，就可以支付或赚到获得 88VIP 会员资格的费用。因此，对应用场景联盟的忠诚进行价值交换，以换取联盟的捆绑折扣，显然效果非常好。在这种情况下，联盟中的应用场景都归参与者所有，但并非必须如此。另一个心得是，消费者需要觉得他们已经获得了通过现金支付或通过行动获得福利的权利。归属感所带来的黏性超过了付费计划的潜在缺点，亚马逊和阿里巴巴已经发现这方面是相当有利可图的。

航空公司和信用卡忠诚计划

现在让我们从信用卡开始看看那些最初的专业忠诚计划。我想概括地说，如今大多数消费者之所以使用信用卡而不使用直接借记工具，唯一的原因就在于信用卡提供了忠诚福利，而且大多数的信用卡积分可用来兑换航空里程。因此，在某种程度上，发卡机构已经对它们与航空里程的关系变得非常依赖。另一方面，航空公司的生存也变得完全依赖其里程计划，尤其是依赖发卡机构大量购买航空里程并将其转交给消费者。这方面的信息很难获得，但最近在美国进行的一次估值活动显示，美国航空公司的 AA 里程（AAdvantage）计划和联合航空公司的前程万里（MileagePlus）计划的估值高于航空公司本身的估值！航空公司的忠诚计划实体向信用卡公司出售里程数，其售价是从航空公司购买兑换座位价格的两倍——因此可以赚取 50% 的利润。发卡机构并不介意，只要它们能够继续推动消费者兑换里程，更多的消费者意味着更多的循环信贷者，也意味着更多的利息收入。而且，只要它们能够推动信用卡的使用，更多的交易就意味着更多的利息收入。很难对跨市场的众多计划进行平均计算，但信用卡公司将支付约 1%～2% 的里程福利，循环信贷的利率超过 10%，交易的回佣率超过 1.75%。因此，最终结果是：银行与航空公司联手让消费者使用并支付他们未必需要的产品（信用卡），从而无意中为他们确实需要的产品（航空旅行）支付了合理的价格。这里可以学到重要的一点：将两个共生应用场景放在一起，可以让消费者打心眼里接受一种显得有点深奥，但能两全其美的捆绑模式。

现在要做的三件实事

从上面的例子可以清楚地看出，通过忠诚吸引消费者的未来将取决于创建企业联盟的能力。对于我们这些有幸拥有日常相关应用场景（比如星巴克）的人来说，或者对于那些拥有大量应用场景生态系统（比如阿里巴巴或亚马逊）的人来说，这项任务将会更容易。遗憾的是，我们大多数人就像发卡机构或航空公司一样，我们需要彼此。因此，忠诚计划的下一个十年将属于最棒的合作者，这里快速回顾一下你需要考虑的事情。

设计合适的应用场景所有者联盟

根据两个明确的维度选择合适的合作伙伴：一个是有意义的捆绑应用场景，另一个是具有类似意愿和同等技术能力的公司。几年前，我花了一些时间组建了一个业务内容包括电子商务、视频流和打车服务的合作伙伴联盟，这些伙伴都是面向数字应用场景的早期采用者。我们在几个月内就启动了这个项目，它对每个人都非常有效，使用的工具大同小异，彼此都充分理解对方。但是，锚点是一个得到明确界定的消费者细分市场，我们认同它将在我们所有的应用场景中找到实用性。

该联盟之所以奏效是因为一个简单的概念，即为一个应用场景联盟获取一位消费者（acquiring a consumer，CAC）的成本将低于将同一位消费者分别获取到每个单独应用场景的成本。

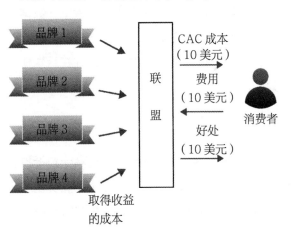

图3.2 忠诚联盟的好处

消费者获取利益本身应该使组建联盟对所有合作伙伴都是值得的，你需要能够向每个联盟伙伴证明这一点。但只有当联盟伙伴继续为消费者提供有价值的好处时，消费者才会对该联盟表现出依赖性（见图3.2）。

实现无缝消费体验

联盟的核心将是共享的消费者数据库，共享的事实意味着消费者需要向所有合作伙伴表示同意。我个人认为，不允许消费者选择加入或退出任何单个合作伙伴，而对合作伙伴采取全有或全无（all-or-nothing）的方法是最有意义的。这使联盟变得简单，并鼓励公司只将为关系增值的合作伙伴添加到计划中。这也避免了对消费者管理"同意"的过程变得过于复杂。记录每个应用场景使用情况的实际行为将发生在各个平台上，你需要通过应用程序接口将消费者数据库连接到每个单独的合作伙伴，以确保"我愿意"类型的消费者数据实时或几乎实时流入统一数据库。尽管这听起来很复杂，但可以通过以下两种方法完全消除这种耦合：允许每个合作伙伴开发自己的忠诚度积分，并在后端建立"积分兑换率"，或者把支付提供商作为整合者，并将现金注入只能用于合作伙伴应用场景的电子钱包子账户。

真正的好处只有在无缝体验时才会体现出来，这意味着用户只需登录一次，并且每次购买时都会自动享受到折扣。无缝体验只有通过应用程序接口实现完全实时连接才能实现。在这方面支付提供商可以发挥重要作用，因为大多数制造商和品牌无法创建可靠的购买记录。另一种选择是在每个包装上设置唯一的标识符，并允许消费者在消费后自行记录购买。这里的困难在于：通过在包装内放置可扫描代码之类的东西来验证消费已经发生。你需要为每个零售渠道中的每个合作伙伴建立并不断改进消费者在购买、消费记录和兑换流程等方面的端到端用户体验。

作为独立实体运行

将联盟视为独立实体和独立品牌有若干好处。如果把联盟视为独立于某个主要品牌，合作伙伴会更愿意加入。如果把联盟构建为一个单独的工具，那么通过交叉收费和转移定价来运转就会容易得多。消费者数据可以属于该实体，联盟伙伴可以与该实体而不是彼此签订数据共享协议。创建一个可以自己透明地运营业务的实体还有其他几个好处，但到目前为止，最重要的是关注"收支平衡"。如果实体不能确保凭借联盟的客户获取成本优势和客户终身价值优势超过经营实体的成本而获利，那么显然联盟没有意义，没有增加价值，需要做出改变。

所以，当你开始组建联盟并通过忠诚计划来推动消费者参与时，这里有一些关于从哪里开始的建议。在进入下一个主题之前，我的最后一条建议是：在这个新世界里，有付出才有收获。我见过一些公司，尤其是非竞争性公司，毫无理由地对消费者数据采取非理性的保护措施。但仔细动脑想一想，你会发现这是正确的做法。

通过数字产品提供增加值

瓦哈德做炸酱面

自从瓦哈德和他的妻子决定他当全职奶爸以来，已经过去了六个月。他的妻子在工作上得到了很大的提升，他们不得不搬到镇上的另一个地方，这对女儿们意味着要上新的学校、过新的生活，对瓦哈德来说最好还是待在家里照顾她们和管理家庭。当他把家里的女性逐一送上各自的校车和网约车上并带上打包好的午餐和零食时，已经是上午9点了，他瘫坐在客厅的沙发上，打开了他的"爸爸"（The Dad）应用程序。

首先，他直奔孩童时尚区，开始阅读有关12岁孩子们当前要穿什么的内容。这里有一些有用的资源，比如指导买多大尺码，女孩们总是缺合适的衣服，要买稍微有点大但又不太大，这其中很难把握。他能够挑选衣服，然后绘制出女儿们穿上后的样子，然后在他订购之前让他的妻子快速把关。他买了两件相配的连衣裙，他想，她们在开斋节期间穿上这些衣服会很好看。接下来，他滑动到该应用程序的体育板块。在这里，他找到了一份完整的运动清单，以及每个运动项目的男女联赛和比赛时间表。他记下了两个女儿的曲棍球比赛时间表，并在日历上记下了训练时间。这个板块安排得真是太好了，印度人对体育运动充满热情，这个社区帮助人们相互联系，让他们的孩子在一个安全且设备齐全的环境中一起玩耍，这很好。

在那个应用程序上，既然他已经为女儿们买了一些东西，做了一些计划，是时候关注一下自己了。他的妻子最近经常指出他的发际线比以前退得更快了。他总是不屑一顾这种对自己外表的关注，但说实话，他开始考虑自己是否应该采取点什么行动了。他进入了应用程序的"自我护理"板块，其中有一个专门针对头发护理的子板块。他找到了一个洗发水和生发水套装，在阅读了一些其他爸爸的评论后，决定是时候开始更密切地关注脱发问题了。现在他需要想清楚晚餐做什么，他今天想用一些不一样的东西给妻子一个惊喜。这些天，她陷入韩剧不能自拔，而他试图观看几集，但荒诞的情节和夸张的表演，让他实在看不下去。然而他的妻子就是喜欢，女儿们也非常喜欢韩国流行音乐。他注意到韩剧中的韩国人超乎寻常地喜欢吃炸酱面，于是决定试着做一次。"The Dad"应用程序给他提供了一个很容易制作的食谱，当然还有鸡肉，他可以一键订购所有食材，一小时就能送货到家，多么方便。

在遥远的数据中心的某个地方，下列公司记录了当天的消费者参与度：H&M 在它们的儿童时尚平台、迪卡侬在它们当地的体育联盟平台、欧莱雅在它们的男士护理平台、雀巢在它们的烹饪平台。

了解公司如何构建数字产品

本章前文花一些时间探讨了奖励忠诚福利来推动消费者与品牌之间的互动，现在我们来研究通过为消费者提供超越产品本身的价值来创造参与度的公司示例。我们将看到几个成功的例子和一些伟大的尝试。

红牛

在互动营销方面，你很难找到一个比红牛做得更好的品牌。那么，红牛到底做了什么？它是如何走到这一步的，甚至在你打开一罐红牛之前，仅仅把它从货架上拿下来的举动就让你肾上腺素激增？红牛从本质上抓住了能量和肾上腺素的概念，并为消费者创造了许多在充满肾上腺素的背景下与其品牌互动的机会，以至于这种联系现在完全成了一种习惯。红牛做了这些事情：开始赞助滑板、跳伞、自行车越野等极限运动。红牛在赛车运动赞助中占据了重要地位，也许世界上没有哪种赛车运动让消费者在欣赏之余不与红牛品牌互动的。除了赞助，红牛还拥有数支运动队，包括最著名的一级方程式赛车的红牛车队和阿尔法托利车队，还有澳大利亚、美国、巴西的足球队，甚至电子竞技足球队。在红牛数字支持平台中，最知名的当属红牛电视（Redbull TV）应用程序，如果你还没有体验过，你应该去体验一下。该平台提供数小时异常精彩的免费内容，包括与一级方程式赛车有关的电影、短片、纪录片和现场直播，还有滑冰、自行车、舞蹈、游戏、户外、探险等。内容的质量很高，令人难以置信且鼓舞人心，让你想跑去下一个便利店，购买一罐红牛喝。红牛电视可以通过红牛应用程序进行流媒体播放。除了红牛电视应用程序之外，红牛数字平台还有一些游戏应用程序可供下载，包括越野自行车（Dirt Biking）和滑雪板（Snowboarding）。因此，通过与消费者进行各种互动，红牛品牌的核心价值得到精准的关联，这些机会让红牛在能量饮料市场独占鳌头，且鲜有竞争对手能撼动其主导地位。

安德玛

我怀着复杂的心情分享这个具体的例子，原因在于，虽然获取和使用数字应用场景有很大的好处，但对美国体育运动装备品牌安德玛（Under Armour）来说，有太多其他不太合适的事情让它陷入了今天的危险境地。但让我们倒退几年，那时安德玛对青少年消费者来说仍然很酷，由汤姆·布拉迪（Tom Brady）和吉赛尔·邦辰（Gisele Bundchen）代言，这让耐克和阿迪达斯一筹莫展。继收购健身与锻炼的领先平台健身记录（MapMyFitness）和运动追踪器（EndoMondo）后，安德玛 2015 年以 4.75 亿美元收购了减肥宝个人训练平台（MyFitnessPal）。其想法是在互联健身领域取得进展，一方面是为进行个人健身的消费者提供价值，另一方面从健身应用程序中获得消费者的数据以更好地了解他们，并将其与市场上的实际产品介绍联系起来。有趣的是，这些应用程序和互联健身业务部门继续赚取订阅收入，并为公司提供实际运营收入，尽管实际的服装业务遭受丑闻、业绩欠佳等问题，并且总体上被竞争对手击败。因此，这里可以得到的宝贵经验是：一个互动平台的副业可以也应该像独立企业那样运行，并且实际上是能赚钱的。但最近的事件表明，尽管这项副业可能会大获成功，但核心业务仍需要继续为公司提供服务，以保持与副业的相关性。

H&M、ZARA、欧莱雅、宜家

这些公司和许多其他公司通过提供相关的应用场景为消费者增加价值进行了有趣的尝试，虽然我相信很多公司会承认这一过程才刚刚开始，但审视它们如何朝这个领域发展是很有趣的。H&M 推出了一些诸如"完美契合"（Perfect Fit）应用程序之类的平台，通过该应用程序，用户可以创建自己的数字头像并让它试穿衣服，或者是在该应用嵌入图像搜索功能，让用户在广告牌或社交媒体上拍照并搜索 H&M 的类似衣服。ZARA 在其店铺内引入了增强现实技术，购物者可以用手机查看模特穿上特定服装的样子。欧莱雅在 2018 年收购了一家加拿大初创公司——魔笛试妆（Modi-Face），该公司允许消费者在购买前先试一下自己的发色或粉底。对于公司的专业品牌，欧莱雅还允许用户进行一对一的专家咨询，然后专家在视频聊天中使用 AR 技术将特定的彩妆产品涂抹在消费者的脸上。宜家（IKEA）正在开发这样一项功能：对简单的房间照片实现 3D 可视化，并允许消费者选择和更换特定物品，从而消费者可以直观地看到一件家具摆放在自己家的样子。宜家还在 2017 年 9 月购买了一个名为"跑腿兔"（TaskRabbit）的在线零工平台，该平台除提供跑腿零工外，还提供家具组装服务。这方面的例子有很多，尝试也不少；在接下来的十年里，我们将看到公司越来越大胆，因为它们超越了对产品的关注，并开始创建一些可以与消费者一道独立实现赢利的应用场景。

米其林和吉尼斯

关于互动营销，我最喜欢的一个例子是"米其林指南"，我更喜欢它过去的形式而非现今的样子。该指南由轮胎公司米其林于 1900 年首发，当时道路上的汽车很少，对轮胎的需求有限。本意是想让人们驾车出行，间接刺激汽车需求和轮胎需求。多年来，该指南获得了标志性的权威地位，虽与轮胎销售的联系已经减弱，但它仍然是一个有趣的案例。吉尼斯世界纪录的起源更有趣。吉尼斯啤酒厂的负责人休·比弗爵士在一家酒吧里就欧洲最快的猎鸟展开了一场争论，他意识到，针对世界各地酒吧里出现的此类争论，出一本列出答案的书可能很方便。吉尼斯现在不再拥有世界纪录，它已经数次易手，现在归里普利娱乐公司（Ripley entertainment）所有。这里没有什么可总结的，只是一些有趣的琐事，如果你真的想有所收获，那么就接受这样一个事实，即不乏这样的例子：有一些公司打造出颇负盛名的副业，并做到家喻户晓、发展壮大。

现在要做的三件实事

构建数字产品并不容易，在许多方面，这就像在你的公司内创业，没有任何资金问题，并且拥有现成的消费者群体。虽然可能需要写一整本书，而且你会发现已经有很多人写过相关的内容了，但我想在这里为你提出一些想法，以便抛砖引玉，让你立即开始构建工作。

考虑核心理念

想想你将向消费者提供什么应用场景，这似乎是显而易见的起点。一般来说，一个创意可以与消费者的购买过程联系起来——就像 H&M、宜家或欧莱雅的例子一样；或者与品牌标识和品牌属性联系起来——就像红牛运作的整套应用场景一样；甚至与产品功能联系起来——类似于安德玛互联健身概念那样的扩展应用场景。

规划消费者旅程

无论是通过专门的营销工作还是通过你现有的媒体对品牌的支持，都要做好花费媒体资金将消费者吸引至平台的准备。让消费者在使用平台时进行交易。虽然在开始时，你会觉得自己是在试图同时支持两种商业模式，但随着时间的推移，随着平台本身获得有机的覆盖面和参与度，你通过广告来吸引消费者的投资需求将会降低（见图 3.3）。

通过构建平台让消费者

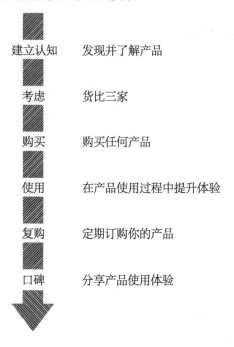

建立认知　　发现并了解产品

考虑　　　　货比三家

购买　　　　购买任何产品

使用　　　　在产品使用过程中提升体验

复购　　　　定期订购你的产品

口碑　　　　分享产品使用体验

图 3.3　在消费者旅程中提供价值

创建可持续的商业模式

考虑如何实现平台商业化，从而使其产生收入和利润。这将帮助你把概念推向一个真正开始为消费者增加价值的阶段——如果它不值得付费，它就没有创造价值。

这里提最后一点建议：少考虑增量，多考虑破坏性，坚持你的想法，尽管它们听起来很荒谬。未来属于平台，而不仅仅属于品牌，很少有平台是在完全了解和相信事情将会如何发展的情况下建立的。据传，油管最初的想法是像社交网站 Hotornot.com 那样成为一个约会网站，创始人们根本没想到五年后油管会每天提供 20 亿个视频。想想五年前你的所有想法，因为它们太过缥缈，或者与你的核心业务有些脱节，你便决定不付诸行动，那你或许已经错过了一个像油管一样成功的机会。

通过无形福利让消费者参与互动

贾登的日常面部护理

人们用瓷肌（Porcelain skin）这个术语来形容韩国女性洁白无瑕、发光紧致的面部皮肤。但在过去的十年里，包括贾登在内的男性也渴望拥有瓷肌。贾登正在赶往一个活动现场，凝视着窗外，回想他大约始于 15 年前的护肤之旅。当时他刚满 40 岁，他的妻子告诉他每天如何对待自己的皮肤将决定十年后他看起来有多苍老。这有点像管理他的股票投资组合，通过每天保持积极勤奋，他在十年内获得了可观的回报。

于是，贾登就像对待股票那样，首先开始自学，然后找到了科颜氏（Kiehls）发布的一系列在男性护肤方面非常专业的博客和 TED 演讲。其内容涉及衰老的科学，剖析了市场上不同产品的功效，并介绍了十步护肤常规步骤需要用到的护肤品：去油洁肤液、泡沫洁面乳、去角质液、精华液、精华乳、面膜、眼霜、保湿霜和防晒霜。当然，护肤还有昼夜之分、冬夏之别。这个博客成了他在这方面接受教育的首选，他喜欢上面的内容完全以男性为中心。他记得偶尔参加过科颜氏主办的抽奖活动，有一次的奖品竟是一辆哈雷戴维森（Harley Davidson）摩托车！当然他没有中奖，那是可遇不可求的，但他还是急切地期待公布获奖者名单。不过，科颜氏确实给他寄了一堆免费试用品，这足以让他动心扫描包装上的二维码。说到哈雷，科颜氏推出的"骑行旅行"概念已经进行到第四季，这一次打算开辟从河内骑行至胡志明市的路线。二十位（瓷肌）骑手，历经十多天，一路探索，结交朋友——这是多么壮观的场面，贾登满心期待。也许下次他会申请加入骑行旅行队，当然，他可能需要学习骑哈雷摩托车。

贾登到达了活动现场，那是由科颜氏兄弟会主办的一次活动，发布了几款新产品，推出了一款新定制的哈雷机车，放在公司的首尔江南展厅，并安排了前100名消费者与人气极高的韩国流行女团"2MUCH2BEAR"的见面会。贾登与该女团合拍了一张自拍照，这足以让他在朋友们面前大吹特吹。现场座无虚席，受邀者也许总共只有一千人。必须每年在科颜氏上消费超过1000美元才能受邀加入科颜氏兄弟会，这是他连续第三年收到入会邀请。他热衷于在这里建立一些业务联系，这似乎是房地产基金经理会光顾的地方；他当天热衷于出售一些共享办公空间支持的房地产投资信托基金（REITs）。"这将是一个美好的夜晚。"他一边走进正厅一边想到，闪耀的灯光照亮了一千张瓷肌脸庞。

了解无形福利对互动的影响

在本章前面，我们研究了通过忠诚福利和其他应用场景等形式的价值交换来推动消费者互动。现在来看看价值交换的第三个阶段，我们通过向消费者提供无形福利作为回报来争取到消费者互动。虽然有很多这样的无形福利，但我认为在未来最突出的是教育、游戏化、内容、地位和社区。

让我们看看公司如何利用这些无形福利的例子（见图 3.4）。

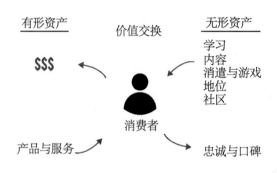

有形资产　　价值交换　　无形资产

$$$

学习
内容
消遣与游戏
地位
社区

消费者

产品与服务　　　　　　忠诚与口碑

图 3.4　无形资产交换

TransferWise[①] 如何教育消费者

TransferWise 是一家在国际汇款领域非常成功的初创公司，成立于十年前，现在每月的全球转账规模达到 50 亿美元。公司的核心理念是匹配所有货币的进出，只进行"净"转账，在此过程中节省国际汇款费用。另一个角度是以简单易用、透明易懂的界面向消费者提供汇款服务并节省相关的费用。多年来，TransferWise 通过一些关键行动向消费者宣传国际汇款领域的复杂性，从而建立了庞大的消费群体。首先，TransferWise 在

---

① TransferWise 是一家提供国际汇款转账服务的 P2P 平台。2021 年 2 月，TransferWise 宣布品牌重塑，更名为更容易被人记住的 Wise。TransferWise 转账业务的优势是费率要比传统银行低很多，目前已可支持 40 多个国家的货币转账。——译者注

其平台上提供了一个非常易于使用的比较工具，让消费者在数分钟内就了解公司的服务将如何使他们受益。现场体验或应用程序内体验也都很好地解释了服务如何以及为何能够提供这种好处。TransferWise 特别依赖于口碑，通过朋友推荐进入平台的用户比例非常高。公司通过净推荐值（NPS）评分来衡量口碑质量，而且还专注于掌控推荐质量。具体途径是：确保消费者之所以推荐，不仅仅出于对合理节省费用的现实考虑，而且出于对公司不允许大型金融机构利用不透明度向用户收取过高费用而产生的情感共鸣。因此，消费者不仅在产品上相互学习，而且加强了使用服务的情感联系。TransferWise 每年都会以多种语言、在多个国家发布大量关于国际汇款主题的优质文章。这些文章为公司的搜索营销策略提供了理论支持，得到大量分享并大力推动了消费者教育。TransferWise 还开设了自己的博客，分享与个人理财、海外生活以及汇款有关的内容。该公司在其干扰营销或广告信息方面保持了高度实用性和使命导向性，从而你总能从中读到服务更便宜的事实，而且能了解到如此便宜的理由。最后，TransferWise 的社交媒体团队显然花了很多时间来仔细回答潜在消费者在脸书等平台上的一对一询问。事实上，口碑的力量非常强大，你经常会看到现有消费者在脸书聊天过程中通过TransferWise 广告向新消费者"推销"这项服务。

阿里巴巴如何游戏化

直言不讳地说，游戏化在很大程度上就是赌博。多年来，出于本章所言的游戏化就是赌博的原因，公司纷纷试图将任何形式的消费者互动都纳入游戏化这把保护伞之下，导致游戏化的概念变得模糊起来。就游戏化而言，我认为中国的科技公司，尤其是电商公司，比世界其他地区领先了十年，有很多东西值得学习。在这方面，阿里巴巴当然算得上行家，2019 年"双十一"单日销售额高达 380 亿美元，就证明了其利用消费者互动并将其转化为交易的能力。多年来，各种各样的游戏让消费者有机会赢得与投资相比不成比例的价值，这与实际赌博有一个关键区别：除了浪费时间之外，绝对没有任何负面影响。概括而言，阿里巴巴利用了一些游戏原型来拉动销售。最简单的形式是个人玩游戏以赚取优惠券，并在玩游戏的过程中与品牌互动。在"品牌问答游戏"这种形式中，消费者可以回答关于品牌的各种问题；在口袋精灵这种 AR 游戏中，消费者可以走进零售店追逐一只猫来赚取优惠券。相对简单的抽奖类或旋转轮类游戏不太讲究互动，消费者是随机选择并获得奖励的，不需要执行任何操作，但你看到的这种情况要少得多，因为阿里巴巴显然非常希望消费者通过互动来换取优惠券。再有就是一系列让一群人相互竞争的游戏，比如群发游戏，用户在群里互发红包。各群组相互竞争，获胜群组贡献最大，获得的可用于消费的价值就更多。在去年"双十一"的积累红包游戏中，积累最多的那个群组拿走了所有收益。最后一种形式是战利品箱。它是一种固定价格的神秘盒子，其中总是会包括远远超过消费者实际支付价格的产品。消费者认为自己赢得了超值的奖品，品牌也开始扩大购物篮的规模，并鼓励购买试用。

可口可乐如何创造内容

可口可乐巴基斯坦工作室于 2008 年首次亮相，自成立以来已经成功举办了 12 季活动。它作为一个罕见且有趣的例子，展现了消费品牌如何通过创造和分享高质量的活动内容而与消费者倾情互动。巴基斯坦和南亚有丰富的民间音乐历史，大部分民众对苏菲（Sufi）、卡瓦利（Qawwali）、加萨（Ghazal）、班格拉（Bhangra）等原创当地音乐形式极为欣赏。20世纪90年代初出现了有线电视，过去十年涌现了流媒体音乐，这些让南亚青年在过去几十年里充分接触到西方流行音乐和摇滚乐。可口可乐作为一个品牌，长期以来一直与音乐联系在一起，其目的是想把音乐的乐观主义和一致的高品质与可口可乐品牌的价值观联系起来。可口可乐工作室将民间音乐和西方音乐两种音乐流派结合，与巴基斯坦当地艺术家联合创作了一些令人难忘的音乐，这些音乐不仅好听，而且代表了可口可乐在不同的人、文化和流派之间搭建桥梁的价值观。巴基斯坦版的可口可乐工作室在印度边境也取得了巨大成功，在那里它体现出额外的意义，背景是两个非常相似但在过去70年里一直争吵不休的人群。在1977年的国有化热潮中，可口可乐被排除在印度国门之外，直至1993年才重新进入。可口可乐融入当地音乐的能力也象征着该品牌融入当地消费者结构的能力。多年来，该工作室制作了一些在油管上点击量很高的歌曲，为可口可乐品牌创造了难以置信的有机影响力。最重要的是吸引了数百万的南亚消费者并让他们置身于一种体验：在真正喝可乐之前就可以体验到喝可乐的含义。除了音乐，可口可乐也是国际足联世界杯和奥运会的定期支持者和赞助商。在这些情况下，可口可乐没有承担创建原创内容的责任，而是选择将自己与这些大型活动联系起来，以提醒消费者在体验这些活动时，体验源自体育友谊的快乐和一起观看比赛的美妙，在某种程度上，这也是打开一罐冰爽的可乐就可以获得的体验。

新加坡航空公司如何树立消费者地位

很少有公司能像航空公司那样树立消费者的地位，也很少有航空公司能像新加坡航空公司那样做到极致。我记得，大约十年前，我第一次搬到新加坡，开始乘坐时髦的"SQ"航班（新加坡航空的 IATA 代码）。作为 SQ 的潜在乘客，要依次经过五级来实现地位升级；当我说到像航空乘客地位这种看似微不足道的事情会在很大程度上影响人们（尤其是当地人）的自尊时，你得相信我。可以说，第一级就是从亚洲航空（Air Asia）、捷星航空（Jetstar）或新加坡航空旗下的酷航公司（Scoot）的低成本荒野中走出来，以两倍的价格购买 SQ 的机票。迈上这一级的功能性好处只体现在这方面：你无须购买而是免费获得令人无力吐槽的航空餐，以及你并非只坐得起廉价航班的地位。第二级，只需注册即可成为常客计划（Krisflyer）会员，这样就可以开始赚取里程了，在这个级别上除了一些无关紧要的会员特权外，几乎没有什么真正的功能性好处可言。第三级，一旦积累到 2.5 万英里的里程就可以升级到 Krisflyer 精英银卡，但这种身份升级没有带来任何好处，只是赚起里程来更快一点。第四级，里程积累到 5 万英里的时候可升级为 Krisflyer 精英金卡，这时你可以享用机场候机室里备受欢迎的设施，可以在舒适的环境中享受平庸的免费食物，而不是沉迷于大多数机场提供的令人惊叹的饮食选择。但不止如此，当你在休息室啜饮机器配制的卡布奇诺咖啡时，你会注意到还有另一个更豪华的休息室，商务舱、头等舱乘客和礼遇贵宾俱乐部（PPS club）成员可以在那里享用到更好的食物、淋浴和免费牙刷等服务。PPS 俱乐部会员资格适用于那些通过商务舱而非经济舱获得 2.5 万英里里程的乘客。除了更高的地位和更好的休息室之外，PPS 会员还可以获得一系列更炫酷的好处，如免税店折扣和预订优先权。但是，如果你认为自己的地位已经达到顶峰，那你就错了，因为对于商务舱的超级乘客来说，还有资深礼遇贵宾俱乐部（Solitaire PPS Club）会员，成为这种会员后，你在路边就可以办理登机手续并优先办理入境手续。这是一个不可思议的升级阶梯，人们可以不遗余力地获得并维护自己在航空公司的地位，这为航空公司提供了它们急需的互动，并为我们带来了大量的经验教训。

"全面健身"训练体系如何创建社区

您可能数次听说过"全面健身"（CrossFit）。在布拉德·皮特主演的《搏击俱乐部》中，提到搏击俱乐部的第一条规则是永远不要谈论搏击俱乐部，而对于"全面健身"来说恰恰相反。"全面健身"的第一条规则是什么？经常谈论"全面健身"。尽管对该公司的健身风格出现了一些批评，且公司的创始人最近面临丑闻，但让我惊讶的是，该品牌在它们的健身房以及健身房之间建立了强烈的社区意识。从"全面健身"的社区建设中我们需要了解四件事。首先，其商业模式的基础在于：在全球范围内启动数千个健身社区。"全面健身"对每个选择加盟的健身房和建立成员社区的健身房收取费用，因此全球"全面健身"社区拥有超过 15 万个单独的健身房，每个健身房都有一支忠于公司的健身团队。其次，当天到健身房的每个人坚持长达一小时的锻炼，这被称为 WOD，意思是当日训练（workout of the day），进行单独或分组积分。他们一起锻炼，通过相互支持和竞争来激励对方，大多数去健身房的人最终在健身房外成为朋友。在健身房因新冠疫情而关闭期间，看到人们在云视频会议软件（Zoom）上进行 WOD 是非常令人振奋的。第三，"全面健身"对教练进行三个级别的培训，要求逐步提高教学经验，据报道，它还允许教练在锻炼方案中进行创新，因此这种情况下的产品本身，即锻炼方案是来源于健身社区且不断开发出来的。最后是"全面健身"健身比赛，任何人在按照预先确定的锻炼方式进行锻炼后都可以参赛，并通过各种机制获得参加全球比赛的资格。这有点像奥运会，只是在一段时间内，有成千上万的健身房爱好者同时参赛。这里得谈谈社区建设！假设"全面健身"能挺过其创始人决定将其转手的艰难时期，我认为：无论哪家公司最终拥有它，"全面健身"品牌的未来都是光明的。

现在要做的三件实事

与消费者互动不是一个参与或不参与的问题，而是如何做到更多的问题。提供忠诚福利、额外的数字产品和无形福利可以而且也许应该全部纳入你的整体互动战略。至于无形福利，可以采用以下方式来思考。

了解哪种无形福利广告适合你的品牌

提供不同身份的零售银行很有意义，而且这种情况一直在发生，如果同一家银行开始提供一些游戏活动，可能不符合银行试图塑造的品牌形象。但除了少数例外，大多数品牌和公司都可以正确地应用任何无形的互动方式，只需选择最能反映品牌价值的一到两个方式即可。

一次选择一件事并把它做好

TransferWise 采用的教育消费者的方式需要多管齐下，包括现场资产、公共关系和博客、口碑和广告文案等。无论是单人游戏还是团体游戏，无论是取决于消费者的行动还是纯粹的机会，游戏化都需要多路出击，不断更新。你创建的内容必须足够好，让人们是因为内容才了解你的品牌，而不是相反。你授予的消费者地位需要识别并发挥消费者的作用，需要不断地将消费者彼此分开，以保持他们对更高地位的渴望。你创建的社区应该足够紧密，以建立真正的关系。只要做了以上任何一项，我相信你会看到你的品牌和公司与消费者之间的持久互动。

确保你有全职员工来管理互动

公司需要认真对待这种类型的互动并为这些努力提供资源。例如，安排一位全职社区经理来负责监控、发起和倾听社区比赛中的对话，这对保持互动至关重要。当然，对于在内容方面极为出彩的公司来说，拥有庞大的团队来专注于此是很重要的。即使在游戏化方面，监控获胜率、互动率、欺诈等也是让游戏正常运转的重要方面，你需要有人来精心管理。

因此，第二个前沿问题讨论的是公司与消费者互动的方式以及数字赋能将在其中所扮演的角色的演变。我们谈到了通过忠诚福利、增值应用场景以及无形福利来驾驭和吸引消费者。下一章将探讨未来实际购买将如何发生的不同方面。

第四章

设计交易

④

　　爱因斯坦（Albert Einstein）、肖邦（Frederic Chopin）、达尔文（Charles Darwin）、圣雄甘地（Mahatma Gandhi）和罗莎·帕克斯（Rosa Parks）有什么共同之处？首先，他们都去世了。但不仅如此，他们也都自称是内向的人，实际上不愿与真人打交道。我相信他们会喜欢网上购物和电子商务提供的完全无人化的商业体验。

　　前两章中，我们研究了销售或交易时，公司在如何接触消费者以及如何与消费者互动方面进行相应变化。本章中，我们将研究交易本身，并设想其在未来十年中的变化。在消费进程中，很难准确指出消费过程和交易的终点。事实上，现实中的这个过程是循环且杂乱无章的，而非完全线性的，但为了进行叙述和理解事情是如何运作的，我们需要将这些章节分解成单个的过程步骤。所以，如果你现在对不再是线性的消费者旅程感到愤怒，请冷静下来，我已经听到你们的声音了。

　　根据交易或购买的性质及其地点，我将这一章节具体分为四个部分。我们将从"家庭"交易开始，电子商务会以一种更先进的方式在其中发挥重要作用。其次，研究"移动端"或外出时的购买行为，并思考数字化将如何改变这种行为。接下来，关注我称之为"浏览"的购买，即消费者往往希望在实际交易前做一些最后的研究和尝试。最后，研究我称之为"咨询"的购买，即消费者在购买前需要实际咨询，或者咨询本身就是销售的产品。和以前一样，我们会研究一些技术和早期的案例，拓展想象力，思考现在开始行动的必要性。

家庭电商的未来

努诺为格斗之夜做准备

正在上演的是 UFC500，这是终极格斗锦标赛历史上最受欢迎的格斗夜之一，努诺很高兴能在家里招待他的朋友们观看比赛。过去十年中，UFC 在世界范围内越来越受欢迎，而一位来自波哥大的本地英雄将参加中量级的比赛。努诺一直喜欢武术，他也喜欢 UFC，这是运动、技巧、戏剧性、肾上腺素的完美结合。一旦拳手进入八角笼，他就会惊讶地发现他们简直就是互相殴打，但在最必要的时候又能尊敬地停止互相残杀。如果人们彼此之间能多一点克制，世界上许多问题都会得到解决。

首先，他必须囤些啤酒，所以在谷歌上搜索"黑鲸小麦啤酒"。谷歌搜索显示了 30 分钟、两小时、当天、第二天和下周交货的最佳价格。他选择了当天时段，用谷歌支付结账，而没有离开搜索页面。他注意到商品将从最近的阿拉商店寄给他，由一个兼职送货员来取，但这些对他来说都不重要，他只需商品按约准时交付。食物方面，他打算从新的社区厨房"好奇女人"订购馅饼，实际这是一个 20 岁大学肄业生做的一些有趣的馅饼。他喜欢松露口味的，四天前就订购了 24 个，今天送达。他问谷歌："我的馅饼何时送达？"回答是："努诺，你的馅饼将在今天下午 5 点由唐尼送来。他还会送来一箱黑鲸小麦啤酒"。

很快就到了午夜，最后一批人离开了。这是一个美好的夜晚，努诺迅速查看了他的谷歌支付账户，看看他整晚花了多少钱。他给大家发了分账请求来支付按次付费的比赛费用，食物和饮料当然由他承担。他的结账洞察页面提示，上个月他的酒水花费超过了应花数额，如果他提前订购而非每次都当天订购，他就可以节省 20%。它建议他应该再买一箱啤酒，因为根据过去六个月的历史，他可能需要啤酒。就在他准备购买时，他收到了来自冰箱的通知："鸡蛋和牛奶用完了，按这里加入购物车"。然后点击几下，他就完成了一天的事情。

东西永远不会用完肯定是好的，价格总是最便宜就更好了。是时候期待 UFC501 了！

了解家庭电商的演变

据我们所知，电子商务已经存在了 20 多年，如果你认为远程购物是远程商务的一种形式，那么电商历史甚至比这更久。当公司及其领域继续接受当前形式的电商时，电商的运作方式会在未来十年内发生变化。在我看来，这种变化的背后是子渠道的聚合和服务的分解，没有比这更合适的词来形容了。在我们研究细节之前，先深入了解一下这个概念。

如今电商子渠道是根据购买产品的性质而相互区分的——亚马逊上购买苹果手机、亚马逊生鲜（Amazon Fresh）上购买杂货、跑腿兔上雇佣杂工、优食上（UberEATS）订餐等。所有这些子渠道都存在于独立的应用程序中，并在其中构建了所有必要的服务。现在用户必须用智能手机下载和维护大量平台，才能在有需要时访问。这种情况将在未来十年发生变化，因为集合许多子渠道的平台将出现，为消费者提供一个易于访问和统一的购物体验。一旦个人设备的外形开始从智能手机转向其他设备，这将更加重要。

一般来说，每个电商子渠道需要以下四项关键服务：可搜索的产品目录以及有用的产品信息、访问平台销售的任何产品或服务的库存、将产品或服务交付给消费者的能力、处理和接收付款的能力。如今大多数子渠道构建了自己的服务站，或者与特定的服务提供商签订了一对一的服务合同，以提供这些服务，然后由平台将服务转发给消费者。未来，平台有可能与服务提供商完全脱钩，并以最低成本为特定订单招募供应商。在下面的主题中，我将逐一介绍这些服务，并解释上述演变如何运作（见图4.1）。

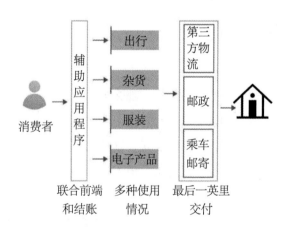

图 4.1　电商服务的细分

可寻性

不确定这是否真的是一个词，但电商的核心价值创造杠杆是：该平台允许消费者查询和访问更广泛和更多种类的产品。其中包含许多不同的重要元素，包括搜索、产品信息、比较、评论和历史记录。电商销售的很大一部分来自传统零售无法提供相同产品的区域，所以可寻性是一个重要组成部分。消费者需要能够搜索他们想要的任何东西，更重要的是，搜索结果要智能地获取并显示，以便消费者在搜索结果中找到他们想要的东西。这正是谷歌所做的，这就是为什么我相信谷歌将通过其搜索平台在聚合电商方面发挥重要作用，因为你已经以赞助广告或谷歌购物的形式看到了该平台。现在，消费者点击谷歌上显示的产品，然后在实际的电商平台上完成购买。将来，他们可能永远不会离开谷歌环境。

但无论是谷歌、亚马逊还是其他平台，都会出现聚合平台，让你在统一界面上搜索想要的任何产品或服务，并提供所有可能的选择，便于在此基础上做出决定。对于每个选项，该平台都会提供重要的产品信息供你研究。聚合器还将显示不同的服务选项，以便你决定从哪里购买——正如上文示例中，努诺了解了同一箱啤酒在不同的交付时间（包括立即、当天、次日和下周）要花多少钱。聚合器还会像现在的市场平台一样显示产品和卖家评论，因此最好的产品和卖家将会获得更多的曝光度，而且更容易被找到。

分布式库存和制造

电商给消费者带来重要的便利因素是有代价的。很多时候，电商平台和品牌无法将这种运输成本转移给消费者，因为它们已经长达数年甚至数十年为顾客免费配送。首先，这种不要求消费者为便利付费的行为将在未来十年内发生变化，用户将至少支付部分运费，而其余部分将由价值链中因无须拥有和经营实体店面而节省的费用来补贴。零售商将开始非常重视产品尽可能靠近消费者实际位置发货，以尽量降低消费者的最后一英里交付成本。品牌商和零售商会运用多种不同模式，包括自有仓库、自有门店式仓库、建立自有前沿部署仓库、与第三方租用仓库空间等，以确保快速流动的商品库存广泛渗透到市场中。

同样，制造和后期定制也会离消费者更近，以尽量缩短"最后一英里"。简单举例，在食品制备领域，目前中国的瑞幸（Luckin）咖啡运用这种模式不可思议地赢得了消费者的青睐，堪称完美案例。云端厨房、中央厨房或黑暗厨房，无论怎么称呼，都是分布式制造的例子，我们将看到其他消费品，特别是只需在交付前进行混合和填充的产品，正在更频繁地实施这种策略。

交付和整合平台

电商企业在执行最后一英里交付时，传统上是混合使用自有团队和第三方物流。另外，几年前出现了专门为电商进行最后一英里交付的初创公司；而网约车公司也希望通过未充分利用的载客能力赚钱，它们也进入了电子商务配送领域；公共邮政服务也为电商公司提供了大量快递业务。但是我认为，尽管所有新型产能都参与了最后一英里交付，经济实惠地送货上门还远远不够。未来十年将发生两件大事，会大大有助于解决这个难题。首先，自主送货将最终成为现实，无论是通过无人机还是自动驾驶汽车，虽然这可能还需要五到七年时间才能真正发挥作用。另一件事是建立开放平台的最后一英里配送市场，个人和公司有机会参与并兼职配送。在某种程度上，优步等叫车服务就是这样设计的，这为车主提供了一种利用资产（汽车）和时间盈利的方式，只需下载一个应用程序就能进入平台提供服务。大多数叫车公司已经变成了更具吸引力和技术支持的出租车公司，这样很好，因为这似乎也有市场。想象一下，在最后一英里，当你正在快速购物时，你的电商给你发了一条信息，如果你为邻居多买一袋杂货，并放到他家门口，就会获得 5 美元的返现。我认为最后一英里配送的灵活能力将通过这些平台进入市场，这对消费者和零售商来说都是天大的好事。

独立结账

电商结账页面是你浏览购物车、输入付款信息并最终进行购买的地方。这是流程中的关键步骤，因为除了向消费者汇总信息外，它还需要实时评估消费者的真实支付能力，并获取支付细节或支付本身。大多数电商平台与各种支付提供商合作，在支付方面给消费者提供尽可能多的选择。我认为，消费者会更满意并习惯使用第三方结账提供商"记录"他们的支付细节，如贝宝（PayPal）、"条纹"（Stripe）①、谷歌支付（Google Pay）、苹果支付（Apple Pay）。因此，无论你使用哪种实际支付工具，也无论哪家支付机构更实惠，你都会选择支付或结账提供商。我认为，设备制造商（苹果支付）和搜索平台所有者（谷歌支付）在这里有巨大优势，因为它们不用说服用户下载它们的支付应用程序，

---

① 在线支付公司 Stripe 尚无中文名，这里直译为"条纹"，它是一家美国支付解决方案服务商，为开发者或商家提供支付 API 接口或代码，即可让商家的网站、移动 APP 支持信用卡付款等。Stripe 走的是一条不同于 PayPal 的路：PayPal 聚焦于消费域，而 Stripe 聚焦于细分供给侧。——译者注

它已经被预先安装了，或者支付信息已经在某种情况下保存了。

为了更好地说明这一点，当你在谷歌地图上搜索路线时，你会看到乘坐优步车的车费。如果安装了优步应用程序，可以点击打开，然后在那里打车并付款。但你也可以完全通过谷歌地图约车，并通过你在优步上保存的信用卡或在谷歌支付中添加新信用卡来支付。你永远不用离开谷歌或安卓环境。

当然，优步依然要求你先拥有一个账户，并且因为他们仍在乘车服务中赚到同样的钱，所以通过预支付进行这种简单预订是一个很强的竞争优势。相比于想要成为超级应用而编造令人质疑的故事，经营规模化的盈利业务要重要得多，因为超级应用要求消费者一直处在你的原生环境中。优步似乎很了解这一点。但另一方面，谷歌也需要开始与嵌入其平台的应用场景共享消费者数据，这对我们上文讨论的可寻性也很重要。

电器订购

这不完全是电商服务，但我觉得这是我们要考虑的一个重要趋势。我们在本书的前一部分探讨了你的设备如何能向你提供电商订单的建议。亚马逊现已停产的 Dash 按钮是这一概念的先驱。亚马逊现在希望亚历克莎能够承担起建议你需要或应该购买哪些产品的重任。除了主动向你推荐特定产品和品牌之外，你的电器还将为你构建购物清单。例如，智能冰箱已经上市，但由于价格昂贵，而且配套的基础设施和消费者行为还没有跟上，因此普及率很低。这种情况将会改变，你的智能设备将连接到你的搜索平台或支付平台。虽然我不认为电器会在你不知情的情况下直接为你订购东西，但你的冰箱很可能会抛出一个推荐清单等你批准，然后添加到你的购物车中。这让很多品牌担心，因为亚马逊这样的设备制造商或谷歌这样的操作平台能够控制推荐特定品牌。但公平地说，这种推荐行为已经发生多年了，它们通过脸书和谷歌的在线营销、电商的付费查询以及零售业的货架费来实现。这只是一种新的购物者营销形式，品牌商需要了解清楚并愿意为此买单。

现在要做的三件实事

这就是我认为的"家庭电商"的发展方向，其中有很多变化的部分，但从方向上看，围绕子渠道聚合和服务分解的主题可能会保持不变。因此，作为一个试图从这一趋势中获益的品牌，我推荐以下三个关键战略。

确保你有尽可能广泛的渠道策略，以便让你的产品在电商市场成形，但要理性，只遵循长期合理的定价和促销逻辑。

聚焦在整个市场上建立统一的库存视图，这可能需要五年时间，具体取决于你的分销水平，所以现在就开始吧。你必须实时、准确地知道你的成品到底有多少放在哪里。

最后，现在就想办法与设备制造商、潜在的电商聚合者（谷歌）、支付和结算商以及最后一英里物流商合作，思考它们如何在你立即进入市场时发挥作用。当市场为未来做好准备时，你的经验和与它们的关系将为你奠定基础。

移动商务的未来

巴特的纽约一日游

再过几周，巴特将进入花甲之年，他的儿子决定要带他到城里去玩一夜。已经定好日子，只有他们两人，进城潇潇洒洒。巴特回想起以前的那些夜晚，他带着还是小孩子的儿子出去吃比萨和冰激凌。巴特会喝下几杯啤酒，而孩子则咕咚咕咚地喝下几加仑的可乐。在后来的生活中，他们都喜欢单一麦芽威士忌，去威士忌酒吧一起闲逛也是他们每年都会做的事情。生日将近，巴特决定早点去城里，他已经有一段时间没有独自闲逛了，这是个很好的机会。

上午 11 点左右，巴特在第八大道－第十四街下车，时间刚刚好，他决定在肉食区自己吃一顿悠闲的早午餐。他快速浏览了法国小餐厅"卡多雷特"的资料，这家餐厅有室外座位，还可以点蛋糕吃。走过去很容易，他有预订，而且他很清楚要点什么，最重要的是知道不要点什么。与过去在纽约走五个地方才能找到位置的日子相比，这是一个可喜的变化。一顿丰盛而懒散的早午餐之后，他决定走到切尔西（Chelsea）市场逛一逛，然后径直去了他读到的那家葡萄酒商店。在葡萄酒鉴赏家应用程序中，他使用了增强现实功能，能够看到货架上每种葡萄酒的评级、评论、价格比较和推荐。他为吉尔挑选了一款里奥哈（Rioja）、两款梅洛和一箱赤霞珠（Cabernet）——扫码并用手机支付了这些费用。店家会在周末把酒送到他在长岛的住处，他在店里全程都不必与任何人交流。

天看起来要下雨了，他意识到自己没带伞。幸运的是，街对面似乎有一个自动售货机，他走过去买了一把伞、一袋玛氏巧克力豆、一杯鲜榨橙汁、一些雷尼胃药和一件开衫——这么方便何乐而不为呢。售货机认出了他的脸，自动收了费。傍晚他与儿子见面，他们去了一家牛排店，这次是他儿子挑的。这家特别的餐厅以其复古为傲。这里有纸质菜单，也有服务员为你点菜。你无法确定你点的人造牛排的确切宏观营养成分，这可是真肉。没有机器人到处乱窜，只有真人上菜。更重要的是，你必须要账单，因为他们会给你一张装在皮夹子里的纸质账单。这里只收现金，但由于周围几乎没有自动提款机，而且大多数人都没有现金，所以他们从你的支付账户中扣除，并且在你进店时给你一些现金，这样你就可以有"现金体验"了。

他正要掏出钱来，心想这简直是他一天中第一次不得不伸手拿钱包，这些天来钱包里只装着他的家人的照片。但就在准备这么做的时候，他觉得不用了，因为他听到了那些会让任何父亲感到无比自豪的话，"爸，别担心，我已经搞定了"。

了解移动商务的演变

对我们消费者来说，消费中有很大一部分发生在并将持续发生在家庭之外。公司对这部分消费有"在外面"（on premise）"离家在外""出行在外""到餐厅用餐""即时消费"等各种五花八门的称呼。我把所有这些交易和购买活动统称为"移动商务"（On-the-go commerce）。我想你大概可以说，这是发生在家庭之外的购物和消费，从时间轴的角度来看，购物事件通常接近于消费事件。未来的移动商务体验需要在时间方面不断优化，尽可能实现购物的自动化和去人性化，而无缝性将是这一演变的关键基本原则。在餐厅里，几乎一切都变成自助服务，去人性化将随之实现。在某些情况下，不是我们去商店，而是商店来找我们，无论我们身处何处。最后，也许最有趣的是，我们最终将拥有一个虚拟城市，增强现实技术将给移动商务体验带来不可思议的新维度。让我们更深入地研究所有这些元素。

自动售货机的未来

想想看，一种去人性化的移动商务形式已经存在了几十年，那些经典的售货机和智能自动售货机在未来将大有可为，并以一些有趣的趋势重塑成型。首先，无现金自动售货机将成为常态，特别是当消费者的支付账户已代币化并存储在机器操作员那里时，仅仅人脸识别就可以付款，不再需要翻找硬币或吐回纸币，也不再需要深夜把信用卡插入地下停车场的设备中。内置摄像头将实时检查库存，也会根据实际和预期的销售情况全面优化补货路线。自动售货机将有更多种类的商品，因为供应管理会更精确地满足需求，也将有可能把过时库存保持在最低限度，即使是特殊产品，也能做到这一点（见图4.2）。

社区自动售货墙

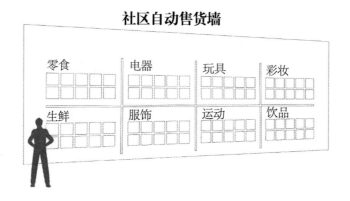

零食　　电器　　玩具　　彩妆

生鲜　　服饰　　运动　　饮品

图4.2　社区自动售货墙

自动售货机将与周围设备相连，如前一章所述，在数字户外屏幕上投放广告，根据附近的人修改营销信息和副本。机器将根据它面前消费者的购买历史来显示商品种类和价格，并向附近消费者推送促销信息。值得注意的是，这些功能大多已经存在，你可以在油管上找到日本智能自动售货机的视频。我们需要创新的地方在于如何拥有这样的机器，并把它放在合适的位置以及放置合适的商品，还有这里面所蕴含的经济学。当我们的服务随着更好的商品库存、更好的摆放位置、消费者差异化定价和更多地通过户外媒体屏幕与客户互动所产生的销售机会而变好时，我们可以预见一种新的自动售货商业模式将在世界各地大规模出现。

自动化商店体验

便利店体验将越来越自动化和无缝化。亚马逊在西雅图推出了亚马逊无人超市（Amazon Go）概念店，于 2018 年初向公众开放。我去年去过这家店，体验相当有趣，当然事先要下载亚马逊应用程序、登录、回忆密码、存储信用卡，然后才可以扫码进入。基本上，商店里装满了摄像头和计算机视觉分析设备，了解你拿起什么放进购物车里，所以当你离开商店时，它只需向你绑定在亚马逊账户上的卡中收费，还会出具一张收据。这是真正的无缝化，但说实话，感觉有点过度，这也许是这种概念店尚未完全推广开来的原因。

更有可能的是允许用户用自己的智能手机边走边扫码，这种技术已经存在，在世界各地的几家超市和便利店中应用。扫描完购物车里的商品，用手机上的银行卡付款之后就可以走出商店。在某种程度上，这项技术借鉴了自动售货机的理念，将整个商店转化为一个巨大的自动售货箱，让消费者走进去，找到商品后离开。这种模式的另一个优势是，零售商可以在消费者扫描商品的设备上创造购物体验的附加值，包括推送促销活动、提供营养信息、鼓励升级和捆绑销售，以及将商店游戏化。这样做有助于为零售商节约人力成本，这也是美国一些人反对亚马逊取消收银员的原因之一，但我认为更大的好处是为消费者带来了时间上的便利，不必再去结账处排队。

商店送货上门

我清楚地记得，在我小时候，我妈妈会打电话给杂货店，让人送来一些东西补充到储藏室里。这时，店主的侄子会迅速骑上自行车在 20 分钟内就把我们要的东西送到。而且，我妈妈经常会告诉店主，让他侄子顺路帮忙取一些衣物。像印度邓佐这样的公司，也就是数字化的跑腿男孩，采用了这种概念并运用在数码市场上。在印度这样的地方，劳动力成本不是紧要问题，有成千上万企业家愿意加入零工经济来赚快钱，我们将看到可靠的方法来确保你的商品在几分钟内送到你的手中，而非你不得不去便利店。

我们还会看到传统冰激凌车、牛奶车或现代超时尚食品车的数字化版本。你会在智能手机上收到卡车就在附近的提醒，而不是响起的悠扬而有些险恶的音乐。实际某种程度上，运奶车又卷土重来了，其额外的优势在于使用大数据分析法来了解采取何种路线，以及将卡车停在哪些具体位置。几年前，甚至有一个实验用这个概念以携带现金的人的形式创建了移动自动取款机，一旦你连接了手机并且向该人的账户转账，他们就会给你一些现金。不足为奇的是，这个想法并没有成功，因为这对犯罪分子来说是一个明显的邀请，正好引导他们去找那些携带现金的人。不过，使用应用程序让人在几分钟内给你带来东西的想法在未来会有很大的吸引力。

未来的用餐体验

我们在前一章的消费趋势中讨论了人们如何在户外花费更多时间，并可能在户外就餐。数字化将在未来餐饮体验中从头至尾发挥重要作用。从影响人们吃饭的地点开始，美食博主和网红已经在帮助消费者做决定方面发挥了巨大作用，这种情况会持续下去。随着评论数量的增加，将会出现一些平台，这些平台可以更好地整合多个平台上留下的评论，并帮助消费者筛选。任何形式的预订、预购、预付等，本质上是减少到达餐厅和开始用餐之间的时间，这种方法会持续运用。也许未来，你真的不用等待一张桌子，所有餐厅将都会处于最佳容量。我们只能希望如此。

餐厅内的体验也将完全数字化，有数字菜单，根据你的个人情况和偏好就能实时定制。我们将看到厨房里更多琐碎的工作实现自动化，比如端盘子和收拾碗筷。当然，越高端的餐厅服务就越人性化，但随着时间的推移，大多数快餐店的人工工作会越来越少。新冠疫情给餐桌应用程序打了一针强心剂，允许消费者在餐桌上用平板电脑下单，尤其是随着硬件成本的下降，这些应用程序会变得司空见惯。正如我们在本章前面讨论的，基于数字钱包，支付将完全无缝化，通过扫码或人脸识别来操作。即使在用餐后，也会鼓励消费者与餐厅互动，留下评论和建议，或拍下照片并发布到某个地方，这样顾客可能会在随后的购买中获得折扣。

现实世界的虚拟演绎

最后我想让你们考虑和想象一下，整个现实世界，包括街道、住宅、商店、公园和办公室，所有这些都在虚拟世界中捕捉和呈现出来。有点像谷歌地图，但信息密度极高。我认为这是不可避免的，虽然这需要时间、强大的计算和存储能力，以及大量的监管工作，但它的到来可能比你想象的要快。一个类似于地图的应用程序，加载到消费者的个人设备上，也许是智能眼镜，可以用有价值的商业相关信息来标记和丰富现实世界的位置。你可能走在街上，餐厅级别、产品价格以及促销活动就会边走边弹窗出来。你会知道你的朋友可能已经在哪里用餐，这样你就可以加入他们或避开他们，这取决于你自己。我可以继续说下去，这感觉就像科幻小说一样，但一切都在可能范围内，随着技术开始变得更加普遍，有价值的使用案例无疑也会出现，让公司和消费者从中受益。

现在要做的三件实事

在我看来，这就是移动商务的发展方向。那么，对于受此影响的公司，我们应该马上做什么呢？还是那句话，最重要的是三件事。

首先，如果你拥有自动售货资产，就开始考虑如何将这些资产数字化和货币化，为未来创造一个新的商业模式；如果你认为你的产品不适合自动售卖，那就三思而后行。想象一下，消费者会如何在亚马逊无人超市货架上体验你的产品，如果需要的话，可以去商店看看，并考虑你的包装和视觉识别是否需要改变。想想冰激凌车的商业模式，如果有可能盈利的话，你可以把它纳入你的品类吗？

其次，如果你从事餐饮业，作为餐厅或产品所有者，现在就开始创建端到端的数字消费者旅程，并真正投资于技术。我认为餐饮体验数字化的速度将是前所未有的，特别是在新冠疫情后，你不想被远远落下吧。

最后，使用地图，把你的商店和产品放在地图上。这将代表你对虚拟现实的第一次尝试，当相关的应用场景出现，并且消费者开始采用时，你要有基本的准备工作。

浏览购物的前景

奥丁庆祝光棍节结束

11月11日到了，这是一年中奥丁最喜欢的日子之一。他期待着庆祝单身，这天有很多食物、饮料，当然还有折扣。今晚他还有一个约会，也许这是他脱单的机会，但老实说，他喜欢一个人待着，并怀疑这是否会很快改变。"继续这一天"，他一边想着一边向维滕贝格广场走去，走向卡迪威百货，即西方百货大楼。

几年前，卡迪威的六楼改造成了一家高科技超市，他想先去那里买些日用品。他通常在网上订购，但这次破例在卡迪威多花了点钱，因为他就是喜欢去那里逛几个小时。在琳琅满目的生鲜区，他觉得自己参与了每种蔬菜和每块肉的整个生命故事——为准备明天的沙拉，他扫了几包火腿和一些藤蔓番茄。在干货区，货架上的产品很少，但他走过巨大的落地屏幕，这些屏幕随着他的走动而改变显示的产品和价格。在七楼快速吃完龙虾卷后，他下到一楼的鞋子区。他看中一双乔丹中号鞋有一段时间了，想在买之前先试穿一下。这鞋似乎每十年左右就会重新流行起来。当他进入耐克专区时，他直接被引导到乔丹区域——他们知道他在研究这个。他试穿了几个尺码后确定了9号，然后收到了报价，现在立即购买可以得到5%的折扣！于是，他就买了。

他从那里走到四楼去看咖啡机，他的雀巢胶囊咖啡机已经用了十年，想换个新的。新的雀巢专业系列看起来很不错。四楼的店面设计得像一台巨大的机器，你走进去就能看到机器内部是如何运作的。制作一杯完美的咖啡要做很多事情，水、冲泡比例、研磨大小、接触时间、冲泡时间、冲泡温度、冲泡湍流等，而他参观了整个过程，他觉得自己受到了很好的教育。他甚至亲自煮了几杯，尝了一下味道。扫了码买完后，现在是他约会的时间了，地点是加油站。在过去几年里，由于无人驾驶汽车、电动汽车和公共交通的发展，化石燃料汽车的拥有率大大降低，加油站变得有点多余，所以加油站真的重新塑造了自己。他走到位于马丁路德大街的"壳牌加油站"，他打算在那里见他的约会对象。这里的理念是"给自己加油"，壳牌公司采取的方法是把加油站变成小型水疗中心，消费者可以在这里休息几个小时，做个水疗，在健身房锻炼，在阅览室坐着看书，当然也可以吃个快餐。

奥丁见了他的约会对象，很高兴她本人看起来比在约会平台上更漂亮。而且她是辛迪加的一员！也许明年他根本不用再过这个节了。

演变的关键因素

我将"浏览商务"定义为：消费者在做出购买决定之前，

感到有必要与他正在购买的实际产品进行互动。产品最终很可能进行交付，但在这种情况下，购物将更多涉及决策和引导，而不是实际的结算、付款和交付。以产品体验为中心，我将在这一主题下阐述几个不同的零售概念，包括超市、服装零售、家电和家具零售的未来，以及人们如何购买像汽车这样的大宗商品。最后，我还将花一些时间来思考潜在的但闻所未闻的新兴零售概念。当我们探讨这些不同的模式时，我将讨论最终状态可能是什么样子，以及品牌所有者和产品制造商在其中可以发挥什么作用。

未来的超市

即使没有去过中国的盒马生鲜超市（Hema Fresh），我也相信你们大多数人都听说过，未来超市在这里得到了很好的展示。未来十年，这一概念将在各地传播，甚至在一些方面得到更多的关注。首先，消费者到超市购物不是为了便利，而是为了体验，因为便利购物者更愿意待在家里订购。超市将不得不彻底改造布局和产品，成为购物者的有趣目的地，这意味着大型场所会变得更少。大多数消费者可能会每月去一次超市，而不是每周一次，他们会利用这个机会亲自寻找和尝试新产品（见图 4.3）。品牌将有机会推动更多的现场体验式营销，包括在新超市中抽样和新产品介绍。生鲜食品将占据零售空间中更大的份额。尽管消费者在网上订购了大部分货物，但我认为我们有某种动物本能，让我们在计划吃东西时想触摸、感受和闻到新鲜产品，超市将以一种几乎现代化的方式将其包括在内。

图 4.3 未来购物日历

　　超市也会很有趣，有更好的灯光、音乐和店内设计，而且会极大游戏化。增强现实技术将允许用户了解每个产品背后的故事，比较价格和营养信息。干货货架将完全数字化，还会根据站在面前的消费者而改变。想象一下，当一个男人而不是女人站在货架前时，个人护理货架会完全做出改变。这也会发生在定价方面，零售商能够根据消费者的终身价值区分货架定价，因此，如果用户第一次站在过道前，价格可能会下降来促进消费。超市会允许用户在店内就餐，就像今天的盒马一样，你可以挑选活螃蟹，然后立即为你烹制。正如我们之前讨论的，结账也是无缝的，当然，你也不用自己拎着东西回家，它们会直接送到你面前。

未来的服装零售

在过去几年中，时尚零售电商一直在爆炸式增长，它肯定会对商店零售造成影响。新冠疫情进一步加剧了这种情况，但实体店在未来仍将发挥一定的作用，我们将在此谈一谈。消费者会在家里研究大部分的服装，要么主动在品牌或零售平台上，要么被动地由网红引导，因此橱窗购物的作用可能在一定程度上被削弱。试衣需求一直是电商难以打入时尚界的主要原因，但大多数时尚零售商的退货政策极为简便并且免费，这种政策在未来仍将持续。时尚零售商将受益于在大型购物场所开设店铺，这样消费者就会将其作为包括去超市和餐厅的大型购物之旅中的一站。一旦进入商店，消费者会发现，数字化让他们能够很容易地找到、试用和比较商品。当消费者到达商店时，他们能够把在线浏览旅程与商店同步，因此他们会被立即引领到最相关的品种。消费者有机会接触到增强现实技术和智能镜子，可以在不换衣服的情况下试穿衣服。增强现实技术可以并排比较几件衣服，而不必换上一件，然后再记住之前的那件。商店也将成为消费者实时定制衣服的地点，你可以在商店里设计你的鞋子，然后在那里制造，你就可以立即取货。

为了推出新品牌、新款式和新产品，我们会看到一些公司在高频地区使用快闪店，一旦达到足够的知名度，就会关闭这些商店，依靠电商模式获得实际订单。其他有趣的形式也会出现，包括租赁或订阅，即每月根据流行款式给你送一盒衣服。但这些都将以电商为基础。

未来的家电和耐用品

消费类电子产品、家电、厨房电器、家具和其他耐用消费品，由于价格较高，需要更多的研究，在购物者之旅会出现更强的差异化，在线研究之后是线下体验，然后是在线或线下购买和送货上门。大型电器和家具从几十年前就开始送货了，而过去几年中电商在消费类电子产品和小型家电方面也取得了重大进展。品牌教育和购物体验仍然是激发消费者考虑的关键，旗舰店将继续保持在这方面的重要性。例如，现在大约一半的智能手机在网上销售，但苹果公司的线下旗舰店仍然很受欢迎，它结合了适量购物、产品教育和产品体验。随着产品功能的快速增加，消费者需要能够学习和体验他们即将购买的设备，而品牌利用零售空间在消费者心目中将自己与其他品牌进行区分，了解特定产品的使用将如何影响他们的生活。

在家具方面，宜家整个模式都建立在创造体验式空间的基础上，让消费者看到家具的实际效果。家具制造商将尝试添加数字渲染，以最大限度地增加他们可以展示的商品数量，并尽量减少消费者在支付时采取的步骤。虽然宜家很适合浏览，但付款时还是很痛苦。轻松付款也可以采取分布在城市中的家具和店面的形式，甚至在使用中展示。想象一下，在餐厅拍一张你喜欢的椅子的照片，然后马上在网上找到它，立即买下，几天后就能送到你家里。如果城市中的每个地方都能成为商店，也许将来宜家就不需要到处都有大规模的门店了。

真正的大宗采购

一些关键的资产购买，如汽车、抵押贷款、高端家具等，当然会继续拥有很多大型店面，这些店面有着精心策划的品牌环境，然而消费者的大部分研究工作却发生在线上。品牌需要专注于确保整个端到端的消费者旅程跟踪和控制，并在销售时线上与线下无缝转换。由于汽车买家对品牌的情感依恋程度很高，很多汽车商店需要转换为品牌体验目的地，而非经销商。购买前的研究将引导消费者安排试驾、体验参观、了解品牌历史和汽车技术等。参观后可能包括定制、持续回访、促进支付和贷款选择、向忠诚者介绍品牌社区等。在产品通过供应链组装起来的过程中，品牌将使消费者继续参与其中，进一步加强与消费者在购买过程中的关系。

一种新型商店

我相信在未来十年里，肯定有新的零售模式出现，有点像加油站的水疗中心，这完全是我想象出来的。这种情况以前就发生过，像日本堂吉诃德这样的商店概念，其独特的商品和晚间营业时间，现在正在世界各地扩展。特别是随着消费者身体运动习惯的改变，从长远来看，我认为人们会在户外花费更多的时间，他们会在户外做一些他们现在不做的事情，房地产资产的相关性也会发生变化。共享工作场所、邻里制造区、老年社区等需要不同的零售模式，但也许因此不太需要大型停车场、商业区和加油站，这将产生新的零售空间来加以利用。孟买市中心的工厂用地就是一个很好的例子，几十年前纺织厂关闭后，现在正作为大型目的地零售场所使用。

现在要做的三件实事

因此，我所称的"浏览商务"将发生上述诸多变化，其中重点是在一个经过调整和数字化的环境中的品牌体验。作为品牌所有者和制造商，你应该开始做以下三件事，以从这种变化中获益。

首先，考虑到未来零售目的地，想想你可以围绕你的产品设计什么样的体验，让消费者参与进来。当你的大部分消费者开始在网上订购产品时，你需要能够通过旗舰店体验来在当地建立你的品牌。

第二，如果你从事耐用品行业，思考你需要向消费者提供什么样的品牌教育，并为此调整你的商店体验。给你的商店售货员培训专业知识，来提高店内向消费者进行教育的效果。

最后，与照片识别技术供应商合作，允许消费者拍摄和搜索你的产品，并将搜索链接到电商页面。最重要的是，当消费者决定购买你的产品，在其他地方进行最终交易而且准备重新配置时，要把你的商店看作是消费者旅程中的一个重要环节。

咨询的未来

瓦哈德大周末修东西

"瓦哈德，你什么时候把淋浴修好？"

"瓦哈德，电视画面怎么变形了？"

"瓦哈德，你应该去检查一下那颗痣。"

"瓦哈德，你给女孩们报名钢琴课了吗？"

瓦哈德，瓦哈德，他总被妻子追着在家里干活。作为一名前自行车修理工，他对其他东西的工作原理知之甚少，而且从来没有真正修过什么。当他试图修理某样东西时，他惊讶于这是多么简单，所花时间多么少，而且在想为什么不第一时间就把它修好。这个周末，他决定要有所不同，下定决心处理完积压的任务，这样他的妻子就会在几个月内不打扰他，直到积压的任务又多了。

"亚历克莎，电视画面扭曲了，我怎么才能修好它？"瓦哈德问道。亚历克莎问他这是哪种电视，然后小心地说出她"听说"的该品牌电视最容易出问题的地方。他们很快就找到了症结所在，原来亚历克莎知道其他电视也会发生这种问题，也知道如何解决。她向瓦哈德口述了一步步的指示，瓦哈德按吩咐照做了。你瞧！十五分钟，电视就修好了。他说："亚历克莎，我要检查一颗痣。"她又问了他几个确切问题，根据他对痣的描述，她建议去看美容皮肤科，而不是医学皮肤科。她问了他的保险细节，根据保单找到了几个推荐的皮肤科医生，然后问他是否愿意预约那些医生。在他确认后，她安排了几小时后的视频预约。时间到了，她就打电话。瓦哈德进行了二十分钟的快速咨询，皮肤科医生仔细检查了痣的情况，然后说最好在一周后当面检查。

"亚历克莎，花洒坏了，需要修理。"瓦哈德说道，亚历克莎立刻在瓦哈德以前工作的那个勤杂工平台上寻找水管工，她只在至少有四星评级的水管工中选择。她还在亚马逊买了个新花洒，迎接水管工的到来。半天内完成了全部任务的四分之三。至于钢琴课，他上周已经安排好了，这周日上十节课中的第一节。钢琴老师同时为五个学生进行远程授课，价格会更便宜。女孩们看了一些视频，跟着音符弹奏，老师自己也在"巡视"，在一小时的课程中多次进行了一对一辅导。他很高兴能够为女儿们提供这些课程，来自印度农村一个贫穷的自行车修理工家庭，他永远无法想象他的女儿们可以拥有一个私人钢琴老师！那天晚饭后，瓦哈德自豪地向妻子宣布"电视、花洒、痣和钢琴课都搞定了"。妻子厚着脸皮夸他是个多么伟大的丈夫，还给了他一个温暖的拥抱。他说："亚历克莎，关灯"，并向她做了个"谢谢"的口型，也不知道亚历克莎懂不懂唇语。

演变的关键因素

我想讨论的最后一种购买类型是咨询购买。在此，我不是指为购买产品而提供的咨询，而是指咨询本身就是产品的购买。这可能是咨询，也可能是一般服务，世界每时每刻都在发生很大的变化。人类提供咨询和服务的根本问题是，可扩展性完全取决于供应方增加更多的人。在释放额外产能和以更有效的方式匹配供需方面，数字赋能将在这里发挥巨大作用。当深入了解不同咨询模式的细节时，我们将沿着不同的咨询途径进行区分，从完全自动化咨询、远程辅助咨询到面对面咨询。我们还会关注服务市场的未来，这将是未来十年的一个重要因素。这些咨询可以跨越几种类型，包括旅行代理、医生、药剂师、家庭维修、房地产、教学、银行、投资、会计和税务、律师、设计师等。在讨论这些模式时，我将介绍一些真实事例，这些企业和初创公司试图通过提供数字咨询来颠覆这一领域。

完全自动化咨询

这可能让人有人类参与的幻觉，但实际上这是一种完全自动化的咨询。只有根据消费者具体问题提供有限的、可识别的解决方案，这才是有可能的。当然，它已经存在，航空公司和酒店预订就是很好的例子。任何时候，全球所有供应都可以从中挑选，凭借最优价格、持续时间或你可能有的任何其他限制，一个程序可以相对准确地为你提供最佳的预订和路线。未来十年，完全自动化咨询将发生两个重要变化。首先，咨询体验将变得越来越人性化。公用事业网站上的聊天机器人，像"杰米"和"本"这样可预测的名字，今天已经可以进行有点像人类的对话，还可以为可预测的问题提供可预测的答案。早在 2018 年，桑达尔·皮查伊（Sundar Pichai）就做了一个令人难以置信的演示，即谷歌的语音助手预约理发。尽管变量十分有限，例如服务类型和时间段需求，但超真实人类声音打电话的事实让人印象深刻。因此，你未来将通过谷歌智家、亚马逊语音助手、苹果语音助手等各种智能助手进行对话来预订航班。

第二个变化将以人工智能驱动的自动咨询形式出现，针对这些主题，不可能做出完全的解决方案，但很可能做出有根据的猜测。例如，要求根据你的口味推荐餐厅——感受"亚历克莎，镇上哪家寿司店评价最好？"和"亚历克莎，根据我的口味，你觉得我最喜欢镇上哪家寿司店？"之间的区别。这将与机器人顾问这样的应用场景有关。机器人顾问是自动化投资平台，代表你进行投资却不需要人类投资专家，因此收取的费用更低。然而，与名称相反，现在的机器人顾问实际上并不提供建议，只是根据你的指示执行。它们不是为了代表消费者承担风险而建立的，也没有能力识别复杂模式，进行有根据的猜测和考虑从风险中获益的市场经验。随着人工智能的出现，实现完全自动化解决没有数学最优解的问题，也许将成为可能。

数字辅助远程咨询

四个字，视频会议。疫情之前，我非得花一些时间解释和阐述这种特定类型的方式，但现在我们都与教师、律师、会计师和医生打过了视频电话，所以大多数人都会明白这是怎么回事。除了视频质量的提高和更好的调度系统的出现之外，我不认为需要很多技术进步来推动这一进程。但在世界开始真正受益于远程咨询之前，在一些领域仍有很长的路要走。首先，在几乎所有适用于这一点的领域，我们需要了解什么样的远程咨询有效，什么无效。例如，自疫情以来，远程医疗正处于指数式增长，尤其是非必要的医疗服务，但现在集体经验告诉我们，在患者的医疗过程中，第一次咨询最好是当面进行，后续咨询在大多数情况下可以远程进行。当然，这主要是因为当面诊断要容易得多，但如果医生和病人都有一些关于病情的信息作为持续检查的依据，跟进也会容易得多。

其次，需要建立在线咨询的定价模式，以及在信任和声誉的基础上选择供应商。你会为通过电话咨询的律师支付同样的费用吗？从律师的角度来看，机会成本可能是面对面的会谈，但从消费者的角度来看，这是较低的服务水平。如果律师有一份更有利可图的线下工作要做，也许就不会接受远程会议了。一旦在一个平台上建立起足够的供需，价格将有望由市场决定，某种评级和审查系统会引入质量衡量标准来配合定价。

最后，监管机构将像往常一样，必须迎头赶上，建立框架，围绕如何保护消费者免受不良咨询，如何适用保密法以及保险公司如何专门为这些远程医疗提供咨询。但好处是显而易见的，对消费者来说，它创造了获得服务的机会，还提高了负担能力；对顾问来说，它开辟了另一个将时间货币化的渠道；对公共服务来说，例如医疗保健，它减轻了物理设施的负担。

当面咨询

当然，最终可能没有其他方式可以获得最好的咨询体验，只能亲自与服务提供商会面。但在这里，数字赋能也将在未来发挥作用。多年来，银行分支机构已经从令人望而生畏的部门变成了五光十色的店面，而且数量一年比一年少。虽然大多数管理任务和银行交易任务是由消费者远程执行的，但对于一些关键的财务决策来说，亲自会面仍将是一个重要的选择，因为它激发了一种信任、可靠和保密的感觉，这对财务问题至关重要。世界各地的银行正在改变分行的外观和感觉，使其更像一个联合办公空间、咖啡厅和休息室的组合。虽然这对改善分行的整体业务体验有很大的帮助，但如今大多数银行仍然可以在消费者了解其产品方面做得更好。有点像奥丁在上一话题中所经历的咖啡机体验，我们将看到银行在其实体分行中创造更多的沉浸式销售体验，以便能够以一种易于理解的方式向消费者提供相对复杂的产品。这种使用一系列数字工具进行咨询的趋势将大大提高法律、税收甚至医疗保健等其他领域的效率。

想象一下，对你的身体进行一次彻底检查，了解坐骨神经在你腰部挤压的确切位置，从而能够理解为什么一组特定的练习会有帮助。或者想象一下钢琴老师带着外骨骼手套，引导学生模仿老师的手指在键盘上的移动方式。再或者，私人健身教练能够在你锻炼期间使用大量的可穿戴设备和来自你身体的数据反馈，让你达到极限，而且确保尽可能安全地完成锻炼。

服务市场

自由职业者市场已经存在了相当长的一段时间，你们中的大多数人可能会使用过零工。他们一直处于幕后，悄悄地扩大用户群，但并没有真正吸引太多注意力。零工经济以及与之相伴的此类市场平台将持续存在。但未来十年，这些市场也会发生一些变化。市场平台提供的服务范围将继续扩大，包括越来越复杂的服务，所以你可能会雇用一个室内设计师，而不用找人修理你的淋浴。随着提供服务的价值开始增加，需求也在增加，平台会基于它们提供的自由职业者来实现差异化。我们会看到市场在寻找、发展和留住人才方面投入更多资源，甚至为个人自由职业者提供支持系统，如联合办公空间或设备。平台还将开始投资于建立自由职业者之间的合作，允许工作共享和建立社区。在后面的章节中，我将讨论零工经济和这种市场平台如何构成我们社会就业结构的主要部分，当市场从属关系取代企业从属关系时，人们会希望从他们工作的平台上获得与今天从公司获得的相同的归属感。我们将在后面的章节中进一步探讨这个话题。

现在要做的三件实事

这就是咨询商业在未来十年可能的结局。对于这一领域的公司来说，道路是明确的，以下是我的三点建议。

最重要的是开始尝试，与语音助手合作，即使今天只是小试牛刀。如果有适合你的领域，可以开始作为一种产品提供远程咨询，但要明白，这并不意味着成为了一个来电客户服务系统。如果你不能为此收费，那么它就不是产品。

如果你提供面对面咨询，想想如何使用 AR、多媒体和沉浸式环境来更好地讲故事和进行教育——数字支持并不仅仅意味着大厅的巨型电视屏幕、联合办公空间和高端咖啡机。

最后，以消费者和供应方的身份进入自由职业者市场。对于公司内部未充分利用的能力，这可能是一次很好的学习体验，也是一种通过非竞争客户利用公司能力获利的方式。

本章研究的是实际销售或实际购买。我们反思了在家中执行的交易以及这些交易会如何随着时间的推移而发展。之后深入研究了移动商务，包括外出就餐和自动售货机等。接下来是未来的百货公司和浏览商业的想法，最后以咨询商业结束。在几十页的篇幅中介绍了很多颠覆性的东西，其实每个主题都可以单独成为一章。但我们还有更多的领域要探索，我们已经成功了一半！接下来，在第四个领域，我们看看公司如何设计产品和品牌。

"如果当初我去问顾客他们想要什么，他们会说'要跑得更快的马'。"——又有一份咨询报告在扉页上亮出了亨利·福特的这句名言。这句话我读过无数次，但总感觉哪里不对劲，便去查了一下。果然，根本没有证据表明这句话真的出自福特之口。但即便他确实说过，不去聆听消费者的声音就有道理吗？这位咨询顾问并没有提及福特这个故事的结局如何。最终，福特结合流水线生产等各种当代理念，成功打造出消费者想要的产品，即一款买得起的车。当然，他这样牺牲了设计上的灵活性，但他追求的是让消费者买得起，我认为福特心知肚明，这才是消费者真正需要的。在十年多的时间里，T型车的销量从一万台增至一百万台。从那时起，故事开始变得有意思起来，福特公司不再倾听消费者的意见。而通用汽车公司在20世纪20年代提出了"为各类人群、各种用途打造不同汽车"的市场理念。福特坚持生产T型车，但市场份额在短短五年内缩减一半，最后不得不让步，关闭工厂并重组资源，开始生产A型车。现在你知道真相了，如果下次看到还有人引用这句名言，在心里一笑而过就好。

除了倾听消费者的意见，别无选择；远见卓识者之所以能成功塑造消费者需求，原因就在于他们理解消费者想要什么，而不是对此不闻不问。在这个前沿领域，我们将探寻数字化将如何帮助我们比现今更好地理解消费者需求。首先研究的是公司将如何通过提供个性化的产品来精准满足消费者需求，特别是数字化将如何使上述模式在经济层面上具有可延展性和可行性。然后，在研究产品属性的基础上，会把注意力转向品牌，了解品牌的重要性以及数字化如何提升或降低品牌对于消费者的重要性。最后，我们将考察本土化的未来，在本土化过程中，价值创造更贴近消费者，价值主张也是基于一定的圈子而设计出来的。

未来的消费者研究

源自贾登的拿铁

来一杯奥利奥拿铁，这个想法很不错。一天晌午，走出办公室的贾登想去附近的星巴克匆匆喝一杯咖啡。读数字点单屏上的新品推荐时，奥利奥拿铁引起了他的兴趣。贾登喜欢奥利奥，也喜欢拿铁，把这两种东西放在一起应该有点意思。于是他点了一个大杯，回想起去年在巴黎也看到有咖啡馆售卖这款产品。其实，墨尔本今年年初也有售。在贾登坐回办公桌前回味这款新口味拿铁时，他并不知道这个产品创意是星巴克在根据意见领袖的意见预先确定好全球一百家咖啡店后，再利用图片识别和图像分析技术来观察公司消费者在这一百家店里吃什么和拍什么的结果。消费者在社交媒体上传的那些照片，包括推文与提及的内容，都被输入到一个模型中，为星巴克提供潜在的新产品创意，并向大众推出新产品。贾登同样不知道的是，星巴克已经开发出奥利奥饼干和咖啡的五种不同组合方案，包括使用奥利奥风味的糖浆和所谓的奥利奥"泡一泡"等。这些方案以不同的价格水平在全球不同城市进行了试售，并用 AI 模型模拟了消费者对不同方案、不同价格的购买意图和可能做出的消费反应。该模型显示，以 8000 韩元的价格在首尔试售的调味拿铁明显最受欢迎，最后才有了现在贾登喝到的这款咖啡。

随后数周，贾登每天都会买奥利奥拿铁，这已然成为他的日常。有一次喝咖啡时遇到朋友，并在社交媒体上发布了一些照片。他的机器人管家汉娜询问他是否同意授权星巴克通过几个不同应用程序访问他的手机使用情况，报酬是每周一杯免费咖啡。贾登当然同意了，他喜欢划算的交易。在手机后台，星巴克汇总了贾登的拿铁消费行为，并与他购买过的甜点小食关联起来。很明显他喜欢奥利奥，他每周的杂货订单里都有购买奥利奥的记录。但星巴克发现他也会买麦提莎，每周都买。一个消费者洞察程序将这两种行为结合起来，试图在市场中寻找其他的"贾登"，结果发现，不仅拿铁和甜食消费之间有很强的关联，而且拿铁与饼干类这一特定类型的消费行为也高度相关。随后星巴克设计出几种方案，再进行 AI 测试，新产品麦提莎脆片拿铁就此上市。

自从贾登第一次尝到奥利奥拿铁已经过去三个月了，当他再去星巴克的时候，惊讶地发现这款产品已经下架了。失望之余，他注意到了镇上开始出售新品。"麦提莎！我一定要试试这个！"贾登自言自语道。"这简直像是为我量身定制的！"他边说边心满意足地喝了一口热咖啡。但他不知道这其实是他自己为自己量身定制的。不管怎么说，这款拿铁咖啡都可谓源自贾登。

了解消费者研究的演变历程

　　未来十年，消费者信息的收集方式和分析方式均会有所变化。在这个话题上，我们首先深入探讨收集消费者洞察的相关趋势，继而研究四种途径。首先，我们将研究高级媒体处理工具，这些工具将通过查看文本、图片和声音并找到嵌入其中的数据来从公共领域中提取有用的消费者洞察。其次，我们将把被动信息搜集作为直接获得消费者洞察的工具。上一章提到的受众及消费者数据共享也与此相关，这里我们将从洞察这个角度来研究。再次，基于这些新的洞察来源，我们将深入研究人工智能，并了解如何将其应用于消费者洞察的生成。最后，我们将看看公司绩效数据和消费者洞察数据会如何随着时间的推移而开始融合的。

媒体处理工具

　　全球各地的消费者每天都会在数字世界留下自己生活的信息痕迹。我们在访问并分析这些数据痕迹以得到有用洞察方面的能力在不断提升。一旦出现更强的算力、更先进的技术以及更好的产品，这种洞察来源将会成为公司决策的关键因素。几年前，我在中国遇到了一位初创公司创始人，他开发了一个智能系统，通过无人机上搭载的摄像头扫描风车叶片来检查有无裂缝。根据他的演示，该系统可以让机器人巡游超市过道，拍摄数百张照片，从而对包括分类、定价等在内的货架信息进行全面的智能研究，并通过易于使用的工具将研究结果发送给各大品牌。所以，媒体信息处理工具如今已经投入使用了。

　　过去几年里，各家公司一直把谷歌趋势数据用作一个额外的消费者洞察来源，这本质上是在问"人们在搜索什么"。也有公司通过抓取网页数据来获取有用信息，那些已经进入市场的产品为公司和零售商实时提供电商执行洞察（e-commerce execution insights）。未来，随着公司逐渐掌握在何处以及如何使用网页数据抓取和搜索趋势所提供的信息洞察，这两大信息处理方式依然会大有用武之地。计算机视觉是继网页数据抓取之后又一大热点，即读取视频与图像文件以便了解消费者行为，比如消费者在商店里的行动轨迹如何？他们与货架如何互动？据悉，沃尔玛已经开始应用计算机视觉来自动检测香蕉的褐变状况，不再派店员进行人工检查。每天分析关于消费趋势及消费地点的上百万张图像，会让公司更了解消费者关心的事情，也提升了社交聆听的水平。而通过音频分析来检测客户满意度与困扰，会让自动化咨询类业务为客户提供更加细分的服务。

被动信息收集

坦白讲，被动信息收集本该得到广泛应用，但事实并非如此，这让我很惊讶。或许是因为它很容易给用户带来隐私方面的顾虑。被动信息收集本质上是获取消费者授权，在他们的手机上加载一个程序，被动记录设备的使用情况，这跟在手机上安装电视频道监测仪差不多。消费者同意参与后会获得一定报酬。该方法比消费者固定样本组调查法更有效，因为它记录的是真实的消费者行为，而不是基于自述或调查问卷的事后分析。我认为，未来几年，在出现可靠的供应商、获得有用的洞察并形成清晰的监管框架之后，被动信息收集法可能完全取代消费者固定样本组调查法，在目前线下消费也使用个人设备来支付的情况下，更是如此。数字消费者固定样本组调查法也将变得更加主流，前几天我刚读过《华尔街日报》的一篇文章，回答了一份消费者调查问卷，内容为关于中国某智能手机品牌的五个问题，并得到了报酬。这种感觉很棒，我觉得我的回答对这个品牌很有用。现在已经有一些产品，通过左右滑动这种让消费者感觉简单又大受激励的机械互动方式（这里称赞一下火绒）让消费者快速给出反馈性观点。这种产品也在逐渐成为开展消费者研究的主流方式，例如联合利华推出的一款滑动应用程序（Idea）。被动信息收集也可以让你的手机变成监听设备，当然，前提是征得你的同意，之后它们可以监听你看过的广告和提过的产品，来更好地了解线下媒体的效果。在未来，你的智能眼镜也可以追踪你所观看的户外广告媒体。

根据可穿戴设备的类型，允许你的设备共享你的位置并允许可穿戴设备共享更多信息，这是被动信息收集的另一种方式。在新冠疫情期间，谷歌洞察共享的有关人们是在返回工作岗位还是外出消遣的交通数据，是大多数公司制订复工计划的重要信号。

从聚合转向个体

因为决策是在聚合中产生的，所以基于聚合的洞察会更准确。尽管我们在本章后文讨论个性化时会认识到个体细分的重要性，但在聚合中能得到更准确的洞察，这一点在未来不太可能改变。如今，聚合数据来源于调查或第二方扫描销售数据，这些数据是由尼尔森这样的中介机构收集并整合后提供给公司的。在使用情况和行为洞察方面，大多数公司会通过凯度（Kantar）家庭样本组之类的家庭小组展开调查，并对调查结果进行调整，使之适用于所有人，随后会根据集群数据做出决策。公司纷纷开始认真创建自己的消费者数据库，这种趋势将来会达到临界点，届时各公司手中将掌握更多的个体数据，聚合数据则将基于它们自己的消费者数据平台上的受众分析（见图5.1）。这听起来像是一厢情愿，但想象一下，你的消费者数据库提供了全部的现有和潜在消费者以及必要的"我是"（I am）型的人口统计信息。你有能力将第二方数据直接输入自己的消费者数据库，这样你就可以获得所有消费者的交易数据了，还可以（在围墙花园允许的前提下）将媒体受众映射到这个数据库中，以了解覆盖范围和媒体消费等情况。你可以对部分受众进行被动信息收集，以获得足以开展分析的洞察。我认为这是各大品牌需要开始攻克的目标，这可能需要长期为之努力，但正如本书多次提及的，除了拥有自己的消费者数据，我们别无选择。

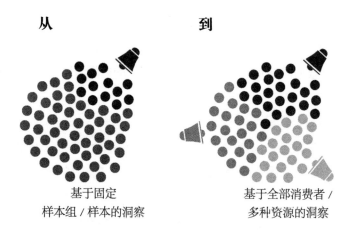

从   **到**

基于固定
样本组 / 样本的洞察

基于全部消费者 /
多种资源的洞察

图 5.1　从部分洞察到全面洞察

人工智能与预测分析

到目前为止，我们讨论过的主题都有助于公司获取大量实时的精细数据。那么，我们应该如何处理这些数据呢？市面上已经出现的高级分析和大数据分析产品可以对数据进行整合和切分后呈现出来，但尽管呈现的是可读汇总，但也只是汇总而已，算不上什么数据馈送。在未来十年里，我认为我们前五年会进行数据的存取、整理和汇总，这已经很了不起了，而后五年将属于人工智能。

在讨论李世石对决 AlphaGo 的世界围棋人机大战时，我们谈到了人工智能：如果模式识别非常复杂，且我们并没有足够的计算能力来得出明确答案，人工智能就会派上用场。因此，人工智能将应用于各种商业问题，这些问题本质上都是在试图预测结果。具体的价格变动将如何影响产品销量？竞争对手的反应将如何影响产品销量？新产品的预期销售额会是多少？实现"按时保质保量交付"（OTIF）目标的可能性有多大？机器何时可能出故障？我想你应该心里有数了。但这里有一点很重要：只要存在一些潜在的因果关系，无论有多么复杂，人工智能都可以通过分析很多输入参数来得出预测结果。人工智能做不到的是预测几乎完全随机的事件。人工智能能预测天气吗？假设有大量影响天气的所有不同参数的数据供人工智能学习，或许能预测。在某种程度上，世间万物皆有因果，但大部分事件都是由各种复杂的输入因素共同作用而产生的结果，任何人工智能都无法预测。

洞察与绩效管理的融合

在很多方面，消费者洞察都像是将镜头对准消费者，并让组织能根据镜头捕捉到的景象做出决策。但是，洞察也可以用作一面镜子，特别是因为无论查看的是外部数据还是内部数据，分析能力和得出洞察的能力都是相同的。我认为，在未来十年里，公司的知识和洞察职能与绩效管理职能将合二为一，聚合成获取和处理数据并为管理者提供洞察的职能。我喜欢镜子这个比喻，因为它意味着绩效分析是由另一方的人员完成的，能够独立地展示事物的本来面目对公司来说至关重要。针对这点，我构想的是一种名为"单一事实来源"（Single source of truth）的职能。

而困难在于，如今数据科学家几乎不了解什么对商业领袖来说很重要，而商业领袖更不知晓哪种数据科学可以使用。在大多数公司里，担任洞察领导者的主要是那些管理消费者研究机构和制作 Excel 模型方面的专家，而消费者研究机构创新速度不够快，也吸引不到合适的数据科学家，周围这样的科学家实在屈指可数。未来几年，需要大量涌现数据科学家，也需要给那些入职公司的数据科学家设置更适合的头衔。

现在要做的三件实事

以上所述就是消费者洞察的未来，我在此照例提出三件当务之急。

首先，现在就开始与提供富媒体处理服务和被动信息收集服务的公司合作，并创建一个关于贵公司将如何从中受益的商业案例。市场上有几家提供这些服务的公司，但大多数还没有大量的成功案例，所以这取决于我们是否要在这些公司身上碰碰运气。

其次，注重建立自己的消费者数据库，这一点在我们讨论消费者互动时就提及过，在这里也很重要。消费者数据库包括第一方、第二方和第三方数据。在建立自己的数据库时，要将从已有数据中得出洞察作为例行事务。

最后，重新组织洞察职能，使其关乎公司里的数据科学、绩效管理以及任何其他的洞察与评估工作。五年之内，你的洞察团队应该看起来更像是数据科学家团队，而不应该像是研究机构的客户经理团队。

个性化定制的未来

努诺喜欢一切都按努诺风格来

早上七点在波哥大，努诺起床后跌跌撞撞地走进洗手间，拿起高露洁努诺牙膏（一款蓝色凝胶颗粒肉桂味薄荷牙膏）挤在牙刷上，心想也许下次在网上下单时，应该要求配料里加点喜马拉雅盐。他一直不明白为什么人们不对牙膏口味更挑剔一点；他们花几百美元买一瓶酒，一次就喝光，但对每天要尝到两次的普通牙膏味道却不以为意。努诺就不是那样的人，他喜欢用努诺口味的牙膏。努诺走进厨房，准备启动自己的德龙咖啡机，他最近下载了哥伦比亚艺术家系列，那是一个咖啡程序，可以制作哥伦比亚艺术家们各自中意的咖啡款式。努诺不爱喝费尔南多·博特罗款咖啡，觉得太酸了，于是决定做一杯加夫列尔·加西亚·马尔克斯款咖啡，他猜这杯的口味可能会比较醇厚一点。咖啡和艺术，这是一个不错的组合，同时也是按努诺风格做事的又一例证。

努诺准备开始工作，他所有的衣服上当然都印上了他名字的缩写。优衣库卡其裤、GAP 衬衫、H&M 开衫，这些都是成衣，但都印有努诺的姓名缩写标记。这很容易做到，他不懂为什么现在还有人穿不带个人标记的衣服。但他不这样做，他一贯按努诺风格做事。他穿的那双棕色麂皮流苏船鞋更为特别，那是他到处寻找合适的样式之后自行设计的款式，鞋身细长，不太尖但也不太方，没有花哨的金属夹，饰以观赏性很高但不过多的流苏，内垫也超级舒适。ZARA 公司为客户提供全程端到端的鞋子自助设计服务，更重要的是，一天之内就可以提货。很多朋友都问努诺在哪里买的，他不情愿地把自己的设计代码给了管弦乐团里打击乐组的几个同事。但起码，努诺获得了该设计（即努诺风格的设计）每个使用者 5% 的返现。

努诺的午餐是从当地沙拉吧买来的沙拉，他根据营养师的建议和自己的口味，为一周里的每一天预配了沙拉，并完全按照本人的想法进行制作。他的饮料也是自己预先配制的，含有一定量的碳酸、两倍的咖啡因以及少许肉桂。他的伴侣埃德觉得味道很糟糕，但努诺很喜欢。这就是努诺风格。当天晚些时候，努诺来到他总去的银行，商讨他和埃德都看过并考虑购买的一处房屋的抵押贷款事宜。努诺的客户经理和房贷团队都在等他，他们似乎都对他了如指掌，甚至问努诺 UFC500 看得怎么样，并且告诉他如果 30 天内真能完成抵押贷款签约，他们就给他买下一场 UFC的门票。他心里已经差不多敲定了这笔交易，这就是努诺风格。

当天晚上，努诺躺在床上开始打瞌睡，身上盖着暖和的加厚毯子。努诺本来不喜欢这样，但埃德喜欢把室温调低至 21 度，而努诺更喜欢的是 26 度。他尚未见过在卧室温度上能达成一致的伴侣，可能这里面有一些科学依据吧。他猜想这件事和其他的事不一样，不完全符合努诺风格。

了解向个性化定制的演变历程

　　让消费者以他们想要的方式获得自己想要的商品,这听起来当然是个好主意。但是,这种做法始终存在一个问题,即公司能否负担得起大规模的个性化定制。在这方面,数字化赋能正好派上用场:它通过提供透明的可选项目,引导消费者完成个性化定制的各个步骤,运用大数据分析助力个性化定制,并管理个性化定制对公司供应链和经济效益产生的影响,从而让消费者的个性化定制成为可能。接下来,我们将讨论数字化赋能如何驱动个性化定制,并实现品牌和公司之间的合作,让消费者可以创建各式各样的捆绑包和产品组合。我们还将讨论数字化赋能如何帮助我们从个体消费者层面思考经济原理,并在该层面上体验量身定制。最后,我们会探讨消费者在个性化定制过程中因为设计出自己个性化的产品和服务偏好而如何获得报酬。

产品的超个性化

　　个性化定制这事既不新鲜,也并非不可企及,而且这种方式已经实行一段时间了。无论是自助搭配的赛百味三明治,还是剪出你想要的发型,大多数时候都是按你想要的来。但这种个性化明显存在一个问题:它需要大量人力资源,因为切实需要有人帮助消费者组合个性化的产品。数字化赋能可以让消费者自行定制个性化产品,同时还可以让公司为这种个性化需求提供服务,并从中获利(见图5.2)。要做到这一点,公司必须具备将整个产品分解成产品组件的能力,这样消费者才能拥有自由组合的空间。我喜欢用乐高来类比,你可以买一系列零件来组装自己想要的东西,你也可以直接买埃菲尔铁塔套装,搭建一座埃菲尔铁塔。埃菲尔铁塔套装中会有常规组件和特殊组件,你可以自由组装。一旦提供了产品组件,数字平台就可以协助创造出一种消费者参与的方式,让他们按照公司给定的约束条件远程组装产品。例如,设想有一个"自行搭配麦片组合"平台,虽然它还没获得主流青睐,但目前已出现一些类似的小众平台。在这个平台上,你可以在线选择格兰诺拉麦片、燕麦片、米脆片、什锦饼、冷冻干果、坚果、种子和超级食物等各种类别进行搭配,在选择的同时,可以看到你的搭配组合的每公斤价格、每份所含热量及营养成分。如果超标,你随时可以选择默认款——预先搭配好的"埃菲尔铁塔"格兰诺拉麦片。

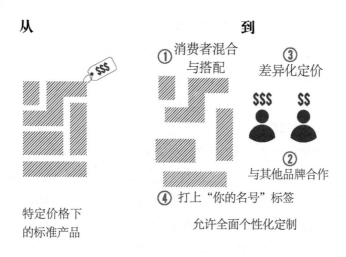

图 5.2　为消费者提供全面个性化定制服务

　　品牌方或制造商可以禁止某种组合,制定合适价位并像乐高控制组件那样控制可用的产品配料。不过,最重要的是,随着此类平台不断获取关注且规模越来越大，品牌方能够更好、更早地预测消费者对产品配料的需求，让更多消费者选择默认组合，从而降低实现成本，使之更容易为消费者所接受。品牌方还可以把消费者选择的组合用作开发产品新配方的备选项。

深度协作

跨品牌的产品捆绑现象也一直存在，但大多数情况下，捆绑只是发生在同一个制造商的产品之间，这主要是因为跨公司实现产品捆绑，在操作层面和财务层面都很难协调。数字商务将通过以下几种方式来实现公司间的深度协作。

首先，对购买模式和亲和力产品的大数据分析表明，消费者倾向组合购买的产品呈不断交叉之势。所以，比起捆绑销售洗面奶和体香剂，你可能觉得把罐头汤和体香剂搭配起来也未尝不可，于是就进行了这种组合，当然我只是随便这么一想。其次，将两种实体产品捆绑销售，这原本属于发生在线下的痛苦过程，现在却可以在电商平台上以虚拟形式完成，如果有必要，也可以在配送前进行实物挑选和打包。第三，如果捆绑商品是在线售卖，那么对于组合里单件产品的折扣归属，处理起来就容易多了，其原因在于，出于特定的捆绑目的，可以相对容易地创建和删除特定的 SKU（库存量单位）。最后，在线解读捆绑背后的组合原因及故事会更有说服力，可以让消费者理解如此组合的缘由。在新冠疫情封城期间出现了一个好的例证，多个品牌在几天内就联合起来，以最低的营运成本在大多数电子商务平台上推出了"家庭生存"捆绑包。可以想象一下，如果在实体店环境下组建这种服务平台会有多么困难，会花多长时间。

个性化体验

除了实物产品，公司也将尽可能地实现服务个性化。声田和网飞目前已经实现了大规模的个性化服务，它们在追踪消费者在线内容消费行为的基础上为用户推荐其他内容。美国服装电商Stitch Fix 围绕个性化服务创建了一个完整的商业模式，根据用户提供的初始信息，与其他现有消费者档案进行匹配，并立即为该用户推荐个性化服装。它还雇用了许多时尚顾问，由他们基于用户个人资料持续提供时尚建议与服装推荐。

因此，数字化赋能一方面收集消费者的行为数据，在此基础上实现个性化服务，同时也允许服务商找到特定模式，并根据这些消费者偏好模式提供大规模的个性化服务。另一个很不错的提供大规模个性化服务的例子是 Grammarly，这是一个数字写作工具，可以帮助纠正拼写、语法、风格等问题。Grammarly 每周会向数百万用户发送完全个性化的电子邮件，告知他们一周来的写作表现和改进建议。然而，目前我们在个性化服务方面仅停留在表面，未来十年，个性化服务会大有改观，越来越能够让消费者满意。试想，你走进麦当劳，店员打招呼时会叫出你的名字，而收银员记得你近五次吃了些什么，不用你开口就给你打个忠诚折扣。再试想，他们熟悉你的兴趣爱好，会和你聊聊你最喜欢的球队，或许在你坐下来用餐几分钟之后，店里就开始播放你最喜欢的音乐。

个性化产品的经济逻辑

定价可能是收益管理中使用得最不充分的杠杆之一，由于在市场上，特别是在零散贸易中，难以实施差异化定价并确保零售商遵守定价，所以大多数品牌的账面上会留下大量资金。随着公司不断积累消费者数据和交易数据，了解消费者的生命周期价值和持续购买行为，公司就有能力根据消费者的情况进行差异化定价。可能采取的形式包括提供优惠券、返现或动态显示定价等。最终的状态将会是不再以每笔交易、某种产品或某个类别，而是以每一个消费者为基础来衡量公司的盈利能力。毕竟，不管公司提供的是产品还是服务，都是为了满足消费者。如果每个消费者都有利可图，那公司自然会盈利。因此，如果货架前的消费者是潜在的新消费者或者是已经流失的消费者，那他就会比普通消费者享受到更低的价格。某品牌旗下的某产品的忠实消费者会享受到折扣和忠诚奖励，当然，这些补贴的力度是公司根据该消费者所处等级的损益水平来定的。这样一来，定价和利润的经济逻辑就因消费者而异了，目的是整个市场变得更有效率，让所有人都成为赢家。

消费者从个性化产品中获利

　　未来十年会出现另一个有趣的现象，即用户能通过允许他人访问（使用）自己的个性化产品来从中获利。这有点像努诺的情况，他自己设计出鞋子，每个使用者能让他获得 5% 的返现。现在也出现了追随这个趋势的例子，比如去年年底，范斯公司（Vans）发起了一场互动式鞋子定制大赛，前三名将会获得现金奖励和参观范斯总部的机会，而且最重要的是，范斯会生产及销售这些参赛的鞋子。美国手工艺网站易特斯（Etsy）也在这方面取得了巨大的成功，并为消费者提供从个人创作中获利的机会。油管鼓励用户发布原创内容，如果作品的播放量达到了一定程度，用户就可以将其变现。以上这些并不完全等同于普通消费者偶然创作出一个优秀作品后被平台收购用于进一步销售的方式，但我看到了这方面有很大的发展空间。从经济学角度来讲，这也可以让品牌对个性化产品收取额外费用，而消费者会支付这笔费用，并期望在未来的获利机会中得到弥补。

现在要做的三件实事

在了解了上述概念之后，当前品牌应该立即开始着手做三件事。

首先，像构思乐高的外观一样构思你的品牌类别和产品，并设想一个小规模的试点项目，为消费者提供探索个性化定制的机会。重要的是要了解个性化对于消费者来说是否真的那么重要，以及提供个性化服务对于公司来说有多复杂。

其次，如果你有电子商务平台可用，请立即开始在这些平台上创建虚拟捆绑商品组合。试着了解如何规划附属产品及服务，并尝试不同的组合，看哪种产品组合卖得出去。

最后，通过确认新客户和回头客建立消费者生命周期价值模型，开始实施差异化定价。这可能需要花一段时间，这段时间足够让货架定价或电商定价的差异化成为一种可行的杠杆，但从现在就开始做这件事，会让你学到有利于实现目标的东西。

品牌的持续相关性

巴特的第二项挚爱

高尔夫，高尔夫，高尔夫……吉尔一直搞不懂，巴特为什么这么痴迷于高尔夫？巴特最喜欢的作家之一沃德豪斯（P. G. Wodehouse）曾说过："高尔夫……是万无一失的考验。一个知道只有上帝在看着他，却能独自走上一片粗糙场地并在那里打高尔夫球的人就是能竭诚为你服务的人。"高尔夫是巴特生命中的重要组成部分，甚至他搬到现在居住的长岛，就是为了距离高尔夫球场近一些（当然也是为了他儿子）。在高尔夫世界里，巴特是泰特利斯（Titleist）品牌的忠实拥趸，但他儿子则是 PXG 品牌的狂热支持者，并一直试图劝他买 PXG，但这个名字中带有"Xtreme"字样的高尔夫品牌让巴特很反感，毕竟这不仅仅关乎功能问题。

那么，选择泰特利斯的理由是什么呢？经常有人问巴特这个问题。首先，他喜欢泰特利斯是因为该品牌自创立之初就一直关注品质和性能，现在已然成为传统。菲利普·杨创立公司时，他认为自己用的高尔夫球大多粗制滥造，核心偏离正中心，会导致击球不准，所以他开始制作泰特利斯"核心在正中心"的高尔夫球。这个故事对巴特来说很重要，他还看重的是，到目前为止有那么多美国大师赛冠军使用的是泰特利斯的发球杆、推杆和高尔夫球。这些让使用该品牌的巴特觉得自己已经挤进了一个更大的圈子，不再仅仅是高尔夫爱好者，而是与世界级高尔夫大师为伍了。

巴特一直选择泰特利斯，部分原因也在于该品牌为他提供了卓越的性能。斯科特卡梅隆推杆确实改善了他的表现，他在推球时不再感到紧张，这让他不确定自己能否会改用其他推杆了。多年来，他也从"泰特利斯团队"论坛社区中收获了很多，他参与过产品测试，能与其他志同道合的高尔夫球手取得联系，向职业选手学习，当然还从大量的品牌促销活动中受益。最后一点，他相信泰特利斯的品牌立场。在过去十年里，他多次看到类似情况：当职业球员发表不当言论或自身出现道德污点时，泰特利斯立即与这些人终止了合作关系。泰特利斯团队曾先后与卡拉威（Callaway）和好市多（Costco）发生过品牌纠纷，巴特对其在纠纷中表现出的勇气印象深刻。如果在关乎公平的重要问题上做不到立场鲜明，怎么能参与像体育这种以公平为基础的良性竞争呢？高尔夫确实是巴特的第二项挚爱，巴特觉得自己永远都不会抛弃泰特利斯。

了解品牌的演变历程

在深入探讨品牌未来将如何保持相关性以及数字化赋能将在其中发挥什么作用之前，让我们先大体回顾一下普遍意义上的品牌创建史，以了解我们为什么得首先拥有品牌。品牌创建始于石器时代的某一时刻，那时我们的祖先已经开始给自己的牲畜烙上一个标记以宣示所有权。从那以后，品牌开始从所有权标记演变为来源标记，首先是几千年前的陶器，然后是搭建金字塔的石头，最后是中世纪的产品，这些东西都标注了来源地。进入工业革命后，产品开始大规模分销，公司便需要解决产品因为在本地不出名而不受信任的问题，于是找到了在外包装和内包装上都印上品牌和商标的解决方法。这也促成了旨在保护品牌权益的商标法规的诞生。随后一直到20世纪90年代末，广告开启了品牌创建的黄金时代，公司可以通过发挥广告的巨大影响力来打造品牌故事和品牌身份，从而实现差异化。但自那以后，一切都变得有些悬而未决了，因为消费者明白了一个道理，即缺乏名气、规模不大的品牌未必就意味着品质低劣、功能匮乏。因此,这些年来,本土品牌强势崛起,自有品牌崭露头角,甚至"无品牌"的概念也悄然形成。那么,现在该怎么办呢?

我认为品牌在可预见的未来仍会有相关性,其原因有很多,但这些原因的相对权重会有所改变,而能够应对这些改变的品牌会存活下来。品牌相关性有若干属性,但在我看来,有五种属性最重要,我们将讨论数字化赋能在未来十年将如何影响这五大属性,即信任与质量、地位与圈子、功能与价值、习惯的广度与深度以及道德立场(见图5.3)。下面对其逐一进行解释。

品牌存在的理由在演变

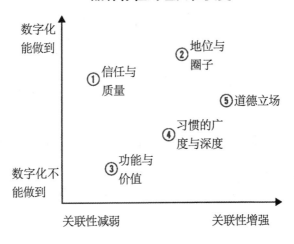

图 5.3　品牌存在理由的演变

信任与质量

消费者传统上会选择有知名度的品牌,从那些产品的质量、一致性、消费体验以及品牌所声称的事实中获得安全感。我认为这是品牌提供的最基本的效用，消费者也甘愿为此支付额外的费用。未来十年，由于消费者开始通过其他方式来决定要不要信任某种特定的产品或服务，我们将在这个领域看到很多颠覆性的事件发生。这里以酒店住宿和我们在第一章中讨论过的猫途鹰为例。虽然希尔顿酒店、万豪酒店有过辉煌的历史，作为一个有眼光的旅客，你会选择住这些大牌酒店，以确保获得始终如一的周到服务，但如今不同往日了。猫途鹰及与之相关的评级和审查系统让中小型连锁酒店也能够在公平的环境中得到评价。音乐领域也是如此，大牌唱片公司和知名艺术家不再是优秀音乐的唯一来源，声田之类的用户评价平台让独立的唱片公司和音乐人也有机会获得成功。同样，电子商务平台也让本地的小众个人护理产品有机会和全球美容知名品牌一起进入大众视野，并接受大家的评价。

所以，拥有一个知名品牌并通过持续投放广告来保持其知名度，这不再是建立信任和保证质量的唯一途径。公司不必中止宣传，但也得参加新玩法。你已经看到，有大牌酒店的经理在猫途鹰上回复问题并接受反馈；有唱片公司为了提升旗下音乐人的知名度，每年都试图更好地补偿声田；还有大型个人护理公司努力保证其子品牌（比如，欧莱雅旗下的理肤泉）在电商平台上能与小众个人护理品牌一较高下。

地位与圈子

消费者利用品牌来提升自尊心，并向他人炫耀，觉得使用某个品牌就意味着自己拥有一定社会地位或者挤进了某个小众圈子。品牌的这种效用并未改变，如果非要说有什么变化的话，那就是现在的消费者想让自己与众不同的愿望比以前强烈了不少，并且未来十年只会越来越强烈。因此，在这方面还有很多价值可以挖掘，数字化赋能也能派上用场。与几十年前相比，如今想打造一个有地位的品牌并形成一个小众圈子要容易得多。以 Supreme 为例，这个与滑板和嘻哈文化相关的超级品牌并没有开设太多店面，也没有开展什么宣传，但它找到了适合的圈子定位，打造出特定的生活方式，并进行小批量生产，同时挑选合适的名人在公共场合穿着它们的服装，确保了其产品在二手市场能以高昂的价格转手。全球各地的青少年都愿意为入手一件破旧的二手卫衣而"剁手"。我无须解释苹果公司，以及该公司每发布新款手机都有那么多人通宵排队抢购的现象。从功能角度来看，苹果手机已经不再是市场的领头羊，如果再考虑价格，就更算不上了。再以露露乐檬（Lululemon）为例，该品牌主要售卖瑜伽裤，但通过恰当的游击营销，建立社群圈，以合适的方式营销店面，加上招聘漂亮的店员等，已经让大家形成了一种认知：世界上只有两种瑜伽裤，一种是露露乐檬，另一种是其他牌子。

因此，给消费者提供地位象征和对小众圈子的归属感，这是一件非常具有相关性的事情，同时也是小品牌可以和大品牌一样做好的事情。重要的是，大品牌未来在社群建设（如耐克SNKRS 社群）和品牌宣传方面利用数字化的效果如何，以及品牌在保持自身当前地位方面的表现如何（例如，露露乐檬试图通过收购健身镜公司来保持当前的地位和良好的发展势头）。

功能与价值

消费者希望大品牌能够持续创新并改进自家产品，以希望借此改善他们的生活。如果我反复购买某个知名品牌，这意味着我相信，随着其产品的更新迭代，该品牌会让我的生活更轻松、更美好。我认为今后这将会是决定品牌成败的一个重要因素。品牌的主要市场份额不断增加是因为它们推出了更好的产品并提供了更多的价值。以豪华汽车的欧洲市场为例，在我的职业生涯早期，我曾有幸在一家德国汽车制造厂工作过一段时间，我从未见过如此百般追求产品卓越的公司。当然，梅赛德斯－奔驰、宝马和奥迪这三大巨头在豪华车（S级、7系、A8）、商务车（E级、5系、A6）和大型车（C级、3系、A4）这些细分市场上长期以来一直占据前三的位置，唯一的例外是大型车中的帕萨特，它与奥迪同属于大众公司。另一个例子是戴森（Dyson），它出品的真空吸尘器、无叶片风扇、吹风机等，尽管价格较高，但功能也更强大。面对不同品牌的同种产品，消费者会选择功能更好的品牌。再以 Shake Shack[①] 和 In-N-Out[②] 这两个品牌为例，这两家的汉堡始终保持高品质，远远超过其他快餐店的汉堡。这样看来，它们的高价格和高消费者忠诚度就显得合情合理了。

因此，对于激发消费者消费考量这个阶段，在当下产品功能和优势都绝对透明的环境中，那些努力为消费者提供最佳产品功能（其中包括数字化功能）的公司将立于不败之地；而那些不积极创新，也不为消费者引入数字化体验、数字化互动或数字化购

---

① Shake Shack 是一家美式快餐店品牌，于 2001 年在美国问世。——译者注
② In-N-Out，1948 年创建于洛杉矶的快餐品牌。——译者注

买的品牌，将辜负消费者的期望，从而丧失用户忠诚度。

习惯的广度与深度

消费者是具有习惯性的，我们天生就有养成习惯并坚持下去的倾向。我们的大脑在必须理解及处理未经历过的事情时，会消耗更多的能量，而更多的能量意味着需要更多的食物，这就意味着要捕猎更多东西，同时也意味着更多地暴露在捕食者面前。我们只是试图养成习惯，所以不会被吃掉；我们面对熟悉的事情时所体验到的舒适和温暖的情绪实际上也与此有关。一方面，多年来，大品牌每天都给消费者群体留下深刻的印象，这种习惯将持续推动消费。另一方面，是不是因为像谚语说的那样，21 天就能养成一个习惯，所以才有了这种结果？我的观点是：习惯很重要，但习惯可以改变。如今，由于我们大量接触到各种各样的品牌和生活方式，所有品牌都面临着不断脱媒的风险。在亚洲喝奶茶，或者在我们这边大城市的所有潮人区喝康普茶，这些十年前都不存在，但现在已经很难看到不手捧波霸奶茶的年轻人了。我们之前提到过的瑜伽裤，在 20 世纪 80 年代简·方达（Jane Fonda）的健身视频里很少见到，如今几乎在所有社交活动中都可以接受了。

品牌方需要弄清楚如何在频率、场景或接触点这些方面让消费者保持习惯，同时重要的是要明白消费者看到的是品牌而不是公司，大部分消费者都不了解哪些公司创建了什么品牌。我的意思是未来会出现更多伞形品牌（umbrella brands），即这些品牌旗下会衍生出若干相关产品和主张。数字化也会发挥作用，将品牌旗下所有的主张联系起来，建立消费者的单一视图，并提供数字化使用场景。例如，目前出现了类似红牛的品牌战略，除了饮料业务之外，品牌还通过体育赛事及内容占据了消费者的生活空间，我相信红牛未来还会拓展更大的空间。

道德立场

当下这个时机，我写这部分内容可谓正逢其时，因为世界（尤其是美国）在日益两极分化的争论中正遭遇撕裂，让人怀疑现在是否还是 21 世纪 20 年代。消费者期望品牌在关键问题上表明立场，并整顿品牌自身行为。废弃文化（cancel culture）的兴起可能意味着很多品牌和公司的道路已经走到了尽头，但对于那些新出现的品牌和公司来说，数字工具将会成为一种通过更好的社交聆听来了解消费者情绪的方式，也将成为在关键问题上有所作为的方式。例如，开展以数字形式发起的塑料回收教育活动；建立为飞行常客提供碳信用额度的市场；为消费者提供简易的数字市场，以便向抗击疫情的一线员工捐款，等等。数字化为公司在重要的道德和社会问题上实现承诺提供了一种简单而直接的方式，我当然希望在未来十年看到更多这样的事情发生。

现在要做的三件实事

以上就是我对品牌未来十年发展方向的看法。品牌还会大行其道吗？当然会，但是仅靠质量和地位的承诺是不足以支撑品牌存在的，还需要更多条件。同样，以下是我们必做的最重要的三件事。

首先，在开放平台、市场和媒体上大力投资，以形成品牌舆论，让消费者明白你的品牌在品质和地位两方面都存在溢价，并在道德立场上与消费者偏好保持一致。

其次，不要认为你的产品及其属性是理所当然的，要继续努力为消费者提供更多功能，因为消费者期待从他们喜欢的品牌那里获得这些。即便已经有了绝妙的次级业务组合，一旦核心产品主张站不住脚，你也会遭受失败。这方面一个典型的例子是：即使拥有 MapMyRun 应用程序等智能业务，运动品牌安德玛的市场份额仍然发生了缩水。

最后，将品牌扩展至更多场景和更多接触点，想想品牌代表什么主张，将这些主张置于你的伞形品牌之下。这可能意味着你的公司在五年后与现在大有不同，但这不正是转型的应有之义吗？

未来的本地化特许经营

奥丁拥护他的社区

顾名思义，柏林米特区是柏林的中心区，也是被奥丁近十年来称之为家的地方。他喜欢这里的一切，蒂尔加滕公园、勃兰登堡城门、查理检查站、波茨坦广场、菩提树下大街、柏林电视塔……所有的博物馆和所有的历史，他都喜欢。他为自己能生活在柏林的这个区而感到自豪和幸运，也下定决心要维护它的特色与魅力。在某些周末，他觉得自己根本没必要走出这个区，而这时候他通常忙得不可开交。

奥丁发现洗碗液和洗发水快用完了，于是想去附近的一家传统便利店（柏林的传统便利店，通常被称为"Spaeti"）跑一趋。几年前有一段时间，这些便利店濒临倒闭，尤其是还面临阿尔迪连锁超市（Aldi）的激烈竞争。随着消费者转移至线上，只去线下店进行小额充值消费的环境下，阿尔迪极速推出了全新的便利店。但是，米特区的一群传统便利店店主在社区里聚集起来，建立了一个相互合作并保持相关性的团体。这样一来，传统的便利店看起来和原来不太一样了。奥丁到店后去了续装站，给他带去的瓶子灌满了阳光牌专业洗碗液和夏士莲洗发水。联合利华已经在全市各处都设立了续装站，在塑料战全面打响之际，更是在传统便利店设立了续装站。奥丁还想起他的游戏手柄需要一个新外壳，原来的已经完全磨损了，他在网上快速下单，并把他想要的设计输入便利店里的 3D 打印机。咖啡还没喝完，手柄壳就已经打出来了，随时可以带走。"在 3D 打印机普及之前，我们从哪能拿到这些备件呢？"他一边想，一边返回米特区的中心区。

在几个街区外的土耳其烤肉店，奥丁停下来买了一些麦香鸡块。这个店面刚刚获得麦当劳授权，这对烤肉店来说很有效果。这家店从麦当劳订购冷冻鸡块和油炸用油，还必须使用从麦当劳购买的油炸机和相应的包装，这些对烤肉店来说都很容易。显然，它们也从麦当劳的配料供应公司得到了艾兰酸奶饮料。回家路上，奥丁打算去银行看一眼，和他的投资顾问商讨一下自己公司不久以后要进行的 ICO 事宜。德国最大的两家竞争对手德意志银行（Deutsche Bank）和德国商业银行（Commerzbank）几年前就开始在其平台上进行合作。它们都在使用对方的银行分支机构，这些分支机构现在还没有品牌，像办公桌轮用制一样也实行分行轮用制。它们还向公用事业、电子商务提货点等使用者开放了分行的使用权，他听说这种轮用制正在为两家银行带来利润。真是意想不到！

回到家，奥丁很开心：米特区的现状还不错，传统便利店还在，土耳其烤肉店还在，银行分行还在。这个区完好如初。

了解从中心化到分散化的演变历程

自史前以来，我们这个世界一直在经历中心化的发展浪潮。人类从出现开始就追求真正的去中心化，尽可能地开拓疆域。随着农耕取代狩猎，人类开始定居某地。从"每消耗一卡路里能产生多少卡路里"这个角度看，农业的生产率要高得多，这让人们可以实现专业化，由此产生了生产和艺术，最终产生了政府。于是产生中心化，表现在酋长有权管理人们的生活方式。这还表现在宗教方面，牧师和伊玛目有权管理你死后发生的事情。而工业革命的到来，掀起了另一波中心化浪潮，这一次是为了实现规模经济和资源套利。我想，我拥有的东西中几乎没有一样是在我居住的城市里制造出来的。而现在，我们再次处于一个转折点，也许是自冰河时代以来的第一个转折点。

未来十年，在以诸多形式把产品和品牌组合起来并提供给消费者的过程中，会出现去中心化，接下来我们加以探讨。首先，影响者会创立他们自己的微品牌和微产品；其次，本地零售社区会纷纷涌现以对抗全球性的大企业集团；最后，本地化生产会扩展到邻近地区，甚至是消费者家中。本地企业和社区企业将蓬勃发展，全球大公司将通过其平台来助推本土化趋势（见图5.4）。这些趋势既令人耳目一新又对社会有益，我们来深入探讨。

从全球化	到全球本土化
❶ 全球知名品牌	基于全球营销平台创立的本土品牌
❷ 全球研发的产品／主张	基于全球技术创作的本土配方
❸ 遍布全球的生产制造	符合全球规格的本土制造
❹ 分销受到全球化管理	遵循全球准则的本土化分销

图5.4　主张的本土化

影响者品牌和产品

到目前为止，我们已经多次探讨过影响者的影响，我觉得他们未来还会继续产生影响。我们通过模仿来学习，而模仿是影响模型的本质驱动因素，所以我希望这一点不会变。将会改变的是影响者的真实性，或者应该说他们会缺乏真实性。影响者在网上虚构人设并将其变现，从而赚取快钱，这股热潮已经动摇了人们对影响者模式的信任。我觉得这种情况会变得更糟，但我相信未来会有好转，因为证明影响者真实性的平台将会出现，而那些糟糕的平台将遭到淘汰。

影响者会以各种方式让消费者旅程去中心化。首先，不是在当今对影响者付费的模式下，而是在对影响者经过真实性筛选后，只有当消费者信任的影响者证明产品试用效果后，消费者才会知道产品并开始认真考虑是否使用该产品。最终影响者会拥有完全自创的品牌，或者精心掌管着一系列品牌。试想一下，你走向一家便利店里的思乐冰（Slurpee）机，点了一份摇滚思乐冰，跟硬汉道恩·强森（Dwayne Johnson）喝到的一模一样。影响者会预设制作程序并加入自己的产品创意，这样消费者就可以买到该产品组合，同时向授权试用其预配程序的影响者支付报酬。于是，你就可以早餐吃到与"侃爷"坎耶·维斯特（Kanye West）同款的鸡蛋、与金·卡戴珊（Kim Kardashian）同款的麦片，或者在健身后来一瓶汤姆·布雷迪（Tom Brady）同款的佳得乐。

居家制造与近家制造

公司试图让产品的制造和组装尽可能地靠近消费者。这种做法有双重优势：省去运输和最后送货的成本；个性化几乎和消费行为同时发生，大大降低公司设置库存量单位（SKU）的复杂程度。围绕这个理念，已经有若干商业模式正在形成。以雀巢旗下的奈斯派索（Nespresso）胶囊咖啡机为例，该机器之所以大获成功，除了其他因素外，还离不开这样一个事实：消费者利用牛奶、水、机器和各种咖啡胶囊，在家里就可以调制出大量不同的咖啡。宜家也是如此，宜家的产品设计简单，说明清晰，零件包装便携，这让公司既省去了运输和组装的麻烦，又可以在其产品的价格中削减掉这部分成本。

就 3D 打印而言，我的观点可能会大错特错：私人 3D 打印机除了用来做手工或是当作爱好之外，可能没有多少用处。但是，社区提供的 3D 打印设施在打印备件方面会非常有用，在打印诸如 H&M 和 ZARA 这种品牌的时尚配饰时会更有用。再加上产品续装站、无包装产品站、电商交货点、电商退货点以及餐饮品牌的黑暗厨房等设施，我们就可以构想出一个由部分仓库、部分工厂和部分公用空间所组成的社区公用事业中心。当然少不了星巴克，因为星巴克依然随处可见。

超本地化公司

小公司肯定会低迷一段时间，特别是现在还得应对新冠疫情的影响，但逐渐会出现更多平台可供公司利用，经营成本将会下降。本土品牌将乘势而上，且更容易在各市、各州乃至各国之间开展宣传。目前已经有大量来自不同市场的进口产品在以电子商务形式出售。我在阿里巴巴生态系统工作时，公司的 CEO 曾表示，希望能在一天之内将产品从中国运至东南亚的任何地方。有了能在世界任何地方销售的商业自由，再加上能对世界各地的任何人进行营销的自由，你便有了一个真正无国界的商业模式。特别是在服务业，很早以前就开始业务流程外包了，我们也将很快转向个人流程外包。

我在印度西部一座名为纳西克（Nashik）的美丽城市长大，这座城市的葡萄非常有名。在这个恬静宜人的地方，有一位美国海归决定尝试酿酒，几年后开了一家酒厂，在当地掀起了一股葡萄酒热潮，并让纳西克在十年内变身为印度的葡萄酒之都。就在上周，我妻子注意到，在当地的电子商务平台上能买到产自纳西克葡萄园的葡萄酒，而来自印度二线城市的葡萄酒新创品牌能卖到我目前居住的地方，真正说明了"全球本土化"市场将不断演进。

本土零售社区

夫妻店肯定会急剧减少，但我认为不会完全消失。数字平台将为小商店提供类似于大型连锁便利店或快餐店与生俱来的规模优势。聚合体公司将会出现，并且已经在中国兴起了。它们将继续对成千上万家夫妻店进行现代化和数字化改造，直到这些夫妻店有能力直接与大型连锁便利店竞争为止。也许还会出现一种消费趋势：消费者会侧重于支持本土企业家。

夫妻店的另一个主要优势是，在接受较低的资产回报方面具有近乎无限的灵活性。在普通公司里，如果某家店没有实现增长目标，或者利润率远低于预期，商店经理就得承担一定的后果。如果是夫妻店的话，店主可以接受低得多的回报，以低得多的利润出售商品，这种灵活性最终会让商店存活下来。正因如此，平台电子商务才实现了大规模增长。与平台先向品牌方进货再出售给消费者的零售电子商务不同，在平台电子商务中，是由独立商家向消费者出售商品，个体商户和批发商都可以像其他任何公司一样参与经济活动，并由此获得蓬勃发展。

全球性大公司平台

许多大公司迟早会意识到，它们不仅可以通过推出品牌可靠的优质产品来创造关键附加值，而且还有机会将多年来积累的能力转化为可从中获利的平台。奥丁故事中提到的麦当劳就是一个例子，那也只是我的想象。一家增长压力很大、没有资金建立门店资产的公司，为什么不将其品牌身份、产品配方和供应网络转化为平台，并授权给数百万个个体进行特许经营呢？或者，拥有分支机构资产的银行，如果这些资产已经不再构成竞争优势，银行可以选择将其出售，或者谋求合作将其变现，从而创造出新的收入来源。

这不是什么新鲜事，公司已经习惯于在"用消费者生钱"的计划中，以交叉销售产品为幌子，来变现它们的关键资产——消费者关系。同样，从公司能找到的任何一种可用资产中，会有平台商业模式涌现出来，这些可用资产包括：房产空间、机器设备、货架空间、仓储间、备用人力资源、代理关系、供应合同、手册和方案以及现金流等。你能说出名字的东西，公司都会开始从中赚钱。

现在要做的三件实事

那么，作为一家着眼于未来十年的公司，如何对特许经营权实现本土化呢？以下是我想到的三大启示。

首先，明智地投资真正有影响力的人，这有两重含义：一是了解如何衡量影响者关系的有效性，二是确保你关注的重点是真实性。

其次，开始研究产品的本地化制造或本地化组装，即使是在试验阶段也要如此。这可能不具备什么财务意义，但是，一旦消费者的情绪和接受度达到一定程度，这样做就会有"进账"。

最后，制定平台战略，梳理公司的各项闲置资产，思考如何将其加以利用。然后，高效利用并不断积累这种资产，直到真正形成一种盈利的商业模式。

所以，现在你知道了，这就是未来企业为消费者整合品牌和产品的方式。我们首先研究的是公司如何通过不同方式获得消费者洞察，然后讨论了超个性化的惊人益处，接着思考的是品牌的未来及其持续相关性，最后我们重点讨论了产品和主张的本土化和去中心化，该理念需要公司重点关注。而关于下一个前沿领域，我们会回到供应链中，进一步探讨未来公司如何制造和分销产品。

第六章
产品生产与销售

2005 年的某个时候，我在德国南部的一家德国豪华汽车厂里卖力工作。当时是该品牌的关键时刻，工厂即将推出第一款SUV，外观很漂亮。我在办公桌前悄悄地研究我的 Excel 表——我的工作有且仅有这一项：把车门发送至布拉迪斯拉发。底盘正在德国北部制造，然后装上火车运往斯洛伐克的装配线。车体在布拉迪斯拉发的工厂里压制成型，车门则正在巴登－符腾堡州生产。我要做的是为这批 SUV 车门规划出确切的生产时间表，好把它们装上火车，从工厂运往布拉迪斯拉发，及时送达后再送上装配线。

回到 2003 年，当时我在孟买写毕业论文，题目是《对田口全面质量控制方法的批判》。田口（Taguchi）在他的职业生涯中提出了许多概念，其中最重要的两个是"社会损失"（Loss to society）和"实验设计"（Design of experiments）。简言之，社会损失概念意味着公司不应仅量化低质量生产对公司损益的影响，而应该考虑更广泛的社会损失。在他的实验设计工作中，他提出了一种可以按照输入参数的不同组合测试生产运行的方法，然后使用统计方法来决定所有输入的最佳可能水平，这差不多算是人工智能的先驱了。我努力摈弃这两种方法，但我越是想这么做，越发意识到其基本原则是合理的，只是世界还跟不上而已。

几年后，我又开始写论文了，这次是坐在柏林新建的公共图书馆里，论文题目是《汽车工业中的协同规划》，其观点很简单：如果供应商和原始设备制造商建立联合团队、共享数据，并像一家公司那样端到端地规划生产，其效率效益将远远超过在合同谈判中损失的感知价值，因为合同谈判会让你对自己公司的运营失去宝贵的洞察力。在当时，大约 12 ~ 15 年前，公司之间开放并建立足够的信任来实现合作的做法仍然非常罕见。

这三个独立的事件都预示着公司将继续做出何种决策、开展何种活动。更重要的是，我们在未来十年最终将拥有足够的技术手段，从而围绕一个更互联、更高效和更好利用的供应链来实施我们的想法。

在这个前沿领域，我们将研究四个主题：从工厂开始研究制造业未来的样子，然后跳出工厂去研究仓储和物流及其未来的发展。接下来，我们将深入研究进入市场的不同路径，并研究分销（尤其是在分散的交易中）将采取何种方式。最后，我们将把逆向物流视为资源回收和返还废物的关键组成部分。让我们一探究竟吧。

未来的工厂

瓦哈德订购的"全球化"慢炖锅

当瓦哈德问女儿们开斋节想吃什么时，她们异口同声地喊道:"海里姆! 考尔马! 尼哈里! 帕雅! [1]"。斋月已经进入第二周了,她们都在禁食,刚刚度过他所谓的"饥饿悬崖",大约在第8天左右,身体才开始习惯了不吃东西,突然之间,长达一个月的禁食似乎不再是什么大不了的事了。但是,他想要开始为他的家人筹备开斋节盛宴,这次他想把菜肴做好,因为他妻子的娘家人要来拜访。她家人总是不相信,自己的优秀女儿怎么就嫁给了一个自行车修理工的儿子。要不是因为他的职业,其实也不算啥职业,他至少可以用他的烹饪技能来打动他们。瓦哈德打定主意要买个慢炖锅了,一锅慢慢制作出来的尼哈里炖牛肉会帮他实现内心的想法。他去了他最喜欢的电子商务平台下单,由此引发了一系列奇怪的事件,最终他在几天后收到了他的慢炖锅。故事开始了。

慢炖锅大致由六个主要部分组成——玻璃盖、根据上传图案定制的铝制外壳、陶瓷内胆、温控单元、电源单元以及一些把柄之类的塑料部件。这个设备很容易组装,制造成本和购买成本都不高。

首先是铝制外壳,在距离孟买不远的地方压制,压制车间直接链接到在线压制工作平台,该平台实时发布工作,要么是按规格制造的批量工作,要么是按订单制造的定制工作。世界各地的压制车间都可以承担工作,并承诺交付时间和价格。由于瓦哈德选择的是相当标准的尺寸,外壳可成批压制。接受压制工作的车间把若干批次的压制件合并起来,并在几个小时内做好了运往同

---

[1] 原文 "Haleem! Korma! Nihari! Paya!" 是四种菜名:Haleem 是中亚炖煮的一种菜;Korma 是咖喱味南亚炖菜;Nihari 是南亚最著名的一种炖肉;Paya 是来自印度次大陆的传统菜肴。——译者注

一家涂装车间的准备。同样，涂装车间也是平台的一部分，但它是一个高度本地化的业务，并且与压制车间有优惠协议，所以能够以低得多的成本提供定制的涂装工作。涂装车间本身做到了无人化操作，由一个机械臂读取瓦哈德想要印制在慢炖锅上的全家福图片，并对外壳进行涂层和喷漆。

温控单元和动力单元都是从英国预先运来的；在低成本劳动力和廉价生产方面，英国是当今世界的宠儿。脱欧确实让英国经济变得极具竞争力，人人都有工作，只是工资不高。不过，陶瓷外壳是真正的魔力所在，在这种情况下，品牌所有者拥有一项专利分层技术，可以以正确的方式对回收材料进行压制和分层。这些是预先从德国运来的，连同温控单元、动力单元和涂层铝外壳，所有东西都运到离瓦哈德的住所几百米远的一个制造基地。塑料部件是 3D 打印的，技术人员在十分钟内组装和包装好慢炖锅，对其进行了测试，这就算准备好了！下订单后的第二天，瓦哈德收到了取货通知，他只是顺便过来取走了他定制的慢炖锅。工业 4.0 帮助他赢得了岳母的肯定。

了解制造业的演进

工业 4.0 这个说法已经流行五年了。像往常一样，那里有一大群顾问，个个精通术语，准备部署据称经过尝试和测试的方法。他们将谈论传感器、自动化、数据、区块链、增强现实及其他一堆令人着迷的东西。但我认为，也许暂时抛开技术细节去思考基本原则是什么才有意义。通常，在工厂获得应用的任何创新应用场景都划归到工业 4.0 这个大范畴，尽管这么做很可能有用，但从长远来看却没抓住重点。我将讨论工业 4.0 与制造业有关的四个关键原则：去中心化、人机接口、自我调节和虚拟化（见图 6.1）。然后，我将尝试探索人类在完全 4.0 工业化背景下将扮演什么角色（如果有的话）。

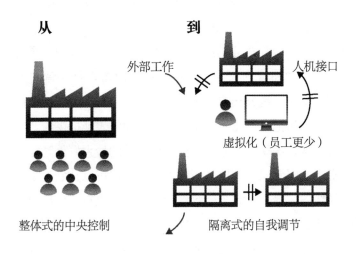

图 6.1 工厂里的工业 4.0

分散成具体的服务

在接下来的十年里，我们将看到制造任务开始大规模分散成具体的服务。这里需要考虑几层含义。首先，这意味着将没有什么中央生产计划机构来调度一件工作的所有步骤，相反，各个制造步骤将由服务提供商独立运行，服务提供商在接受工作时就会出面并自行优化。这种情况奏效的前提是：平台具备足够的安装容量，可以满足切实相关的工作所需，并且在公司遇到容量和调度限制时，它们会投资适当的资本来安装额外的容量。同样，闲置产能或非生产性产能将无法接收工作，只能关闭。

其次，制造可能不会集中在一个地方，巨型工厂的时代可能已经结束，这是因为连接性和远程操作可以确保零件无论在哪里生产，都可以按照相同的规格生产。在产品的组装过程更是如此，制造的后期最终将是真正的3D打印，或者消费者在家自行安装（就像宜家的产品那样），我们将会发现：最后组装的位置越远，距离消费者可能就越近。第三，透明的任务市场建立之后，这种分散将成为可能。这些市场有时可以是民营的内部市场，有时也可以是公开的市场，对工作主动展开竞标。承担这些工作的企业将把自己在质量和可靠性方面的表现提供给"客户"，以便根据这些表现合理分派工作。这样做的最大好处是能更好地利用资产，因专属需求耗尽而闲置的生产线可以开始为第三方执行工作任务。最后，完全分散将使具体的单位有能力决定自己的工作日程，这将为资产所有者创造适当的激励，使其专注于质量、效率和专业知识。这反过来将有助于生产出成本效益更高、功能更强劲和寿命更长久的产品，从而降低社会成本——田口先生会对此很满意。

接口的建立

随着广泛且几乎完全的自动化，在制造过程的大部分（如果不是全部）步骤中，机器将直接相互连接。整个价值链都可能出现这种情况，世界也许会变成这样：当预期的消费者需求（比如，对特定产品的需求）发生变化时，因为一群特定的影响者已经使其迅速传播，这些需求信息可以通过分销活动得到传播，瞬时传回到生产线，并贯穿组件制造和原材料供应整个过程，从而价值链上不同的分散化服务所有者可以相应调整自己的活动。同样，原材料在价格、可获性或质量方面的变化可能会很快通过整个链条向上报告给销售点和品牌，从而转化为有价值的消费者福利。

在这里，我不得不在软件开发中的模块化驱动之间进行类比，我们在第一章中讨论了应用程序被分解为与应用程序界面相连接的服务。尽管是在物理世界中，这里也会发生同样的事情。物联网和5G连接等技术将在实现机器对机器的通信方面发挥重要作用，而人工智能也将发挥重要作用，因为它与特别复杂的多元消费市场和原材料市场的需求预测相关。这种端到端的跨价值链协调能力将在供应链的各个阶段节省数百万美元的废弃库存，而最终的受益者将有望是消费者。

自我调节和灵活的角色

这些分散的单位通过直接接口与供应商和客户单位连接，因此，它们也将自我调节其运营，以保持产出质量并更改其配置，以执行更多种任务。机器将监控自己的输出并实时适应质量的变化，从而保持一致性，更重要的是，通过实时共享跨步骤的信息，还可以对制作过程中的后续步骤进行配置，以补偿不合规格的输出。由于自动化系统能够实时重新自我配置，相同的制造步骤便可以在最短的设置时间内同时适应和生产各种不同的规格。这将削减对多条生产线的需求，并减少制造单元的总体停机时间。

虚拟化

当你开始想象这个由小型工厂（有些是集中的，有些是分散在社区的，在地理上分布在价值链的各个阶段）组成的复杂网络时，要意识到该网络能完全正常运作的关键因素就在于制造活动是绝对透明、易于查看的。在这种未来的工厂设置中，每一台机器、每一次库存，无论是有多大多复杂还是有多小多简单，都将以虚拟方式呈现。由物联网传感器组成网络，由智能射频识别（RFID）标签不断更新供应链上的活动状态和产品位置。然后，这些信息将在虚拟世界中呈现，并服务于以下两大目标：为工厂工人提供合适的可穿戴设备，让所有可能的必要信息一目了然；为制造商提供一个简单的控制塔，让他们拥有完全的查看能力并能够深入到操作的最小细节，以确保任务按计划进行。异常管理，特别是根本原因分析将比跟踪那些分布在多家公司和多个所有者的一系列生产活动要容易得多。

人的因素

那么在这一切中，人会处于什么位置呢？我们购买和使用的每一样东西都会放入这些智能互联的供应链中实现最大程度的自动化吗？除了散布恐惧之外，我确实相信随着自动化的接管，工厂工作甚至计划类工作都会流失，这是不可避免的，试图保留工作而损害技术进步还可能丧失竞争力。但在这方面，市场力量也在起作用，让我们回想一下本书第一章所谈到的价值创造。机器人正在取代车间工人，这个事实本质上意味着他所做的工作已经不再增加增量价值，而只有机器人的工作能增加增量价值。换言之，买家和消费者都认为，对于机器人能够以更低的价格、更高的质量完成的工作，不值得支付额外的人工费用。

我认为这可能导致三种结果。首先，在某些领域，品牌能够让消费者相信人工制造或人工服务的产品确实具有一定价值。或许出于情感依恋，或许出于社会责任感，纯手工制造领域会继续蓬勃发展，聪明的公司会保留一些传统制造手艺并从中受益。其次，尽管说起来容易做起来难，但人们仍将转向其他增值工作。即使是跨代人的职业改变，也需要勇气和动力，我们之前谈到过人类倾向于坚守可识别的模式以节省精力。因此，有些人会成功，但并非人人都能成功，这将导致失业和民众不满，这是第三种可能的结果。民众普遍不满是最明显的中期结果，在这种情况下，我们将看到靠选票上台的政府可能会将工业 4.0 的发展拖慢十年或更长时间。但是，与那些社会能够集体转向全新职业模式的市场相比，出现这种情况的市场将继续丧失全球竞争力。这固然艰难，但其实是继续创造价值的唯一途径，否则我们的劳动力就有重返工作岗位的真正风险，他们为其他市场生产商品，得到的工资却非常低，甚至买不起自己亲手制造的东西。也许这就是史前时期农业开始形成时猎人的感受，现在是我们再次进行大转型的时候了。

现在要做的三件实事

那么，作为制造业的领导者，你渴望融入工业 4.0 的潮流，或许你已经开始想知道它的发展。以下是我给你的简单建议。

思考工业 4.0 的基本原则，而不仅仅是实现这些原则的技术。我的意思很清楚，使用区块链来获得更好的供应链可追溯性听起来很花哨，但它真正实现了什么？如果实行分散化，到底有什么帮助，还有其他方法来实现这一点吗？建立基于原则的工业4.0 议程，而不仅仅是基于技术的议程。问问自己：你将如何把制造解构为服务，而不仅仅是考虑如何安装更多的传感器。

开始建立控制塔，使端到端供应链完全透明。一旦立下一个雄心勃勃的愿景，你就会意识到，你所有的制造数据是多么分散，将它们集中到一个地方是多么困难。必须承认，构建数据线程需要耗时多年，现在就是最好的开始时机。

尽可能向第三方制造商开放您的企业。除了在内部制造方面拥有明显的技术优势和竞争优势外，访问并了解如何最好地利用第三方制造网络将是未来重要的价值驱动因素。未来成功的公司不是那些制造产品的公司，而是那些懂得如何最好地制造产品的公司。

未来的物流

贾登喝督威啤酒：全程无人配送

"贾登，你到了一箱啤酒！是从比利时运来的？"他的妻子一头雾水地问道。令她不解的是，为什么会有人从国外，甚至从另一个大陆订购什么东西。在她眼里，贾登也总是个谜，但她意识到她俩婚姻幸福的关键就在于相互包容。圣诞节期间，贾登像个孩子一样冲到那个纸箱前，打开后映入眼帘的是 12 瓶督威啤酒。督威是一款酒精含量高达 8.5% 的淡色艾尔啤酒，口碑极好，目前仍然属于比利时的一个家族的私人产业，并且只在那里酿造。贾登很在意原产地，他很喜欢酒精含量高的啤酒。

督威啤酒厂位于安特卫普附近，现在和大多数啤酒厂一样完全实现了自动化。尽管人工智能在市场影响指标上已经轻松超越了真正的品尝者，但品尝仍然由真人来完成。一箱箱啤酒在工厂里包装好，运到仓库，由机器人堆放起来，并在仓库管理系统上登记。在贾登订购前几周，一个出境出口集装箱就安排好了。最近有人在首尔看到著名的韩国说唱歌手"XtrimPayn"一口气喝完一瓶督威，这起"事件"导致督威的订单激增。一辆无人驾驶卡车装载几个货盘，运往安特卫普港。一辆无人驾驶的港口运输车将集装箱拉到船边并装上船。这艘船也是无人驾驶的，虽然有一名保安船员、一个工程小组和几名警员，但大多数时候他们在船上几乎没什么事。这艘船将集装箱运到釜山后，一辆无人驾驶卡车将货盘运送到首尔的一间仓库。就在那天晚上，贾登下了订单，他要求周末把货送到。

啤酒箱在仓库里放了几天，然后在预先约定的交货时间前四个小时被从货盘上取下来并塞进冷藏设备，再次由机器人负责冷却。离交货时间还有 45 分钟的时候，埃卡和贾登快速确认了一下："45 分钟后你可以收货吗？"贾登眨了两下眼睛（表示同意）。啤酒箱被从冷藏设备中取出，由机器人放在出站取货台上，那里有一群无人机在静静地排队等候着。等候队列里的下一台无人机俯冲下来，捡起纸箱，再度起飞。无人机离开现场时，安检员朴钟民坐在躺椅上，手里拿着计数器点了一下，他非常清楚自己做的可能是目前世界上最没用的工作——一门心思清点无人机。正好 30 分钟后，贾登的妻子收到了快递。

当然，这还不算结束，6 次宿醉喝完 12 瓶酒后，一辆无人驾驶的垃圾收集车将贾登的垃圾玻璃瓶放入它的"肚子"里，并带回当地的回收厂——顺便说一句，那里也是无人值守的。

了解物流的演进

围绕工业 4.0 的思想和我们在前面的主题中讨论的原则在制造业中一样有效，自我调节的原则尤其如此。这里所说的自我调节形成于仓储和运输的自动化过程，而分散化则形成于我所谓的物流"优步化"（Uberization）过程。

还会出现其他一些重要趋势，其中数字赋能将发挥关键作用。考虑到电子商务退货和回收需求，逆向物流将成为一个重要的增长领域。消费者对可持续发展的需求也将影响物流界，尤其会推动绿色供应链的发展。最后，全球贸易将发生重大转变，对进口产生影响。数字化将在帮助公司赚钱方面发挥作用，同时引导世界应对这些变化。在本节，我们将讨论这些问题，看看当今的技术状况，并了解包括初创公司在内的许多公司如何从这些趋势中受益并取得巨大发展。

自动化

运输和仓储空间的自动化将成为价值的强大驱动力，它将以多种形式出现：无人驾驶车辆、无人机、机械外骨骼和其他可穿戴辅助设备，以及整体管理和可视化系统（见图 6.2）。无人驾驶车辆有望开始在我们的陆路、水路和空中航线道路上行驶，先用于运货，后用于载客。尤其是在仓库区或港口等私人空间，无人驾驶车辆已经以某种形式投入使用，很快就会用于公共运输基础设施。这方面的共识似乎是：我们仍然会有一些人来"驾驶"这些无人驾驶车辆，但会以极低的人车数量比来运行。因此，想象一下卡车车队的队长坐在领头卡车的驾驶舱里，指挥整个卡车车队，甚至该车队不一定一直呈队列行驶。无人机已经谈论了一段时间，我认为很快就会得到小规模的商业使用。亚马逊的MK27无人机研发令人兴奋，从技术可行性和合规的角度来看，我们很可能在未来几年形成共识。无人机行业将紧随其后，虽然第一次应用会限制在较短的距离内，载重不超过5磅，但这方面可能很快就会取得迅猛发展。

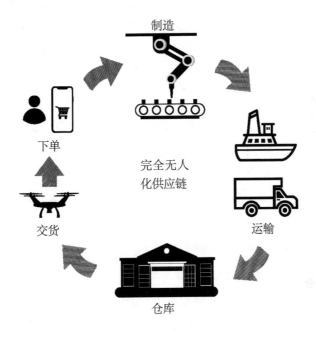

图6.2 无人化供应链

在仓库内部，机器人已经开始承担大量工作，电子商务巨头又一次率先发起这一变革。亚马逊公司2012年收购了一家名为基瓦系统（Kiva Systems）的机器人公司，现在更名为"亚马逊机器人"公司（Amazon Robotics），在亚马逊的仓库内有超过20万个基瓦机器人在工作。中国的阿里巴巴公司似乎尚未收购机器人公司，但其持有51%股份的物流公司菜鸟与中国的极智嘉和快仓智能科技等初创公司合作，在其仓库里有类似的机器人在运作。此外，扫描设备和智能射频识别标签使仓库内的储存和盘点变得容易。机械外骨骼的运用使工人能够从事所谓的重活，从而提高了劳动生产率。最后，大数据和人工智能驱动的仓储效率及物流管理系统使仓储和运输效果变得容易可见，并允许管理者对供应链进行端到端的优化，以缩短交货时间并降低成本。

优步化

我觉得，优步这家初创公司对商业产生了非常重大的影响，这是非常令人惊讶的。"优步化"就是利用现有资产，在开放平台提供闲置产能，以更好地实现资产货币化。物流基础设施，尤其是企业自建的基础设施，需要很高的资本支出，而且必须不断应对需求不确定性。在运输部门，数字平台已经开始在所有不同的运输方式中出现，并将在未来十年继续发展壮大。货拉拉和快狗速运等初创公司已经通过小货车实现了最后一英里的配送。自2015年以来，亚马逊公司一直在执行"亚马逊零工经济配送"计划，灵活完成最后一英里送货任务，到2019年，已经在50个城市推行该计划，在这些城市里任何人都可以注册后为亚马逊送货，一天能赚几百美元。此外，还新出现了若干优步化的卡车运输和货运代理平台，包括美国的飞协博（Flexport）、来拼卡（Next trucking）和印度的物流公司黑羚（BlackBuck）。

在优步化的仓储领域，我们也有像"福莱克斯"（Flexe）[1]这样的初创公司，它们实质上建立了一个开放的、标准化的仓库网络，所有这些网络都由统一的软件分层，各品牌可以按需访问仓库空间。将仓储作为一项服务[2]，而不是花费数百万美元的资本支出，这其中的好处是显而易见的，我们会看到这个领域在未来十年将出现激动人心的增长。更重要的是，像福莱克斯这样的公司可以直接从谷歌搜索中获得电子商务订单，并将其交付给任何品牌的消费者，这就是我之前在电子商务部分谈到电子商务服务分解时所说的内容。

逆向物流

所有收到的东西都必须在某个时候以某种方式还回去。这其中有两个不同的流程或两种不同的价值主张：其一是电商产品退货，其二是回收利用。本章将进一步研究回收问题，现在来集中讨论退货物流。几年来，电子商务的平均退货率保持在 10% 左右，运输成本通常占产品成本的 15%。当然，这些都是平均值，但给出了一个合理的数量级。这意味着，如果电子商务商家选择允许退货，将花掉高达 1.5% 的利润（不包括产品本身的成本）。请记住，我们在这里谈论的是零售利润，无论如何，这个利润都很薄。然而，能退货是购买电商产品的重要驱动力，所以不允许退货不是明智的选择。

高级分析和人工智能将在降低退货成本方面发挥作用，自

---

① 福莱克斯公司（Flexe）创立于 2013 年，总部位于西雅图，在其平台上可以把有仓储空间需求的公司和有仓储空间供给的公司匹配起来，从而改变了物流和供应链人员管理业务、应对库存高峰、获取收益及进入新市场的方式。——译者注

② 福莱克斯公司提出了"仓储即服务"（Warehousing as a Service）的概念。——译者注

动化和优步化也将如此。消费者喜欢将商品退回商家，因为这可以让他们立即确认退货和退款，我们看到电商商家已经对商品退货（和提货）地点进行了优步化。无人机和无人驾驶车辆可以直接从消费者那里取货，大大降低退货运输成本。但也许更重要的是，零售商将开发并使用高级分析模型来预测消费者退货的可能性，并将部分退货成本计入产品成本。他们会将返回的产品与其他类似的库存量单位匹配起来，并查看列表以重新考虑是否应继续销售这些产品。甚至也会利用退货预测模型向消费者推销退货保险。如果电子商务商家能够用人工智能准确预测出谁可能会退回何种商品，那么他们就可以通过销售针对产品不满意的保险来赚到相当可观的利润。

绿色供应链

公司将纷纷致力于确保其供应链是绿色环保和可持续的，或者说，确保供应链实现碳中和、无污染且节能。这将需要在技术和新资产上进行大量投资，大多数公司将根据我们在上一章讨论的道德声音，向消费者宣传公司的成就，以提升其品牌资产。例如，苹果公司几个月前宣布，十年后，其整个供应链将使用可再生能源运行，这一艰巨但值得称赞的目标意味着"到 2030 年市场上售出的每一台苹果设备都将对气候产生'净零'影响"。做出这样的承诺难道不令人惊讶吗？答案是肯定的，因此我们将看到许多公司效仿苹果公司。

极端可追溯性（extreme traceability）将是另一个重大突破，消费者通过扫描产品上的二维码，就能详细深入地了解产品在何处以及如何可持续地组合在一起。例如，你自己日常使用的产品中有很多都含有棕榈油，你对此可能感到惊讶；但围绕棕榈油对森林砍伐和劳动力剥削的影响会引发争议，你大概不会对此感到惊讶。数字赋能可以使消费者随时获得最新的信息，在做出购买决定之前进行参考。也许，区块链可能在建立供应链内可持续交易记录的准确性方面发挥作用，以确保没有围绕对消费者真正重要的主题构建虚假叙述。

未来的进口模式

最后，我想花点时间思考一下消费品进口和国际贸易的未来。跨境电商无疑正在蓬勃发展，未来五到七年内也肯定会继续增长。把来自世界各地的产品展示给千里之外热切的消费者，这其中的价值是显而易见的。但是，在21世纪20年代临近结束之际，我认为随着一些事情的发生，这种趋势将开始减弱或逆转。过去，许多国际贸易依靠劳动力成本套利，如今这种情况仍然存在并将继续，但这种套利的好处将开始变得越来越不够显著。届时，大多数市场也将开始在生产合适的商品所需的知识和技术方面自力更生。当今主要出口国的国内市场也是增长最快的消费中心，总有一天，这些市场的需求会变得非常大，公司为满足当地需求都得开足马力。

在我看来，这不是坏事。从社会最终福祉的角度来看，我们从千里之外运送廉价产品并消耗世界资源这个事绝对没有意义。回到第一章所讨论的价值创造逻辑，我认为当一个小镇工厂制造一个苹果手机外壳，然后运到另一个国家，以一次性价格出售给某个人时，绝对没有创造出价值，也可以说，其实还破坏了净价值。

现在要做的三件实事

到此，该结束关于物流未来的话题了，我可以再给出一些简单的建议。

就机器人和自动化而言，如果你还没有在这个领域投资，现在正是好时机。我认为，用不了几年无人驾驶技术就能取得突破，应该现在就开始行动。

从优步化的角度来看，在你的市场中，这个领域可能有一些初创公司已经建立了运输或仓储平台，即使现在规模很小，你也应该开始与之合作。

最后想想你的供应链，如果是绿色的，或者走上了一条通往绿色的好道路，请通过数字化来打造透明度，并就这个话题与消费者互动。除了市场利益，做到这一点还可以形成一个美妙的认知：你正在让世界成为一个更洁净、更健康的宜居之地。

市场路径的数字化

努诺的罪恶周末

埃德去欧洲出差了。总的来说，在这段时间，他出差越来越少，也越来越难。新冠疫情告诉世界，商务旅行成了无用之举，与其说是必需，不如说是一种奢侈，因此埃德这些天不得不减少出差。努诺倒是一点儿也不介意，有埃德在身边就很好，让他俩有机会真正花更多时间去一起发现生活的乐趣。比如说，最近他俩开始一起观看烹饪节目，并开始尝试自己做东西吃。现在人们很少做饭，虽然买到更好、更便宜的食材更容易了，但亲手感受食材、闻闻气味，以及在厨房里亲自创造幸福的感觉是不可替代的。这个周末埃德不在身边，因为他决定周末留在欧洲参加下周的后续会议，努诺打定主意做个宅男。这意味着整天看电视并沉溺于他最喜欢的三种食物：薯条、冰激凌和啤酒。

早前，努诺才十几岁的时候，从公寓往外走，隔壁就有一家名为"邻里商店"的街角小店。街对面还有一家，每当他在第一家买不到所要的东西时，就会过去买。现在当然有了三个小店，都在同一条街上，这很方便，因为可以买到更多的东西，虽然都没有什么特色。他走进其中一个名叫"D1"的小店，拿了些德国啤酒，那里的售价总是能很便宜，这源于这家店强大的进口能力。因此，他不会去"邻里商店"那里买啤酒。

他又走到那家"邻里商店"，他喜欢在这里购物，因为买完东西后总会与店主胡安就圣达菲足球队聊上十分钟。胡安三十多岁了，算是子承父业，但他父亲仍然坐在后面，成天看电视、喝咖啡、挑胡安的毛病。据胡安说，因为街道上都有了现代化的商场，他的店本身靠卖货赚的钱已经少了很多，但他仍然有大约一百个像努诺这样的忠实客户，在一公里左右的范围内免费为他们送货。商店前端有电商取货和退货、手机和iTunes积分、账单支付、自动售货机和咖啡机等服务点，后端有塑料瓶退还处、肯德基迷你加盟店等，这些服务占到了商店收入的80%以上，足够他的家人过上舒适的生活。哥伦比亚有成千上万家像这样的商店，虽然它们事实上都是独立品牌，但都在谷歌的店面平台上运行，这有助于商店保持低运营成本，从而赚到更多钱。

努诺从胡安那里买了两袋薯条和两品脱冰激凌。薯条是胡安从一家全国性的零食经销商那里买的，经销商给了胡安很多额外的好处，比如商店的促销商品，并帮他安装了一台 POS 机。事实上，胡安大约有 40% 的产品是从这家经销商那里买的。去年，他甚至因成为哥伦比亚 100 强商店而获得了薯条品牌的奖励，他可能应该归功于努诺，因为所有薯条都是被努诺买走的。冰激凌是一种特殊的类型，是胡安在大型电商平台上买来后卖给努诺的。努诺当然也可以自己去同一个平台买，但胡安可以批量购买，然后以便宜得多的价格卖给努诺。

努诺匆匆赶回家，他想一口气看完《指环王》加长版三部曲。他当然想念埃德，但这将是美好的一天，他一边这么想，一边打开一瓶冰爽的德国小麦啤酒。

演进的关键要素

我们把产品分销到不同的店面来让消费者抢购的方式也将在未来十年发生变化。工业 4.0 的透明度原则将在很大程度上适用于这方面，并最终为终端消费者增加价值。尤其是在分散零售比重很大且存在多种不同进入路径的市场上，对市场正在发生的事情缺乏可见性一直是品牌感受挫败的根源，数字赋能将提供一个解决问题的答案。虽然现代零售业的出现是不可避免的，但我认为传统零售业的现代化本身是提高效率的另一条途径。这在以前是不可能的，但现在有可能做到了，因为技术比以前更先进，而且可扩展性更强。在本主题中，我们将通过分析五个项目来审视这种演化。首先，我们研究现代贸易的出现以及这将如何改变市场，然后我们将研究未来的夫妻店及其发展。我们还将研究数字化如何提高面向商店进行分销的效率，以及店主如何发现更多提供给他们的商店服务。最后，我们将了解商对客（B2C）和商对商（B2B）市场在最终状态下实现融合的方式。

整合分散的交易

毫无疑问，现代零售业将在发展中市场里继续增长，并在未来十年或更长时间内赶上发达市场。在现代零售业中，更有可能保持其相关性的分销渠道是小型便利渠道。从消费者对快消品的购买需求看，我认为每周的囤货之旅都会转向电子商务，因为它的便利性无与伦比，十年时间足以养成这个习惯。上一章讨论过的大型目的地现代零售店仍将发挥作用，消费者每个月会去逛一圈。但是，对于一周当中的快速购物，尤其是当消费者在任何情况下都需要外出购物时，便利店这种形式会依然显得很重要，甚至会扩大分布范围。但在便利店内部，我们会发现有一种力量，吸引便利店不断扩大规模、增加商品种类，进而变得更像是迷你超市，而非小便利店，这方面的证据已经显现。这样看来，我们将有非常大的目的地超市，可以每月去逛一次，也有电子商务，可用于每周囤货；还有大型便利店，一周当中想去就去。那么夫妻店呢？我觉得夫妻店还是会有一席之地，对微出行、微电商（我可能是首次在此提出这些术语）来说，尤其如此。来去匆忙的购物之旅，因为完全没有计划，不值得为单个商品支付运费，但依然可以去社区小商店，这不是因为便利店不能提供服务，而纯粹是因为位置离得近。所以，努诺没有去 D1 店，去的是街对面的夫妻店，只是因为它更近。至于微电商，努诺也会让胡安免费配送一小篮东西，因为 D1 这种店不提供免费送货。但是，如果 D1 这种店负担不起免费配送，为什么胡安就可以做到呢？

未来的夫妻店和商店经济学

上述问题的答案在于，夫妻店对消费者的价值主张需要做到有所不同，经营商店的基本经济模式也得有所不同。我们先来研究商店的价值主张。像胡安的商店一样，未来夫妻店的收入中可能有 80% 来自辅助服务，只有 20% 来自快消品销售。夫妻店过去最有价值的资产是它们为消费者采购并销售商品的能力，随着现代零售业和电子商务的发展，如果不能以更低的价格买到更多的产品，这种能力将来会消失。夫妻店能维持的优势就在于它们的位置和特色，而成功的小企业主（可能是其儿女），会懂得如何利用这种资产来发挥自己的优势。

因此，未来的夫妻店将出售各种注重就近性的服务，这些服务可能属于便利店所提供的服务的一个子集，但其本身并没有规模优势。例如，在商店里放置一台自动售货机，将有助于商店把以下因素转化为利润：商店位置、电子商务取货 / 退货点、电子钱包加载点以及任何因贴近消费者而让其受益的服务。夫妻店随后还能通过向上销售等手段向等候服务的客人再出售占比约 20% 的产品，夫妻店会参与到庞大的购物者人际关系中，这将确保低廉的定价和良好的盈利能力。最后，从经济学的角度看，与大型现代交易连锁店愿意接受的商店资产回报相比，夫妻店店主总是愿意接受更低的商店资产回报。这个因素很重要，因为它将使家庭能够在大公司无法经营自家商店的地方，以较小的规模拥有并经营商店。

进入市场的新途径

在我成长的西印度小镇纳希克（Nashik），有些家庭只是简单地"获得特定品牌或产品的代理权"，就在一代人时间内积累了可观的财富。那些人代理的可能是饼干、汽油和天然气、品牌服装、油漆或摩托车。这是印度国内的市场进入路径发生演变的第一阶段，所有发展中市场都大同小异。随着时间的推移，由于品牌开始向其主要经销商指派装备更好、更训练有素的销售代表，而且越来越多的企业家寻求进一步深化品牌的影响力并从消费者需求中获利，而出现了大规模的批发渠道，这种情况发生了一些变化。这就确立了我成长阶段的市场进入路径，它至今仍然存在于大多数市场。随着千禧年的到来，品牌经受了一场现代化的狂欢，现在我们有了更好的分销商管理体系、自动化销售能力、店内促销人员、第三方销售队伍等，许多公司仍处于这一阶段。真正的颠覆正在到来，随着消费者转向电子商务和现代贸易，一般交易深受其害，分销商因利润萎缩而停业，销售代表正忙于寻找更好的机会，批发模式依然像黑匣子一样让人摸不着头脑。那么，接下来呢？

数字化赋能将有助于使进入市场的路径实现现代化。我们将看到大型、高效、多渠道、多品牌分销商出现，它们将整合线上及线下跨品牌、跨地域和跨渠道的分销。规模优势，加上对更有效的技术赋能的关注，以更好地利用包括开放平台在内的销售资源、仓储资源和车队资源，就像我们在前面的主题中讨论的那样，更高的数据透明度和通过品牌实现货币化的仓储洞察力等，将使大型分销商获得可靠的利润，让品牌从根本上摆脱分销业务。许多品牌不知道的是，大型电子分销商已经出现，它们将以更好的技术管理在线渠道。用不了多久，这些在线分销商就会意识到，对其在线服务的品牌来说，实现现代化的线下分销将是一个多么不可思议的好机会。

商店整合者和商店服务

在过去的几年里，我们看到中国出现了数字化分销通路（eRTM）市场参与者，且引发了大量讨论，该市场主要由阿里巴巴的零售通和京东的新通路所把持，目前它们声称已覆盖了300多万家夫妻店。在接下来的十年里，我们将继续看到该领域会在全球范围内涌现出商店整合者和服务提供商，它们要么是充当我们之前提到的那些夫妻店的品牌技术分销商，要么是充当它们的辅助服务提供商，或者两个角色合为一体。

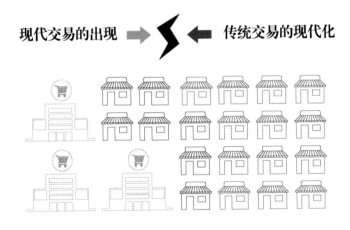

图6.3 传统交易的现代化

商店整合分销商平台将能够向夫妻店展示现代零售商在确保库存方面同样具有规模优势，还能够帮助店主更好地进行商品的推销和销售（见图 6.3）。更重要的是，这样的平台将能够捕捉店主的经验知识，将其综合起来并转移到市场中以从中受益。店主常常被视为这些平台的主要受益者，因为他们接受了技术和更优惠的价格；但平台本身，作为线下零售领域的新手，将从客户信息收集洞察和实际数据中获得同样多的回报，例如，服务商会提供安装智能 POS 机这样的服务。

B2B 市场

最后，我还设想在某一时刻 B2B 和 B2C 市场之间会完全融合。尽管大多数电子商务参与者不愿承认，但即使在今天，大部分电子商务采购都是由小企业进行的，然后再将其出售给价值链的下游。这是因为电子商务的折扣水平有时使经销商在网上购买并销售给消费者比通过当地分销商购买更实惠。品牌将与平台一起，找到一种方法来保持 B2B 与 B2C 销售之间的价格差异，例如：为经销店提供会员特权，为大宗采购提供更优惠的价格，并将这种"地下"交易合法化。

现在要做的三件实事

所以，这就是我对分销在未来十年，尤其是在分散交易中发生演变的看法。对于受此影响的公司，我主要有以下建议。

首先，为你最好的网点创建并启动网点计划。你可以与技术提供商和电子分销商合作，并开始将你的渠道转化为真正的商业模式。另一种选择是丧失对第三方的访问权限，而且不得不向第三方支付费用，才能在将来访问你自己的网点。

但要明白，网点本身的世界比你的品牌大得多，所以你需要为网点建立一个远远超过品牌本身的设计方案。另外，将80%的设计方案集中在增值服务上，你希望网点未来从这些服务中获得最大的收入。仅仅提供产品供应并不足以让网点坚持你的计划，这很容易被竞争对手复制，他们愿意为网点招聘承担更大的损失。

找几个规模较大的电子分销商，开始与他们讨论你的市场进入路径的重大转变和数字化。对于品牌和分销商而言，积极主动地迈向可能的未来显然比被财力雄厚的外部参与者吞并更有好处。

未来的循环经济

巴特喜欢成为"绿巨人"（the Hulk）

在一个星期六的上午10点钟，巴特听到了送"冰激凌"的小车发出的熟悉的叮当声，这是宝洁公司（P&G）安排的配货车绕行长岛时发出的声音。这是宝洁公司"无包装计划"（package-less initiative）的一部分，在该计划中，移动补充站将巡回活动，方便消费者用合适的产品填充入自己的永久性包装，并根据订阅服务和实际消费收费。当然，与直接从货架上购买相比，这对巴特来说要便宜得多。他给自己补充了一些碧浪（Ariel）洗衣粉、当妮（Downy）洗衣剂和海飞丝（Head&Shoulders）洗发水，给吉尔添置了一些潘婷（Pantene）洗发水，还补充了一些汰渍洗衣球（Tide pods）。"呼！"，他听到自己的积分上又闪出了一颗绿色星星的声音。

当天晚些时候，巴特收到泰特利斯品牌发来的一些新的高尔夫球服和高尔夫球，这些东西全都包装得非常精细，一层层塑料、纸板，还有气泡包装。巴特仔细对这些包装分类，并按正确的方式投入垃圾箱，就像十年前席卷全球的"垃圾入箱，分类投放"运动所要求的那样。有人说，那场运动可以与20世纪80年代的"坚决说不"运动相媲美，而且它更有效，因为街上的垃圾少了很多，但不幸的是，他不能针对毒品说同样的话。这些天巴特通过电子商务买了不少东西，他每周都要分类和投放数量惊人的回收垃圾，知道其中大部分是可回收材料让他感觉很好。当他今年的回收量达到100千克时，他又听到了"呼！"一声。巴特明白，他投放的所有废物都是有价值的，事实上在有些国家，他听说有些公司通过"开发"海洋和陆地的塑料垃圾填埋场确实赚到了数百万美元。特别有趣的是，沙特人在预期石油耗尽的情况下，立即买下世界上最大的垃圾填埋场和世界上最大的垃圾场的海洋开发权。

晚上晚些时候，巴特路过当地的CVS药店，他意识到忘了自带瓶子，这种情况很少出现，于是他决定买一瓶水。那个瓶子是聚酯食品包装材料（PET），上面写着"废物中性"（Waste neutral），这基本上意味着，他为这瓶水支付的价格已经包含了从环境中捡起一个类似的PET瓶子的成本。只花了几美分，他当然不在乎；但那几美分中的一部分以绿色星星的形式记入了他的账户，他又听到了"呼！"一声。

回到家，巴特决定坐在屋后阳台上看日落，享受美丽后院的宁静。他想起了以前的艰难岁月，在经历疫情、经济失衡和种族歧视加剧后，他对这个世界有过担忧；但他也看到了一些好的事情正在发生，那就是人类变得谦逊了。这是结束浪费的开始，他当然希望这种状态持续下去。他看了看手机，发现自己已经得到了 1000 颗绿星，现在有资格在绿色超级英雄计划中升级为"绿巨人"。他喜欢成为"绿巨人"。

了解循环经济的演进

我们如何减缓废物产生的速度，以及如何处理当前已经出现的废物，这个话题非常重要，我当然想把它写入本书。这不仅是因为我认为它很重要，而且还因为我认为在未来几年内，这个问题的影响将非常严重，世界将别无选择，只能应对它。数字赋能将在这方面发挥重要作用。我认为有必要在此提出我的观点：一方面显然需要让世界意识到这个问题，另一方面更需要动用世界

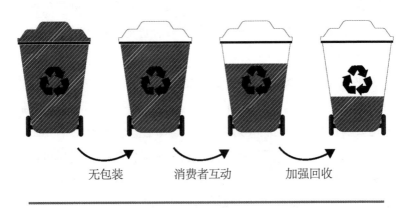

图 6.4　逐步减少塑料垃圾

的资源（特别是资金）来集中解决这个问题。正如前面所讨论的，有价值，资本才能流动；有钱赚，人们才倾力而为。当舆论领袖在集会上高声疾呼末日场景，而反对的声音更加强烈之时，我希望我们当中有许多人会撸起袖子，开始以各种方式创造价值，实现废物回收再利用。我将在这里讨论的要点有：无包装解决方案、消费者教育、退货物流及回收能力、消费者定价和总体透明度（见图 6.4）。

无包装解决方案

你最先想到的很可能是完全摒弃包装，为实现这个想法，当今世界开展了一系列实验。例如，星巴克致力于为它们的冰镇饮料推出一款新杯子，这种杯子不用吸管，但盖子上有一个细长的壶嘴，你可能已经用过了。

这种杯子不用的是吸管，而不是包装。有一种溶解性包装，使用时总是会融化，还有用蜡和海藻等天然材料制成的包装，有些海藻包装甚至可以食用。虽然这些实验很重要，需要继续获得关注，但我个人更希望可回收玻璃瓶之类的多用途容器能卷土重来，而且像巴特使用的那种补充站能被广泛使用。亚洲的缪斯（MUUSE）和比利时的古德丽思（Goodless）等公司已经开发出带有射频识别功能的智能容器，可以被跟踪、重新补充，并根据补充情况向消费者收费。捷克的米瓦（MIWA）实验围绕智能容器创建了一个完整的系统，这是我心目中无包装解决方案革命的先驱。

想象一下，你总是随身携带自己的瓶子，里面有内置芯片，你可以在任何自动售卖机上使用，并且芯片可以确保你只为自己所买的东西付款。甚至，你也可以经常租一个容器，它类似于单车共享应用，如果不返还，就会被罚款。这些诸如此类的数字化应用场景将在很大程度上确保从一开始就降低塑料的使用量。

收集系统和回收工厂

大多数大公司雄心勃勃地承诺，到 2030 年达到零废弃（zero-waste）状态。现在已经有大量的塑料被收集起来，虽然距离实现目标尚远，但不再是零起点了。事实上，如果世界上所有的公司都拿出一大笔钱，我们可能会把所有塑料全都收集起来，问题就会迎刃而解，但这需要付出疯狂的努力和金钱，我们只能徐徐图之。首先，大多数公司会试图人为拉高回收塑料的价格；换言之，它们会对塑料收集行为赋予更高的价值，以此吸引更多的企业家进入塑料收集行业，并有更多的资金建立必要的收集设施。

遗憾的是，废弃物收集业务碰巧掌握在世界上一些最不透明的组织手中。在这方面，数字化将通过以下方式发挥重要作用：建立一个透明、可靠的平台，在这个平台上，品牌和回收厂可以从收集公司购买回收塑料，且塑料的价格和来源绝对透明。或许区块链可以有所作为。同样是这些平台，可以让消费者扭转自己的塑料足迹，这跟碳抵消平台可谓异曲同工。可以想象一下，你给自己买了一箱瓶装水后，便可以去塑料收集平台购买一箱有价值的"收集行为"（本质上是让世界其他角落的人出去收集十几个空瓶子），在这个过程中不仅创造了价值，还创造了就业机会。

消费者教育和废弃物回收

塑料越处于链条的下游，位置越分散，回收的难度和成本就越高。在某个时候，公司将不得不承担越来越高的回收价格。在从消费者到回收厂的整个处置链上都采取行动来降低回收的难度和成本是有意义的。做到这一点的最好方法是动员消费者尽可能多地参与回收，公司将找到一种方法来教育和激励消费者发挥自己的作用。一旦扫描包装上的二维码，消费者就可以得到如何处理包装的明确指示，甚至引导消费者将其直接送入最近的垃圾箱。

公司也将依靠消费者来进行收集，这方面一个很好的例子是塑料银行，其注册会员可以收集塑料并获得食品杂货、学校教育和医疗保险等回报。这固然也有提高弱势群体负担能力的考虑，但我认为即使在发达市场也能奏效。我们将看到品牌借助对这个话题的强烈反应而大张旗鼓地吸引消费者积极参与收集工作，并通过促销活动或忠诚积分获得回报。就像我们在消费者互动前沿中所讨论的，数字化可以实现这样的收集互动平台。消费者可以将他们收集的废弃物带到存放中心，只需将废弃物装箱并将消费者的设备与智能垃圾箱同步即可获得信用。

消费者定价和建立地位

除了在收集和分类方面伸出援手外，大多数消费者只会在购买产品时支付收集费用。回顾一下包装商品的历史会发现，消费者最初买下的是那些在杂货店里包装得较为松散的商品；后来有人发现可以包装和运输商品，于是消费者不仅购买产品，还购买便携性，这样就把产品和服务捆绑在一起了。又过了几年，进入塑料包装时代，现在消费者购买的是产品、便携性和轻便易处置的塑料。

现在，消费者一方面要求自己不能污染环境，另一方面又不愿意停止使用重量轻且负担得起的包装，这在情理之中。品牌需要为产品增加另一层服务，从而现在消费者获得的不仅是产品、便携性和轻便性，而且还要确保塑料很快就会被回收到某个地方。只要对自己有价值，消费者什么都愿意做，同样的道理，消费者现在需要开始为这项额外的保证服务付费。这听起来有点像逃避责任，但大多数公司对待塑料问题是认真的，甚至愿意承受财务损失来着手解决这个问题。但事实依然如此：消费者要想有所得，就得同意为之付费。这有点像我们多次谈到的电子商务中的免费送货。

品牌可以利用数字互动平台，通过促销甚至给予消费者身份奖励的形式，就像我之前想象的绿色超级英雄概念一样，向消费者回馈部分价值。

透明度

由于整个塑料回收行业会在未来十年以某种方式隆重登场，我们将需要为所涉及的基础活动创建完全透明的平台。例如，可以尝试创建以下类型的平台：让消费者了解特定产品的包装是如何组合起来以及消费后包装会发生何种变化的平台，这将有助于消费者做出更合适的购买决策；让消费者、公司和政府查看废弃物的不同流向以及任何特定地方的废弃物存量，从而可以解决这一问题的平台；让收集者查看回收商的出价、回收商查看出售方提供的废物的来源和质量的平台；让公司查看实时的销量和价格以便做出适当的采购决策的平台；展示激发回收业的附带利益（包括创造的就业机会）的平台，等等。但最重要的是创建某种全球性的可视化工具，在时代广场（Times Square）、埃菲尔铁塔（Eiffel Tower）或哈里发塔（Burj Khalifa）不断展示，对正在回收的数百万吨垃圾进行倒计时，因为我们共同致力于完成在未来几十年里将废弃物减少到零的任务。在汇集所有这些数据并确保其公平、准确和良好的代表性方面，数字赋能显然将发挥重要作用。

现在要做的三件实事

我相信大多数公司都受此影响，对于这些公司，我想提出如下建议：

首先，不要把废弃物回收视为问题，它其实是机会；消费者希望我们回收废弃物，这是创造价值的机会，我们需要弄清楚如何在赚钱的同时提供这种机会。教育你的消费者并让他们参与进来，不仅仅是作为舆论领袖，而是更多地从"众包"的角度出发，通过创建互动计划来进行地位或废弃物信用的价值交换。

投资无包装解决方案。"冰激凌"配货车看似噱头，但达到一定规模后，会出现一个潜在的突破性商业模式，你需要对你的业务进行评估。

最后，投资要有透明性。问题只有在解决后才会消失，而不知道问题是否正在解决、解决到什么程度，比根本不采取行动更糟糕。

行文至此，第五个前沿就是：产品如何制造、仓储、运输，通过价值链分销给消费者，以及包装如何返还回收。我们在这个大范畴下涵盖了各种不同的主题，传统、单一的产品制造和分销方式将在未来受到严重挑战。供应链的分解和在每个阶段引入开放平台市场将使制造和分销过程更加复杂，但也更加高效。有了这些，我们现在准备进入六大前沿中的最后一个，这是关于公司在数字赋能的未来将如何与其各种利益相关者一起运作。

第七章
共生与合作

7

　　我们应该感谢我们所生活的时代。通常情况下，我们当中大多数人都拥有温暖的家，在舒适的床上醒来，享受一日三餐的美好。我们可以将周末与工作分隔开来，工作也差不多能做到朝九晚五。公司为保证大家的安全会制订工作行为规则，雇主也会花钱对员工进行培训，给员工配备笔记本电脑，支付出差费用并提供各种其他福利。

　　倘若我们生活在过去，比如说 1905 年，当时工业革命正紧锣密鼓地进行，我们的生活定会有所不同。十几岁的孩子得和我们一起去工厂和矿山劳动，上 12 小时的夜班，收入只有成年男子的 10% ~ 20%。倘若我们生活在 1800 年的法国，恰逢法国大革命时期，我们的工作得按照所谓的"十进制"工作周走，十天中只休息一天。有趣的是，现代的双休日起初是工厂和工人之间达成的一种非正式安排，从而那些想在周六晚上一醉方休的工人可以在周六下午两点就不用工作了，并承诺他们会在周一早上清醒过来，精神抖擞地工作。我仍然记得在我做顾问的时候与一位日本同事的一次很有意思的对话。住在荷兰的我说："我一年有25 天假期。"那位日本同事回道："就这些吗？我们在日本有 50天假，每个星期天都休息！"倘若我们生活在工业革命前期，每天得工作 12 到 16 个小时；工作条件还很糟糕，没有空调，没有暖气，除非是直接站在高炉前工作。每小时我们可以赚到 10 美分左右，而且在工作中发生事故和死亡的可能性要比现在大得多。

但是，人们一抱怨，情况就有所改善；再抱怨，情况又有所改善；于是继续抱怨：我们想要免费伙食、加薪升职、周末休三天，想要灵活的工作条件、更好的办公空间等。这倒无可厚非。抱怨并给雇主造成恼火的损失是一个绝佳的杠杆，可以撬动它来对我们为公司付出的时间和精力进行重新定价。但重要的是要明白这仍然是一个市场，雇主就是买家，对其股东负有义务。对小企业来说，股东可能是他的家人；对大公司来说，如果你拥有股份，股东可能就是你自己。雇主的义务就是通过雇佣投资回报率最高的员工来（为股东）提供尽可能多的回报。简而言之，没有人天生就有资格拥有工作，我还没有读到过上帝说的"要有工作，让每个人都有工作"的经文。

当然，自从工业革命以来，工作条件已经有所改善，世界变得更文明、更广阔、更现代化，但令人惊讶的是，就业市场一直没有发生什么变化，如果说有什么变化的话，那就是在自由度方面比一个世纪前差多了。其主要原因在于，就业市场如今与政府型市场（market for Government）密不可分。从本质上讲，政府型市场上的政客希望人们向他们出售民主支持以换取社会服务和安全等，同时他们通过实际薪酬、地位名誉或一些帮助他们实现自我价值的意识形态目标等途径来为自己赚取"利润"。在雇主和政府互利合作的领域，员工是赢家，这样很好，有点像本书前文提到的航空公司和信用卡之间相互依赖的例子。

在未来十年左右的时间里，数字化将改变这种三方关系的基础架构，并且我们将在这一前沿领域讨论这个问题。我们从公司财务的未来入手，看看将来在一家公司担任首席财务官（CFO）意味着什么，然后我们将转向就业和就业能力，看看随着时间的推移将会如何发生变化。我们将讨论未来十年的领导力，以及员工的思维模式需要如何演变以应对所有的变化。最后，我们来探讨政府的未来。下面我们深入研究这些问题。

公司财务的未来

奥丁这位 CFO 的生活

奥丁的父亲也是一位金融专业人士。早在 21 世纪初，奥丁就喜欢他父亲那干净利落、超级专业的样子，从那时起他就决心长大后也要投身金融业。但耐人寻味的是，奥丁印象最深的是他父亲深夜下班回家时累得筋疲力尽的样子，很难相信干一天工作就能把西装和衬衫弄得皱皱巴巴的。但奥丁觉得那很酷，那就是 20 世纪 90 年代全心投入工作的金融男的光辉形象。奥丁若是了解真相就好了——他父亲其实很讨厌自己的工作。当然，他可能在真正有战略意义的事情上花了 20% 的时间，但大部分时间都花在拼命寻找组织中任何能对得上的两个数据，而在月底结账时，他绝对会忙得昏天黑地。如今当奥丁和父亲聚在一起，回忆那些日子的时候，他对那些事情完全无法认同。

奥丁目前在一家中型公司担任 CFO，但和他父亲的职业似乎截然不同。

周一是奥丁的业绩日。他会留出几个小时，去数据室与他的市场部领导沟通，以了解公司业务运作的细节。数据室堪比美国宇航局的控制室，有屏幕和实时数据，一切都是全自动化的，准确无误。甚至还有一台 AI 机器，可以显示他们需要查看的所有关键话题。他喜欢所有谈话都是关于某事为什么以某种方式发生，而不是试图一上来就了解发生了什么事情。上周慕尼黑的订单量似乎有所下降，他们就做了一个快速的调查，发现这件事发生在慕尼黑的一个地区，尤其集中在以沙拉三明治为基础的餐点。AI 机器认为，这可能与最近爆出的当地新闻有关，报道称烤肉串的地方存在卫生问题，这可能会导致消费者远离这类美食。奥丁的团队决定提升印度食物的透明度和知名度，因为 AI 机器显示中东和印度人的口味偏好之间存在良好的相关性。奥丁每周都这样做，并且每天都针对最重要的城市这样做。随着竞争日益激烈，消费者越来越聪明，税收越来越多，利润却在逐年下降，奥丁及其团队不得不每天都通过提升一点效率来保证持续赢利。

这个月临近结束，财务团队将迎来轻松的一周，结账完全实现了自动化，月度目标已经完成，所以他们决定在月底休息几天。奥丁本人打算周末花些时间去完善公司的第五次 ICO，最后两次 ICO 获得了非常多的认购，他们期待能尽快筹集到更多的资金，特别是为他们的豆浆生产业务融资。这是完全不同的业务路线，他们要与一家小众家电制造商合作推出一款家电产品，必须打造一个高质量的大豆供应链和品牌。要编制不同形式的损益表和不同形式的资产负债表，并利用不同的杠杆来创造价值。这就是现今企业的商业模式。

他没有遭遇到他的父亲当年在经营企业时不得不面对的麻烦，但他需要更广阔的视野，才能在一个公司内部推动如此多种类业务的业绩。奥丁喜欢这样，他很喜欢做 CFO。

演进的关键要素

未来的 CFO 和财务职能将与我们今天的模式大不相同，而且这个未来正在我们眼前逐渐展现，因此未来十年将是至关重要的。一般来说，财务职能将从注重流程的维护性职能转变为组织中更具战略意义、更有贡献的职能。在本主题中，我们将讨论发生这种变化的几个主要领域。首先，许多由财务部门完成的乏味重复的工作将实现高度自动化，从而为从

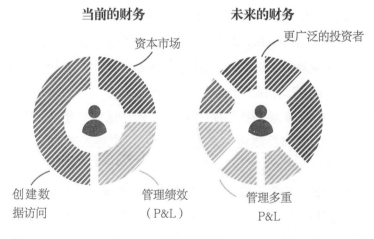

CFO 的思维转变

图 7.1 CFO 的角色转变

事这些工作的员工腾出时间。接下来，我们将看看数据可用性如何无缝地对接，以前难在提供可用的数据，现在则难在如何利用可用的数据。将来尤其重要的是数据在提高盈利能力方面的作用，这将在未来十年受到严重挑战。公司将纷纷在内部开展多种业务模式，财务部门将不得不加以应对。最后，我们将探讨筹资新方式，这些方式将成为主流，并为那些拥有知道如何在未来筹资的 CFO 的公司提供绝佳的机会（见图 7.1）。

超自动化

机器人过程自动化是几年前开始出现的另一个流行语，它将成为发展的一个重要组成部分。RPA 本质上是一种观察人类如何完成具体的重复性任务，并对类似的工作流程进行数字化模拟，从而让人类摆脱重复性任务的行为。这与软件解决方案的自下而上构建不同，后者由执行特定服务并通过 API 进行通信的模块所组成。RPA 与复杂的大型软件实现不同，做过"SAP 项目"的人会懂得 RPA 只是对现有的工作方式进行分层，从而帮助人们逐步从重复的工作中解脱出来，而不是一次性完成大型软件实现。本书第一部分谈到了低代码，像奥特系统（Outsystems）这样的公司已经建立了强大的业务平台，有了这些平台，公司可以通过把功能拖拽到模板中来构建自己的、支持内部流程的应用程序。

随着公司纷纷采用 RPA，它们将需要思考三个问题。首先，在哪里使用标准自动化，在哪里使用定制自动化，因为对公司特有的流程进行的定制越多，成本就越高。例如，我们看到很多初创公司并没有定制，只是从市场上购买 RPA 模块，并围绕软件建立自己的组织模型，从而节省数百万美元。第二，需要设计多少人为干预。当然，作为最后的检查，人类的干预是必要的，但说实话，在检查事情是否做得对这方面，人类可能已经比软件差多了。所以，我认为，是否拥有人机界面，会更多地从分配责任而不是提高效率的角度来考虑。最后，是选择外包还是内包。多年来，大多数公司都尽可能使用流程外包，在这种情况下，在印度，人力是比自动化更便宜的选择。也许在未来，RPA 是比 BPO 更划算的解决方案，我们将看到混合模式的出现，即公司外包，但要求 BPO 提供商使用 RPA 来证明成本在逐步降低。

实时绩效管理

在我做顾问的那段时间里，公司给客户带来的大部分价值都是基于公司有能力在客户的组织中部署先进的数据处理器，这些数据处理器在项目的前四周挖掘、分析数据并以 200 页 PPT 的形式呈现出来。这只会打击客户的管理层，因为大多数客户一直以来都极度缺乏数据和洞察力，以至于需要一个专家团队每月花费 50 万美元才能获得洞察力。对于新成立的公司来说，情况就没那么严重了，而且在未来 10 年里，大多数公司都不会出现这种情况。对于咨询公司来说，这或许不是什么好消息，因为它们现在不得不依靠咨询服务的质量来突显自己的价值。

所以，想象一下每周的绩效评估会议，你和你的团队坐在一起，查看红绿双色世界地图上哪个国家产生了最多的现金流，因为你足够老道，懂得对你的企业来说现金流才是真正重要的。你双击标红的中国，你的中国同事说："但中国不一样"。你说肯定是一样的，你双击某个特定的品类，再双击一个标红的特定品牌，然后是标红的特定省份。这时你会发现在这个品牌和品类下有一个客户表现欠佳。你继续双击，会看到一个方差分析，显示业绩下滑不是因为缺乏广告、定价不当或产品不够好，而是因为货架份额下降了。你点击视频通话按钮，打电话给负责该客户的销售代表，让他解释业绩下滑的原因，他对你说贸易条款谈判进行得很糟糕。你可以告诉他，他可以自由地将条款提高 50 个基点，因为这种做法不会影响到公司的现金流。一周后，红色就消失了。这种对多个来源的绩效数据进行整合的能力，以及为了提高在市场上进行正确变革的速度和效率而自动寻找根本原因和解决方案的能力，将成为公司重要的价值驱动力。这涉及来自很多不同平台的数据集成，而且可以肯定，诸如 Fivetran 之类的数据集成公司已经成功涌现，它们将所有的时间和精力用于为不同的数据源开发标准化连接器，以便将其导入到 Power BI[①] 或 Tableau[②] 这样的数据集和可视化工具。

关注生产率

生产率已经超越经济增长而成为企业新的头号任务，或者说，在几年后将会如此。过去十年是企业利润率急速增长的十年，事实上，在过去的几十年里，企业利润率一直在稳步增长。但这种情况即将发生改变，原因如下。首先，由于中国和印度的廉价劳动力供

---

① Power BI 是基于云的商业数据分析和共享工具，它能把复杂的数据转化成简洁的视图。通过它可以创建可视化交互式报告，能用手机端 APP 随时查看。——译者注
② Tableau 公司成立于 2003 年，业内称其为"数据可视化鼻祖"，公司将数据运算与美观的图表完美地嫁接在一起，旨在改善分析流程并让人们能够通过可视化更轻松地使用数据。——译者注

应正在迅速枯竭，降低运营成本、外包廉价劳动力的做法可能难以为继。替代方案是雇佣更昂贵的国内劳动力，顺便说一下，民粹主义政府将逼迫企业这么做。在受民意裹挟的政府的推动下，还可能对企业加税，企业将不得不接受这一点。竞争，尤其是来自愿意降低利润水平的本土企业的竞争，正变得越来越激烈。最后，企业债券收益率如此之低，企业不太可能继续以过去十年那样的速度发行廉价债券。因此，利润将很难扩大范围，增长也是如此。那么，企业自然会把注意力转向提高资产生产率，在我看来，这将在未来十年成为企业关注的重点。在新冠疫情形势下，这方面更显迫切，势在必行。

数字赋能可以通过以下途径发挥作用。首先，数字赋能将有助于在业务绩效和资产利用方面创造出令人难以置信的高透明度，这将帮助公司确定在哪些地方可以提高生产率。例如，企业能更好地衡量媒体部署和绩效，这将有助于品牌了解自己在广告的哪些环节出现了超支。开放平台大大提升了具体服务供需状况的透明度，这将有助于企业准确地为它们需要且得到的东西付费。例如，通过平台搜罗创意人才，公司便不再需要签订一揽子合同，从而可以省下高额的代理费。公司将能够更好地利用其资产。例如，在自动售货机中进行合理的分类并补充库存，这将拉高同一自动售货资产的销售水平。最后，公司将能够更好地变现资产。例如，在自动售货机上安装户外显示屏，这将有助于创造额外的收入来源。

替代性业务模式

本书一直在讨论公司和品牌突破现有单一产品、单一场合业务以囊括额外的应用场景的必要性。我们还多次谈到伙伴关系和联盟。

所有这些都对公司的融资计划产生了严重影响，这将是未来公司面临的一大挑战。当今任何公司里最有影响力的领导者都身处核心业务领域，而他们之所以有影响力，正是源于核心业务。展望未来，企业需要拿出勇气，将更多资金配置于长期，摆脱那些最具影响力的领导者的掌控。除此之外，企业还必须有能力把自己的业务作为相互联系但彼此不同的业务模式的集合来进行评估。

所以你可能拥有一项跟其他快消品公司差不多的快消品业务，一项跟迪士尼差不多的内容业务，一项与电子商务商家差不多的零售业务，还有一项与公用事业公司差不多的服务业务，所有这些都归属于同一个公司，但它们的财务状况完全不同。未来的 CFO 得有能力进行全盘管理。企业无法在数字时代开展多项业务的一个根本原因是，当形势危急时，这些业务与核心业务的财务标准相同。从资源配置的角度来看，这是一个明显的失误，但对企业来说却极其困难，或许是因为企业需要不断获得更多现金来不断拉动股市上涨。

首次代币发行和众筹

我并不是说在未来十年，由于数字实现，公司的资金来源会发生某种结构性的变化。我认为，我们更有可能看到私人投资上市公司的热潮，因为我们上面提到的生产力机会，也因为最终意识到创业领域并不总是能提供可靠的回报。但这与数字技术没有什么关系。在过去的三年中，有很多关于 ICO 的猜测，虽然我不认为这将在未来十年成为一个重大的颠覆，但我认为我们将看到 ICO 融资的份额可能会达到两位数。那么，ICO 是什么？

通过 ICO，公司可以完全跨过银行家、监管机构和交易所而直接从消费者那里筹集资金，回报不是公司的股份，而是一种代币，只要公司产品准备就绪，买家就可以用来购买产品。今天大多数成功的 ICO 都是由区块链公司实施的，这使得使用现实的例子更难理解这个概念。所以，我们想象一个虚构的咖啡连锁店的 ICO，这个连锁店表示自己需要 1000 万美元来开 100 家店，并写了一个项目计划和关于该计划的白皮书。消费者将在一次 ICO 中购买代币，帮助筹集 1000 万美元，当项目准备就绪，连锁店的代币将允许消费者获得价值 2000 万美元的免费咖啡。随着项目接近完成，对项目的信心增加，大多数 ICO 持有者最终将以越来越高的价格出售他们手中的代币。

ICO 的世界是一个危险的世界，极其复杂、欺诈横行，还受到对去中介化不满的监管机构和银行家的阻挠，他们会不遗余力地阻止公司在筹集资金时去除中间商。中国和韩国等国家已经完全禁止 ICO。我不知道 ICO 将何去何从，但人们总说好事瞒不住。与目前的资本市场中介机构相比，让融资变得更容易、更便宜、更透明是有明显价值的，我希望我们能就这一融资渠道的发展达成共识，并使之成为更主流的融资渠道。

现在要做的三件实事

上文指出了公司财务未来的演进方向。在这本书中，我们花了很多时间来反思消费者和供应链的演变，我们的财务同事不仅要处理其影响，还必须精心应对他们自己的工作方式上的转变。但这是一个令人兴奋的领域，像 RPA 这样的"好东西"和 ICO 这样的"坏东西"共同改变了我们的经营方式。以下是我对公司的建议。

将财务职能分为两个不同的子职能：其一是服务职能，对所有重复性任务实现商品化和自动化，最大限度地使用 RPA 和外包，配备有动力去高效交付服务的技术人员。

其二是价值创造职能，从会计和预算驱动的思维模式转向价值创造咨询的思维模式。钻研能力要比组织中任何其他人都更强，并激励自己每一周、每一天都在追求增长和生产率的过程中寻找并利用边际价值来源。

由于你的融资需求分解成若干个风险和回报状况完全不同的业务和商业模式，你的资金来源也需要加以改变，以适应新的风险回报状况。让投资于核心业务的同一批投资者来为高风险的早期业务融资是没有意义的，你需要制定出企业融资结构，让投资者与公司内部的业务部门合理匹配起来。

就业的未来

瓦哈德和瓦希达的人生历程

太阳就要落山了，那是孟买的一个美妙的黄昏，这座城市几天来的行动让空气似乎带了电，仿佛所有被困在这座密集城市中的能量现在都开始渗回大气和海洋。所以，在清晨的喧嚣再度来临之前，这座城市可以得到一些喘息，恢复一些活力。瓦哈德和他的妻子决定在海滨大道好好走上一段，从纳瑞曼区一直走到乔帕蒂海滩。几代人中有数百万对夫妇曾经这么走过，瓦哈德想知道在这条路的整个历史长河中，这短短几公里的路上，到底发生了什么令人兴奋的计划和精彩的反思。

他们夫妇俩太不一样了。瓦希达上的是一所好中学，大学也是最好的大学之一。瓦哈德高中辍学，从未真正接受过正规教育。当然，通过观察他父亲修理自行车，他学到了很多，但就是没有勇气坐下来把书念完。多年来，他一直希望情况能有所变化，希望自己能回到过去，改变过去，完成学业。后来他发现可以在线学习，便立即沉迷其中。自我掌控节奏的学习很适合他，因为他有能力选择并制订自己的学习进度。但他最高兴的是，他的学习能力还在，并没有被评价起学生来仿佛有生杀大权的老师所挟持。初到孟买时，他还不太清楚如何才能维持生计。他和姨妈一起住在拜库拉（Byculla），刚开始的几个月里他给人送食品和杂货，但很快就发现了杂工市场。他温和的性格、快速解决问题的能力以及从他父亲那里好不容易学来的修理自行车的本事都让他受益匪浅。他通过参加所有他能找到的修理工在线课程来跟上进度，很快就获得了一系列很高的评分和不错的声誉，赚了不少钱。

瓦希达的情况完全不同，他很难准确界定她的角色，她似乎每隔几个月就会换一个项目。但显然，她是个很重要的人，能力有目共睹。瓦哈德很高兴她做得这么出色，尤其是这样他就有机会按照自己的意愿选择工作还是选择和女儿们待在一起。尽管瓦希达几乎随时随地都在工作，但她甚至可以随心所欲地休假，只要能完成工作即可。更有趣的是，她可以决定自己想赚多少钱。如果她想多赚钱，就可以承担更多的任务和责任，去年因为他俩想为他们买的公寓付首付，她就在五六个月的时间里，每周工作6天，每天工作10到12个小时，半年的时间就赚到一年的工资。效果真不错！

走到乔帕蒂海滩的时候，瓦哈德注意到瓦希达脸上的表情，那表情好像在说——我想吃点酷尔菲（Kulfi，传统的印度冰激凌），但我不想说出来，所以你来说吧，然后请允许我推脱一下，然后你执意要吃，但我最终会让步，于是我们最终可以吃一些冰激凌了。

"来点酷尔菲？"他问道。

了解教育和就业的演变

我认为在未来几十年里，教育和就业的整个过程将被严重打乱，21世纪20年代将是真正开始的时候。在本主题中，我们将从五个不同的角度来看待这一演变。首先，我们要考察的是职业教育的变化，因为消费者开始为了就业而夯实基础知识。然后我们会研究就业实践和就业能力及其变化方式。一旦进入公司，人们的工作体验就会大不相同。我们还将看到流行的"敏捷"方法在公司中找到其应有的形式。员工的薪酬方式也会改变，我们将在此加以讨论。

教育去机构化

在本书第一部分，我们简要谈到，从高等教育的角度来看，在印度成长只有两条路走得通：当医生或者当工程师。这其中有两个有趣的见解：首先，在当时甚至现在毕业的成千上万的工程师中，只有一小部分人所从事的工作仍然与他们所接受的核心工程教育有关。这并不一定是件坏事，它告诉我们，只要掌握了社会所需的特定能力，就业机会就会大大增加，你不可能为每一份工作都拿个学位。另一方面，它告诉我们，让劳动力掌握一些基本技能是有可能的，比如，批判性思维、合作、创立假设、计划工作等，而我们在工程院校学过的这些技能可能有100种之多，这些技能将帮助人们从事任何工作。

我认为这就是我们最终的结局：基础教育可能会吸收当今高等教育学位所传授的基本技能。我们不要再假装高等教育学位关乎就业了，而是要让未来的求职者出于为目标工作打基础的目的而自行挑选一批课程来学习。这里也可能有一个"乐高模型"——银行可能会说，对于信用风险分析师职位，建议完成以下10门课程，求职者自由安排时间学习，学完即可。在这种新形势下，教育机构没有任何作用，除非允许政府出钱来激励学生学习特定的课程。我认为在线学习很快就会成为教育的支柱，然后延伸至线下。这有点像我们已经探讨过几次的目的地超市对抗电子商务的情况。学生们将通过远程学习"电子商务"来满足他们的大多数学习需求，但为了亲身体验，他们仍然希望参观大学或研究所，但即使是在线下，教育也将是一个完全模块化的按需学习市场。也许现在所有的校园都将成为独立的学习者的共同学习空间，用以进行线下活动。

就业能力与就业

在前面的章节中，我们谈到了服务平台，这方面的趋势将成为就业的概念如何随时间的推移而发生变化的关键焦点。现在，大多数公司都是按照全职员工和合同工的二元定义来运作的。展望未来，全职员工的数量会越来越少，而合同工也会出现各种各样的原型。首先，作为全职员工的在册员工会大幅减少。全职员工的角色将留给那些需要他们全职完成足够大或足够广泛的任务的员工，或者是履行组织中重要竞争职能的员工。如今，大多数公司都拥有大量的合同工或临时工，他们是公司人才库的重要延伸。如果这些员工真的完全为公司服务，他们将享受到与全职员工相似的福利和设施，如果雇主选择让合同工专门为他们服务，就得延长提供这些福利的期限。

然而，更有趣的是，将出现一支全新的劳动力，即合格的自由职业者。公司将能够把不需要全职员工完成的关键工作发布到平台上，由自由职业者来完成。甚至可能是一些至关重要的工作，比如设计市场进入策略、编写商业计划或开发 RPA 应用程序。自由职业者将由雇佣公司来进行工作评级，根据任务完成情况获得报酬；并期望平台能提供健康保险等福利，以便让他们以继续参与平台作为回报。这样一来，你的就业能力也取决于你曾交付的工作，你可以从任何你想找的人和任何想找你的人那里获得灵活就业的机会。

敏捷工作

是时候谈谈敏捷（Agile）了。很明显，在过去的几年里，敏捷已然成为一个流行词，你自己也很可能在某个时候参与过敏捷团队。结果喜忧参半，有时有效，有时无效；如果项目目标不能完全原型化，就把结果当作产品来考虑，迭代地向客户推出产品并逐步加以改进，这种想法总会让公司无所适从。对敏捷的狂热还催生了一个完全由专业的项目负责人和敏捷教练所组成的行业，他们乐于向任何毫无戒心的领导者宣扬"敏捷 3-4-3 方案"就是解决一切问题的答案。咨询公司也加入了这股潮流，很难找到不把"变得敏捷"作为关键建议的咨询文章。这有点像是在说"赚钱"，但除此以外，就像我们对待工业 4.0 那样，重要的是要把敏捷拆解开，看看是什么让它发挥作用，并在对我们的公司和具体问题来说最有意义的任何组合中采用这种方法（见图 7.2）。

践行敏捷的 7 大理由

❶ 跨职能团队冲破
职能孤岛

敏捷团队

❷ 工作供求相分离创立
关注焦点

❸ 过度沟通建立同盟

❹ 授权节省时间

❺ 迭代产生
时间压力

❻ 待办事项列表提
供灵活性

❼ 团队灵活承担任务

敏捷团队

图 7.2　践行敏捷的理由

敏捷之所以受欢迎，在于它给组织带来了一些原则：跨职能团队、工作供求相分离、过度沟通、授权、时间压力、灵活的日程和灵活的工作。最明显的是跨职能团队，确保团队掌握完成一项完整工作所需的任何技能，这样就无须相互等待。产品负责人确定需要做什么而不用操心如何完成，敏捷主管则在达成协议后专注于完成任务，这两者之间的分离使得任务变得明确且稳定。团队每天都要进行过度沟通，让彼此都跟上进度，每个人都保持工作步调一致。团队通常与关键决策者有直接联系，不需要指导委员会，审批也不需要长时间酝酿，当场就能做出决定。时间压力是迭代（Sprints）近乎人为地产生出来的，确保团队不会徒劳无功，并把工作做得足够好，而不是浪费时间去追求完美。将整个工作（即 Epic）分解为若干个 Sprints 可以在确定长期目标和短期任务的同时，保持团队议程的中期灵活性。最后，因为整个团队都在一起工作，任务可以交叉分配给任何有能力的人，所以总体上看，团队的总利用率要高得多，完成的工作也更多。

这种 Scrum 方法未必适用于未来的所有问题，但上面的原则对大多数公司要应对的很多问题都非常有效。随着时间的推移，我们会看到组织不再遵循严格的结构，代之以更灵活的半永久性团队，这些团队的存续期为一年左右，然后解散并投入其他工作。

工作场所本身

十年后的办公空间与现在相比会截然不同。新冠疫情加快了远程办公的发展，现在有许多观点视其为一种永久的互动模式，但我们尚未真正理解远程办公，没有将其视为新常态。我认为未来十年会发生一些关于改变工作场所的事情。

远程办公将来一定会得到高度认可，而且大多数公司将允许员工通过居家办公来提供"全天候"服务。然而，为了平衡这一点，公司将需要更明确地界定需要做哪些事情，并由每位经理将这种界定分享给每位员工。也可能有一些情况要求到岗办公，因为长期离岗的风险可能意味着不再有承诺和互动，这二者在很大程度上影响到员工的自主努力。办公空间在新冠疫情暴发之前就已经开始变小了，将来肯定会继续变小。留下来的空间在本质上将更具公共属性，主要是会议室和大型聚会场所。出差将大大减少。高清视频会议设备已经出现了一段时间，这是一项重要的资本支出要求，公司现在或许已经看到了这种设备的好处。即使是喜欢居家工作的消费者，也看到了偶尔出去走走的必要，我认为这对"在咖啡馆工作"的行业来说是很好的。我个人很期待以工作为导向的咖啡馆模式，你可以按小时为半私人的工作场所付费。这笔费用可能是象征性的，可能由企业账户支付，价位应该足以让十三四岁的学生望而却步，从而让我们成年人获得专心处理重要事务的空间。

薪酬模式

最后，我们获得薪酬的方式可能也会改变。传统的"基本工资＋奖金＋股权"模式存在许多问题。因为职位描述差别很大，基本工资本身是非常难以基准化的，基准化方面的任何努力都会是这种结局：基准化出现错误，遭到员工的强烈反对。展望未来，开放的服务平台以及 Glassdoor 等招聘平台所提供的更高的薪资透明度，将使员工和公司在讨论基本薪资时更容易获得正确的基准。从过程和心态这两个角度看，奖金都需要经历转变。发放奖金的基本前提是，公司能够客观地区分出高绩效员工和低绩效员工，并通过奖金来进行不同的补偿。但是，很难找到一种客观的方法来划分不同市场、职能和资历的员工之间的业绩，因此，在某种程度上，大多数奖金分配算得上公平，但也不乏荒谬。股权奖励也是如此。提高行动和结果的透明度，将提升公司区分不同业绩的能力。

现在要做的三件实事

这就是工作的未来以及其中可能会出现的各种干扰。这里针对公司提出一些关键的建议。

积极考虑那些依赖自由职业者和外包代理人的小型组织，甚至选择几个平台伙伴开展试点合作。需要培养内在能力来评估和应对类型合适的代理人。现在就开始着手，将有助于你提升质量和效率并从中受益。

主动放弃办公空间，寻找分布式办公模式，员工一开始可能并不喜欢，但很快就会看到这种模式的好处，你也能节省大量资金。

最后，以开放的心态重新思考薪酬模式，开始研究一些最新的公司真正在做什么，一些最新的员工真正关心什么。你有10年的时间来走向新常态，这是开始的最好时机。

领导的未来

贾登是"乐队指挥"

"欢迎回来，老板！"这是贾登在结束为期一周的休假后走进办公室的时候，他的一位分析师对他说的话。每当有人叫贾登"老板"时，他就会有些畏缩，这似乎是一种过时的称呼方式，几乎让人感到讽刺。他想告诉那位同事不要那样叫，但他又不想那么做。贾登说："谢谢兄弟。"他惊叹于"兄弟"一词竟然可以应对如此众多的复杂场合，在这种情况下，分析师把他捧上神坛，他却以最酷的方式走下神坛。这是一场胜利。

贾登的父亲创办了一家小型经纪公司，多年来发展成为一家中型经纪公司。在线经纪公司开始成为主流后，这家公司濒临倒闭，于是贾登开展了机器人投资服务，该服务现已成为公司的主要业务。他的父亲已经让位，现在由贾登担任 CEO。自从接手公司以来，贾登除了改变了业务本身的性质外，还对公司的合作方式做了一些根本性的改变。首先，他缩减了员工规模；这是一个艰难的决定，但这是正确的做法。这并不是因为员工工作懈怠，而是因为只要有需要，就能从当地人才市场轻松找到签约合同工。这样做更划算，而且他可以从一些最聪明的专业人士中精挑细选。整个组织也变得扁平化了，除了他之外，只有另外两个人有直接下属。他努力树立平易近人的形象，绝对讨厌被当成半神般的 CEO，希望团队能平等对待他；他下放了很多权力，允许人们做决策，但在需要的时候他也会介入。他不仅给团队领导支付薪水，也给他的专业操作人员支付薪水。这对贾登来说很重要，因为在他看来，让你获得更高地位或更多报酬的，只是不同类型的责任，而不是一堆报告所带来的某种荣誉勋章。对于团队本身，贾登确保让它们受到挑战，并看到它们共同努力去克服这些挑战。之后还得迎接下一个挑战。团队最初抱怨他永远不满足，但很快意识到自己在解决具有挑战性的问题，而不是仅仅赶制报告的时候最快乐。这个团队联系紧密、精诚合作，办公室的气氛总是很融洽，他确保做到了这一点。他和其他所有人都在这里度过了大部分清醒的时间，他希望这里成为每个人心目中最舒适、最想去的地方。

贾登一点也不像他的父亲；他是自己的领导者，他已经决定了自己的个人领导品牌是什么——他称自己为管弦乐队里的"指挥"。

了解领导的演变

十年后领导我们公司的那些人，现在可能已经30多岁了，几乎是"千禧一代"。尽管对于年长他们20岁的人来说，很难理解千禧一代怪异的思维方式，但这方面很重要，其原因在于：未来十年里，要靠老一辈来培养领导人才，后者将掌管我们的公司，且最有可能的是掌管我们的股票期权。因为千禧一代的思维方式不一样，仅仅让年轻的领导者学会老一辈的行事方式还不够。因此，在这里，我将首先通过观察公司人口结构的变化，针对我们应该如何调整领导模式的问题提出一些见解，接着考察追求"平等"对领导者来说意味着什么，并讨论横向组织与纵向组织之间的区别。接下来，将深入探讨领导者在未来十年应该如何管理员工的心态和动机。

组织规模缩小

在未来十年里，组织会变得更小，员工会更少。这一趋势的主要驱动力来自公司将继续把任务和能力外包给平台，另一方面，自由职业者和签约工作者会急剧增加。自动化必定会降低人力需求，这将进一步加剧组织萎缩。这就需要把责任从几个人逐步集中到更少的人身上。换言之，在特定的职责领域内，领导者会从"一个头衔"变成"两个头衔"，最终变成"几顶帽子"（如果不是集大权于一身的话）（见图7.3）。

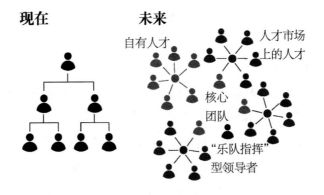

图 7.3　新型组织

　　因此，公司领导者终将人数减少却责任增加，我们得适应这种担责方式。我想强调的是，这其中有两个方面或者说现在的领导人有两方面的不足。首先，现在的领导者大多在职业生涯早期就选择了一条功能性的职业道路，并且在那个特定的职能领域积累了几十年的成功经验，但在很多情况下，他们不愿或不敢超越自己的专业职能领域。这种情况必须改变，例如，我们需要商业领导承担营销责任；在营销内部，品牌和品类领导承担媒体责任；在媒体内部，电视和线下人员负责数字媒体责任；在数字媒体内部，营销学专业人员负责创意责任，等等。我并不是在说所有的领导者都需要明白如何做所有的事情，而是说所有的领导者都必须懂得如何定义需要做什么、如何完成并评估是否达到了最初的工作要求。其次，多年来许多领导者已经失去了深入战壕、自己动手的能力。更糟糕的是，领导本身已经开始被视为一种职业，许多领导者认为他们的首要工作就是领导，当大型团队需要方向和动力时，这绝对是正确的事情。在未来的世界里，团队会变小，人们期望许多领导者能撸起袖子与团队成员一起工作。

合奏胜于合成

比起现在，未来组织的结构会更扁平，业务也会更宽泛。当今，大多数大公司都有某种多层的基础结构和其他某种多层的业务类别和职能结构，最底层是花钱并赚钱的运营实体。介于实地团队和总部领导之间的中间层本质上属于综合和总结层。我认为，应该抛弃"控制跨度不过七"的传统咒语。在自动化程度极低、信息严重不对称、员工工作距离普遍偏远的情况下，那么做是正确的。而在未来的组织中，团队规模更小，更协调统一，各职能部门之间的联系更紧密，领导者不需要也不应该有不必要的多层总结。

贾登把自己比作乐队指挥非常贴切——领导就是在指挥一个由拥有多种技能的员工所组成的团队，所有这些技能都很重要。当然，在大多数器乐组，都有一位首席和一位领奏，领奏并不演奏乐器。他们的工作只是指挥整个流程，向每个人展示他们需要做的事情，并将其整合成动听的乐曲。但要做到这一点，领奏必须对每种乐器的工作原理和声音有一定的了解，但更重要的是，指挥只能有一个。如果指挥决定让一个副指挥负责左边的管乐队，另一个副指挥负责右边的弦乐队，而自己只负责指挥那些领奏员，那就创作不出什么音乐了。

非领导的欢呼

较少有人谈及现代组织中的一个普遍问题，即沮丧的中层，我相信每一个在大公司工作的人都清楚我的意思。其实问题很简单，大多数员工在开始职业生涯之初都为自己所工作的公司所吸引，并为自己有收入进而获得一定购买力而感到兴奋。这种情况持续 7 到 10 年后，员工进入中层管理者行列，大多数坚持下来的人最终都能进入这一层。在这之后，金字塔变得非常陡峭和狭窄，也许有五分之二的人能脱颖而出，这导致另外五分之三的人极为不悦、感到沮丧、情绪失衡，进而决定在公司里摸鱼混日子或换到其他中层岗位去碰碰运气。这样便出现了一个现实问题：高级领导职位的供给数量远远满足不了对该种职位的需求，而且由于高级领导职位数量会削减，领导人数会变少，这个问题将变得更糟。

解决这个问题的唯一方法就是抛弃那种人为制造的错误观念，即成功的唯一途径就是职位晋升。在我创业的时候，成功最重要的因素之一就是有一个优秀的创始人 CEO，大家都为他工作。没有人想要取代他，主要是因为他非常优秀，这是我们团结一心、继续前进的动力。我们不用担心晋升的问题，所以我们把所有时间都用于在自己负责的领域里超越对方，最终取得了非凡的成功。领导者并非身居大型团队的顶端，而是身处能为公司增值的领域，我们需要为他们创造出自豪感和财富。

创造困难

弗雷德里克·赫茨伯格（Frederick Herzberg）关于动机和工作满意度的理论已经历时 60 载，但根据我的经验看，他的理论在今天比以往任何时候都更有道理。简而言之，他提出诸如工资和工作安全感之类的保健因子（与工作本身无关的因素）不能激发员工的积极性，尽管缺乏这些可能会破坏积极性。动机、参与和满足在于让员工有机会获得成就感，而成就感只有在克服挑战的过程中才能获得。我认为，除了股票期权方面的承诺和那些对创业公司招聘做出重要贡献的整体因素以外，让员工留在初创公司的原因恰恰在于克服种种挑战并从中获得成就感的机会。在早期阶段，甚至在一些已经成长起来的初创公司，工作起来都不太舒服：有很多不确定性和不成熟的地方，风险持续存在，普遍缺乏目标绩效管理，有很多业务挑战要克服。但是，当你开始逐一化解这些事情时，你的内心会发生一些变化，我当初就误以为问题得到解决只是会让人松一口气，但我很快意识到这的确是问题的核心，它与我们作为人类的天性有关。因此，未来的领导者需要在团队的思维模式上进行这种转变，因为这与当今公司的运作方式不同。挑战等同于满足，但挑战不等于问题，这将是世界运行的新方式。

情感平衡

千禧一代总是追求快乐，这是一件非常美妙的事情。他们这一代人不必为了自由而放弃生命，不必参加战争，也不必为了追求社会正义而牺牲生命。他们只是想要快乐。主观幸福感理论是关于人类如何感知自身幸福的理论，该理论认为幸福应该由两个部分来衡量：生活满意度和情感平衡。我们谈论过生活满意度，以及作为克服挑战的一项功能的工作满意度，那么情感平衡呢？什么是情感平衡？

情感是对某种情绪的体验，有积极的情绪，如兴奋、有趣、骄傲、专注或有力量，也有消极的情绪，如敌意、紧张、恐惧、沮丧或易怒。个体对幸福的实时体验取决于其在任何时间点被积极或消极情绪影响的程度。对于未来的公司来说，能够提供一种充满积极影响、没有负面影响的工作经历和环境是非常重要的。在我的整个职业生涯中，很少有人问我，什么让我感到自豪或警觉，什么让我感到羞愧或沮丧，但这些情绪比其他任何事情都更能影响我对工作场所的看法。

公司需要更好地处理日常生活对员工的影响，并采取积极措施加以解决。幸福不是你在每个季度的反馈讨论或每年的奖金奖励中传递给组织的东西。它是我们每天在每一次经历和互动中都必须获得的东西。世界上最优秀的人才会据此来选择其雇主。

现在要做的三件实事

随着公司开始着手业务转型，并在此过程中寻求自我转型，我有以下三个建议。

开始将领导定义为话题型及业务型领导，而不是员工型领导。需要付出时间、不断努力并采取切实行动来改变整整一代人的观念，即职位晋升并不是成长的唯一途径。也许你应该给你的话题型领导开出比员工型领导更高的报酬，以表明公司的态度已经发生转变，整个组织的态度或许也会发生转变。

其次，要制订缩减组织规模的长期计划。当然，这些都是非常困难的决定，但我相信，与大规模裁员相比，让公司循序渐进变得更精干的长期计划将大大减少摩擦。

最后，通过在幸福的环境中克服挑战的新视角来考虑员工满意度。开始围绕这些主观幸福感的概念建立评测工具和基础设施，我保证你的公司最终会拥有更出色的业绩。

政府的未来

努诺参加了一场运动，巴特支付了停车罚款

努诺这些天很担心，针对来自美国的移民而出现的暴力和歧

视愈演愈烈，这些移民为了更好的未来来到拉丁美洲，有些还是非法移民。移民是任何竞争性经济的支柱，允许人们在自己想要的地方定居，是人类应该保护的基本自由之一。特别是哥伦比亚人已经有了几十年的反向移民经历，努诺认为他们应该对这些新来的移民更感同身受。

他知道政府拥有数量惊人的数据，不仅有现在所有哥伦比亚人的数据，还包括每一个入境者的数据。尽管政府承诺会妥善保护这些数据，不会滥用，但还是有很多人对此表示反对。他很高兴这些数据非常容易追踪到，政府能够针对实际状况提供清晰的数据点。基于错误信息的恐慌散布开来，会造成巨大的伤害。他也乐于见到大型科技公司做出了正确回应：它们非常负责地屏蔽了破坏性评论，并认真进行了事实核查。他真的认为谷歌和脸书的影响力比政客们大得多，这些科技公司择善而为很重要。

在几千英里之外，巴特醒来时收到了当地政府的消息，说他在允许停车时间的基础上拖延了30分钟，因此欠了20美元的罚款，这件事令人很恼火，但至少他可以用他的代币信用卡进行一键支付。他期待着即将推出的新平台，该平台要求所有汽车都配备一个物联网设备，该设备接入中央系统，并有代币支付功能。那样一来，他就可以在谷歌地图上找到免费停车位，然后预定并停车了。付款会按照在停车位上停留的确切时间自动完成。更重要的是，停车费率是根据使用 AI 算法估计的寻找停车位的车辆数变化的，除了这种情况，该县正在为了尽可能缩短"寻找停车的时间"而采取优化措施。

当天晚些时候，巴特再次前往该市，参加他通过 ICO 投资的一家大型跨国公司的股东大会。这家公司的业务是开采塑料垃坂，并将其转化为树脂进行回收，主要在马尼拉和孟买等新兴经济体的大城市运营。他非常期待这次会议，希望能更好地了解该公司以及公司刚刚在老挝和孟加拉国开展的一些大型基础设施项目的现状，他为这些项目购买了 ICO 代币。他当时正在考虑就会议上的几个重要投资配置决定对一些关键议题进行投票，并认为这次投票的重要性可能不亚于他在美国大选中的投票。

他走进酒店门口时，看到街对面人行道上有一个无家可归的可怜人，他在想，需要什么样的美好新技术才能让他找到改善这些最贫穷和最绝望的社会阶层状况的方法。

了解政府服务的一些演变

我想通过展望未来的政府服务以及人们与政府的互动将如何随着数字赋能而发生改变，来充实这部分和关于前沿的讨论。当然，这是一个很大的话题，可以用整整一本书来阐述，事实上，关于这个话题有一些很棒的论文。但是我将在这里强调一些项目，可能不像我们迄今为止所讨论的其他主题那样详细。这些都是围绕我们的公司发生的事情，我们对此无能为力。但重要的是要承认，这将影响我们的消费者与我们的互动方式。

公民数据库

无论喜欢与否，政府都将开始收集和存储所有公民的数据，其中包括对尚未数字化的现有数据进行数字化，同时也要维护有关公民在何处与任何政府部门互动的详细档案，这包括从公共闭路电视摄像机捕获的视频和消费者最终被动提供给政府的其他形式的数据。你还记得 2018 年发生在中国的那起案件吧，在一场流行音乐会上，人脸识别技术帮助警方抓获了一名罪犯。至关重要的是，我认为随着时间的推移，公司必须在何种情况下与政府共享多少消费者数据这些问题会变得更加透明。在这方面，糟糕的政府不会有好的结果，而好的政府则会在人们所期望的安全保障及其他服务方面带来诸多好处。我认为，可能还需要30年的时间政府才会变得更加自由、更为理性。

大型科技公司的角色

从来没有任何实体像今天的脸书和谷歌那样深刻且直接影响到全球如此大比例的人口，甚至比起最大的宗教或最大的民族，都有过之而无不及，也许只有人口庞大的中国和印度可以与之相提并论。大型科技公司能否继续牢牢控制消费者，如果是这样，政府将如何应对这种权力集中还有待观察。剑桥分析公司（Cambridge Analytica）的例子已经揭示出脸书能对普通政府中特定角色的存在产生多大的影响，我们已经开始看到监管机构正在炫耀它们的力量，谈论将大型科技公司拆分为较小的公司。我认为，十年后科技领域的竞争会更加激烈，脸书和谷歌对社交媒体的垄断不会无限期地持续下去。但我们需要协作，正如我们前面讨论的，政府型市场、就业市场以及产品和服务市场是密不可分的。

非传统运动

如果没有数字支持，"我也遭遇过"（#MeToo）、"黑人的命也是命"（BLM）等非传统的运动就不可能存在。由于传统政府无法以合适的形式为所有公民提供保护和服务，民众运动将继续替代政府发挥这方面的作用。下一个十年肯定会是动荡的十年，我认为，单单人口结构的转变就会导致政治权力从社会保守派的手中转移到社会自由派的手中，世界将发生重大的角色变化。经济左翼和经济右翼之间的争论将继续两极分化。最终会达成共识，但一如既往，总会有输家。但是，少数族裔将通过平行运动来提高他们的呼声并从全球各地找到获得志同道合者的便利渠道。我不是在谈论种族主义、性别平等或愚蠢的反疫苗运动之类的问题，这些问题没有任何两面性可言，只有一种正确的选项。但在诸如素食主义或核能之类的灰色地带，人们会有能力共同生活在一个社会中，在持有少数派观点的同时，与其他全球公民一起在世界上找到自己的位置。

智慧城市

我们的城市将更加紧密相连，并且更适合居住。我们将看到无人驾驶汽车、电动汽车等交通运输领域的创新，还将看到绿色建筑、太阳能和污染控制等环境领域的创新。我们将优化管理公共建筑的方式，控制城市不同地区的安全和通行，并对卫生基础设施和废物管理基础设施等的获取和使用实行数字控制，以提高效率和质量。水、电等公用事业也将在消费者体验中实现完全数字化。整座城市可能会完全启用 Wi-Fi，提供服务的一切都将通过物联网连接和定位，共享经济将扩展到所有角落和所有应用场景。在未来的智慧城市，生活将如沐春风、舒坦安逸。

数字穷人

最后一点令人遗憾，那就是世界上仍然会有很多穷人。到2030 年，全球仍将有 6 亿人生活在极端贫困中。数字赋能的一个可悲的缺陷就在于：对于已经过得很好的消费者能做到锦上添花，但在帮助穷人摆脱贫困方面却几乎无能为力。事实上，所有的迹象都表明，失业人数会增加，而赤贫人口提高生活水平、走出困境的机会将会更渺茫。要改变这一现状，唯一的途径或许是把数字赋能受益者的财富直接转移给有极端需要的人。可以通过数字平台追踪到有需要的消费者并向他们捐款，也可以通过比尔·盖茨和蒂姆·库克等人（他们通过为富裕消费者提供价值而创造出大量财富）举办的大规模慈善活动把财富捐赠给需要的人。如果有一种价值交换对资本市场来说是非理性的，但仍然是完全有意义的，那么它一定是这样子的。

我们终于讲完了这六大前沿领域，其中涉及 24 个关键主题，在这 24 个关键主题中，又涵盖了演进的 120 个关键领域。我们已经把所有该考虑的都考虑了吗？肯定没有。我们需要考虑迄今为止所做的一切吗？也许不必。但是，要开始以更现实、更可信的方式来思考数字化未来，我们现在是否做好了更充分的准备？希望如此。在下一节中，我将开始为公司提供一个从解决我们面临的一切问题中有所收获的简单方法。这绝非取得成功的唯一途径，我将强调的这种途径也绝非只有一种描述方法和框架。但我认为，通过确定依靠数字赋能如何创造价值将是一种不言而喻的途径。

第八章
让转型发生

现在你已经了解了很多，欢迎来到我一直认为是所有商业书籍中最无聊的一章——"如何做"，本章充斥着无穷无尽的框架和理论。读者带着对灵丹妙药的巨大期望而来，却失望而去，因为对一些问题的思考，你必须亲自去完成。

设想一下：如果读完所有关于弹钢琴的书，就能弹钢琴吗？当然不能。另一方面，如果我们停止阅读任何关于气候变化的文章，永远不再考虑这个问题，气候变化会消失吗？也不会。我其实想说的是，我们必须一起行动起来，和我一起去尝试本书提及的一些"如何做"的方法，然后继续向前，去你的世界里尝试一些事情。我要做到的是，让你读起这最后的部分来觉得有趣。

体育类比

2016 年在体育界是不可思议的一年，三支球队在三个独立的体育项目中取得了令人难以置信的成绩。莱斯特城队在俱乐部132 年的历史上首次赢得英格兰超级联赛冠军，而在上个赛季的大部分时间里，莱斯特城队在联赛中排名垫底。金州勇士队创造了 NBA 历史上最好的常规赛战绩，以 24 连胜开局，以 73 胜 9

负收官，不可思议的是他们在决赛中输给了骑士队，但还是取得了令人惊讶的战绩。而芝加哥小熊队在时隔 108 年后，在第七场加时赛中赢得了棒球世界大赛。这真是匪夷所思又不可思议的一年！我开始怀疑是否真的一切皆有可能，后来特朗普（Donald Trump）当选总统，我信了。

那么，为什么会发生这些情况呢？让我们更详细地看看莱斯特城队，以了解球队是如何挑战五千分之一的夺冠概率并真正做到这一点的。

简单的答案是：莱斯特城队找对了策略，做对了所有事情，最后创造出属于自己的好运气。莱斯特城队的上半赛季和下半赛季有很大的不同：上半赛季进了很多球，也丢了很多球；下半赛季采取更冷静的策略，丢球数更少，并取得了几场 1 : 0 的胜利。他们坚持自己的球队构成，首发 11 人很少变动；他们当年一共只有 27 人，而之前的英超冠军球队平均有 95.4 人。与其他英超冠军相比，莱斯特城队的进球策略也有所不同，他们的控球率相对较低，传球更少，传球的准确性也更低。本质上，他们让对手拿球，但当控球权逆转时，杰米·瓦尔迪（Jamie Vardy）凭借速度一路带球得分。他们引进了一些值得关注的高投资回报率的球员，首席球探史蒂夫·沃尔什（Steve Walsh）以 50 万美元的价格从诺丁汉森林这家二线俱乐部挖来利亚德·马赫（Riyad Maher），马赫在赛季后的价值达到 5000 万美元。

所以你可以想象，克劳迪奥·拉涅利（Claudio Ranieri）和他的球队在赛季之前只是抱有保级愿望，他们引进了一些不错的球员，并形成了自己喜欢的足球风格。然后在赛季中途开始看到可能不同的结果，于是改变了比赛风格。整个赛季，球队团结一致、活力四射、斗志昂扬，最终创造了历史。当然，也有运气——一些真正的运气和一些幻想。与其最接近的对手阿森纳在赛季最关键的阶段却没有发挥出足够的实力，曼联和曼城在整个赛季都表现惨淡。对阵热刺时罗伯特·胡特（Robert Huth）最后时刻的头球，对阵阿森纳时莱昂纳多·乌略亚（Leonardo Ulloa）最后几秒的点球，都是在关键时刻出现的。人们谈论着莱斯特城的亿万富翁老板维查·斯里瓦达那普拉巴（Vichai Srivaddhanaprabha）如何建造佛教寺庙，并支持受戒僧侣给球队带来善业，这有助于在需要的时候帮助球队带来好运。也许这就是幻想，但事实仍然是：莱斯特城队制订了战术手册，并完全照章行事，结果创造出球队自己的运气。当然还有整支球队的精神，这是他们光荣的传统，将来会拍成电影，我们无疑都会喜欢。但我希望大家从中学到这样一个经验：在一场跨越数年并涉及数百人的复杂转型中，不可能预测出事情的走向，但如果我们制订出计划并坚决执行，而且具备在必要时可转向的弹性，那么我们也会有好运加持。

3^3 框架：构建并实施数字化转型的九个步骤

为实施端到端的数字化转型，我推荐的方法是分三个 Epic，每个 Epic 中有三个 Sprints。我在此借用的是敏捷 Scrum 语言，一方面是因为它听起来比较时尚，另一方面也是因为在某种程度上，我希望你把数字化转型看作是对企业的一次大规模敏捷转型。在这里使用 Scrum 思维会像我们前面讨论的那样，给你带来实现敏捷的全部好处，主要是在不用拼命推动的情况下就可以随着向前的动力一步步完成目标，但仍然可以灵活地处理每一个Sprint。我们鼓励你在一个 Epic 内灵活安排各个 Sprint，但最好是在完成一个 Epic 后再进入下一个 Epic（见图 8.1）。下面就是 3^3 模型：

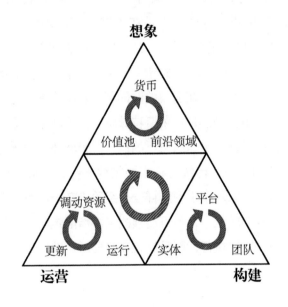

图 8.1　数字化转型的 3^3 模型

Epic 1——想象你的数字未来

　　Sprint 1—确定你的价值货币和价值目标

　　Sprint 2—探索你自己的数字前沿

　　Sprint 3—优先考虑可用的价值池

Epic 2——构建你的转型单元

　　Sprint 4—勾画平台理念的蓝图

　　Sprint 5—招募你的转型团队

　　Sprint 6—建立你的转型实体

Epic 3——运作数字化转型

　　Sprint 7—为实体合理提供资源

　　Sprint 8—每天都运行平台

　　Sprint 9—每年都更新平台

　　那么，接下来我将介绍这些 Epics 和 Sprints，讨论它们各自的含义，以及预期产出应该是什么，而且在讨论过程中会分享一些示例。不过，在开始之前，我想分享一些关于这个框架分几个步骤的想法。为什么有九个步骤？能是十个吗？应该是七个吗？所有这些问题的答案都是肯定的，这些都是有可能的。

为什么是 3^3 框架

　　大前研一（Kenichi Ohmae）提出的 3C 模型、4P 营销组合、波特的五力模型、麦肯锡的 7S 框架、九模块的商业模式画布等，这个表可以一直列下去，这些只是相对知名的。如果你曾经担任过或接触过管理顾问，你就会知道一个业内的笑话：万事皆成三。所以我问自己，应该有多少步？我清楚地知道，这个问题没有定论。像组织企业进行转型这种复杂的话题有很多变数，我可以通过调整粒度和在条框之间移动行程来编出任何维度上的数字。因此我认为，框架的结构应该建立在易于理解和易于实施的基础上，而不是试图去确定具体的构成。

以十进制为例，没有任何数学依据表明十进制优于其他不同基数的计数制度。关于十进制何以成为最受欢迎的计数制度，也没有形成共识，尽管有人说那是因为我们有十个手指，我们就是这样开始计数的。在早期文明中，只有四种计数标准：1、2、3和多。古巴比伦人使用以60为基数的60进制，这就是为什么我们仍然用60分钟等于1小时、60秒等于1分钟来度量时间。但从技术上讲，就算我们将来认定一天有10个小时，每小时有100分钟，每分钟有100秒，也没有什么能阻止。因此，简单和习惯是关键。

"分块"（chunking）是心理学中一个有趣的概念，它在一定程度上解释了"顾问"倾向于提出三分制建议的缘由。分块理论认为，如果把若干单个项目结合成一个整体，我们就能更好地记住它们。还有一些研究是关于人类大脑可以一次性处理、存储和回忆多少个新块的，结果发现是在2~4个之间。也许这就是为什么把新话题分成三大块来思考会让人感觉很舒服的原因，所以我觉得三个Epic会很好。数字3的另一个妙处在于它具有自相似性，你可以选择一点，然后双击分解成三点，之后继续下去，像分形一样深入到你想要的任何主题——谢尔宾斯基三角形（Sierpinski triangle）看起来就像上面描述的那样。

因此，有了所有这些不可思议的科学知识，我得出结论：3^3是阐明转型框架的理想方式。如果你明白我的意思，那就太好了。如果你在想："这完全无关紧要，让我们继续进行这九个步骤，因为我觉得没问题"，那样也很好，我们接下来就那么做。

Epic 1：想象你的数字未来

那应该是我在麦肯锡工作的第二周或第三周，作为公司的新员工，我被要求帮助一群领导组织全球能源和材料会议，对于我这样的年轻分析师来说，会议需要做的事情包括制作幻灯片、协调餐饮、确保出租车预订等各种杂活儿。会议最后一天，在阿姆斯特丹的大仓酒店（Hotel Okura），行业领袖在拥挤的人群面前发表了一系列演讲。在这个巨大的会议大厅的后面，我坐在一张放着我的笔记本电脑的小桌子旁。我要完成的艰巨任务是加载幻灯片，然后在点击器万一停止工作的情况下，点击播放下一页。

在我正忙着做事时，我感到有人轻轻拍了一下我的肩膀，转过身来，发现身后站着一位世界大型石油公司的 CEO。他从口袋里掏出几张黄色的便利贴递给我，并对我说："你能把这个放到幻灯片上吗？"他一边走上台一边指导我说："还有，在这个优盘里有一些扫描结果，我想把它们展示出来。"我只有不到七分钟的时间来完成这件事。我施展了一个疯狂的七分钟魔法，然后他就上台了。那些扫描图来自他的私人笔记本，是在公司董事会打电话通知他接任下一任 CEO 的那天晚上潦草写下的。上面是几个简单的要点，阐明了他的意图和他对这家巨头公司未来的设想。居然就那么简单，用 15 ~ 20 个词来描述那家大公司未来十年将如何发展。你可以想象，24 岁的我是多么惊讶和痴迷啊！

在这个想象 Epic 中，那就是我希望你们去做的。建立一个充满抱负的愿景，以你对企业周围环境的仔细理解和一些思考你到底站在什么位置才能赚最多钱的魔法为后盾（见图 8.2）。

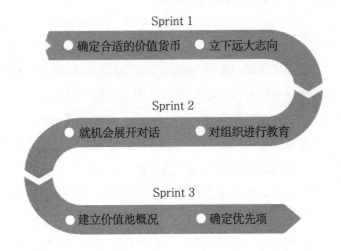

Epic 1

图 8.2　想象你的数字未来

Sprint 1：确定你的价值货币和价值目标

　　数字化转型必须能创造价值，别无他途。当然，有时候一项数字计划可能会以额外销售或成本下降的形式为你带来非常直接的价值，有时可能很难看出有直接的增值。就一项计划如何影响公司投资资本的回报，你如果找不到它们之间的关联，也没法加以论证，那么就不应该实施该计划。除非你是慈善机构、纯粹的科学研究者或艺术家，否则你绝对不应该去实施。

　　价值创造本身只意味着一件事：你创造的东西是否让市场上的某个人受益，而受益者愿意因此而补偿你？但是，即使价值创造只意味着这一件事，那也有很多表达方式，你需要确定的是你创造了什么。你可能会说对你来说创造的是企业价值，这可能是最全面的思考方式，你还可能说创造的是与企业价值相关的收入或现金流增长，或者你可能想专注于谈论提高资产生产率、降低运营费用、扩大媒体影响力以及一些最终也会带来企业价值的组成部分。我的建议是：永远要追求更宽泛，而不是更具体。因为这样有助于摆脱限制，而且你永远不知道哪方面的前景最光明，当然，除非你确切知道价值何在。

一旦你定义了价值货币，比如企业价值，你就需要为你的组织设定一个目标。当你做这件事的时候，你不要太悲观。我曾见过转型尝试因为目标平庸而导致结果平庸的情况。结果平庸不是因为领导者缺乏想象力，而是因为组织声称增长预期在文化上不合适，没有得到适当的"支撑"。我觉得这种对支撑成长的愿望的关注很有趣，仿佛是在宣称你不会允许你的企业发展到超出你个人的理解范围。所以我的建议是：要胸怀大志，不要让你自己的局限束缚你想要建立的公司。如果有疑问，就说"10年内让公司的估值翻倍"，换句话说就是你打算在未来十年内把你的公司完全重建一遍。

看看网飞公司在过去23年里是如何让市值超过2000亿美元的，这或许会让我们得到一些安慰。我想说，你可以把网飞这23年的存在分成四个不同的转变或阶段。第一个构建阶段从1997年成立开始，到5年后的2002年首次公开募股为止，当时公司的市值已经达到了2.5亿美元，一年多之后就突破了10亿美元。因此，网飞在5年多的时间里建成了一家价值10亿美元的公司，这其中有一个有趣的商业模式，但绝对算不上是令人难以置信的突破。然后是第一个增长阶段，在DVD租赁业务的驱动下，公司从10亿美元发展到2010年突破100亿美元。这又是一个用户增长的阶段，推动这一增长的同样是一个很棒的基于为用户提供便利的价值主张。接下来是第二个构建阶段，网飞将DVD 租赁业务拆分给了另一家公司，并开始专注于流媒体，并在 2013 年推出了自己第一部内容原创剧《纸牌屋》(House of Cards)。这开启了网飞公司的梦想之旅，因为赶上了制作质量改善、连接性和流媒体速度大幅提高的浪潮，当然还有负担得起的债务来资助内容创作，到 2015 年，网飞的市值突破了 500 亿美元。在过去的五年里，网飞发现自己正处于第二个用户数量超快增长的阶段，据我上次所查，其市值已经超过 2000 亿美元。

你需要确定你的公司是像 2002 年的网飞那样，拥有很棒的价值主张，并做好增长的准备，还是像 2010 年的网飞，刚刚开启业务，即将搭上技术变革和消费者变革的巨大浪潮。我当然希望是在 2010 年，其关键在于 100 亿美元和 1000 亿美元之间的差别。你如果没有这样的抱负，就不会天马行空地思考，进而无法最终取得任何突破性的成果。

Sprint 2：探索你自己的数字前沿

本书花了大量篇幅来探究六大前沿，我试图尽可能地概括，以便尽可能广泛地涵盖面向消费类企业。你不需要这么做，你可以根据自己的具体业务进行细化和深化。但如何做呢？

我不太喜欢让第三方咨询公司来帮忙撰写数字化转型计划，倒不是因为顾问帮不上忙，他们其实是有帮助的，在引入临时能力以便为整个转型过程带来动力和勤奋这方面尤其如此。但要了解趋势，需要从这三个方面入手：一是技术和趋势本身，二是对业务的理解，三是对公司文化的理解。这里需要做的是，在了解公司的业务和运作方式后，在世界范围内搜寻技术和相关见解。除了让你的领导适当花些时间去了解正在进行的技术变革，以及其他公司和初创公司如何在此基础上开展业务之外，别无他选。把了解自己公司这种事情外包给代理机构和顾问，这种情况很普遍，但让我感到震惊。

所以，我的建议是让你公司里的每个员工抽出一到两周的时间（可以是一整周，也可以是从一个季度中每周抽出一天，也许应该把时间错开，这样大家不会在同一时间离开岗位）对组织进行广泛的技术深度教育。研究这些技术本身，请未来学家来讨论这些技术在我们谈到的六大前沿领域的潜在应用，看看其他公司和初创公司的例子，研究其发展背后的历史。把这种研究看作一种新的、公司里谁都不能不具备的能力，并对每个人进行教育和认证。先不要想解决办法，那是以后的事，只需要专注于理解你周围发生的事情，并确保教育有足够的广度和深度。市面上有很多重点关注数字营销或电子商务的信息记录截取程序，但涉及广泛主题且具有足够深度的并不多。可以把本书买上几千本发给公司员工，做到人手一本！

然后让员工回到工作岗位上反复思考，在公司里开始围绕创造价值的机会展开对话。使用一个平台来记录这些想法和对话并打造透明度。我相信，你自己的员工只要真正理解技术，并有时间去消化和内化可能的影响，将比任何第三方顾问创造出更有效的价值创造机会。当然，顾问可以帮助协调整个过程，聘请一个顾问来做这件事可能是不错的主意。

爱彼迎不是一天，也不是一个月建成的。布莱恩·切斯基（Brian Chesky）、内森·布莱查奇克（Nathan Blecharczyk）和乔·杰比亚（Joe Gebbia）会希望他们能像你在自己的领域里游刃有余一样，在房屋租赁空间及其所有复杂事务方面拥有充裕的时间和丰富的经验。在不具备这种条件的情况下，他们艰难地在所有前沿领域汲取经验教训。以消费者前沿领域为例，爱彼迎创立于2007年，三位创始人的想法是让（参加设计师大会却找不到房间住的）设计师睡在充气床垫上，并为他们担任城市向导。在某种程度上他们尝试的是室友匹配服务，但这种突破还不够。直到一年多后的2008年，他们才意识到消费者面临的真正问题是酒店房间长期短缺，这一洞见促使该公司创造了一种以3次点击即可预订房间的简单体验，由此创造出一个巨大的价值创造机会。在房东方面，他们很早就花时间通过拍摄专业照片和撰写评论来提供帮助，但直到后来他们才意识到，许多房东受够了自家房子在有人入住后变成一片狼藉，这导致他们在2012年推出了百万美元"房东保障险"。他们早期严重忽视了那些习惯于坐享酒店税收收入的监管机构，这一直是该公司在全球范围内最感到头疼的大问题；监管机构也继续通过征收酒店税收、推出社区项目等方式来应对，但结果喜忧参半。

在你的前沿领域自行展开深入研究，并花时间审视数字化转型的各个方面。你确实是有时间的——这与你所认为的这个领域的紧迫性恰恰相反，我未曾见过机会因一年的市场优势或劣势而改变或丧失的情况。

Sprint 3：优先考虑可用的价值池

当你对前沿领域的研究接近完成时，你会意识到机会太多了，而且无处不在。从数字媒体到电子商务，再到新产品和工业

4.0，你需要建立一个尽管不是那么精确但可信的视角来了解这些举措是如何相互叠加的。当你开始对一系列想法产生兴趣时，你需要警惕我所称的"闪亮之物"（Bright shiny object）心态。以聊天机器人为例，几年前人们对聊天机器人的热情高涨，每个公司都在问自己何时能拥有聊天机器人。是的确有需要或是真能派上用场其实并不重要，我们只需要拥有聊天机器人。两年一晃而过，我们并没有与聊天机器人频繁交谈，也不像以前那么经常谈及聊天机器人了。那么，我们如何避免这种"闪亮之物"的思维呢？

这里提两条建议：详尽无遗和数据驱动。数字赋能的机会真的无处不在，重要的是你要让你的组织以360度的广泛视角来看待那些能实现数字增值的地方。我看到一些公司价值受损，要么是因为它们把数字议程建立在孤岛之上了，要么是因为它们没能按照一个统一的价值框架来评估竞争机会。因此，营销团队独立进行数字化营销创新，商业团队推动商业议程，而制造团队研究工业4.0的含义，分销团队则处理供应链中的数字化，每个团队都以自己为先，机会就在这个过程中丧失了。要是营销团队的第2个机会比商业团队的第1个机会更大怎么办？你不应该选择前者吗？或者，如果真正的突破是出售所有办公空间，转向按需办公模式，谁会去寻找这种类型的价值？你的数字化转型需要包含一切，没有任何例外。

按照相同的评估框架来评估所有的机会。对于任何计划，你都应该对其在一段合理的时限内（比如10年）有望获得的营业收入增量做出最准确的估计。它可能是生产力的提高、业务的新增或者是一些让员工满意的事情，不管是什么，都需要归结到你的底线上。初创公司的投资者在面对急切的创始人的商业计划时，会综合使用多种估值方法来为自己正投资的项目寻找一些安慰。大致上有四种不同的方法：查看可比交易；计算数据汇集表（DCF）估值或账面价值；用记分卡来确定与可比业务相比的相对风险；简单地将预期回报率应用于未来的预期估值。用大量的数学来解释直觉的合理性。我的建议是：根据营业收入增量贡献来比较各计划，并根据风险评分框架对每个计划进行评分，该框架考虑了团队的相对实力、构建你所设想的产品的能力、消费者对你的想法的购买意愿以及竞争环境。然后，可以将你的风险评分应用到评估中，并合理调整，以便比较。

就在我写作本书时，拥有支付宝的蚂蚁金服（Ant Financial）正准备进行有史以来规模最大的 IPO，只是随后被监管机构叫停。当世界各地的众创空间都在忙着围绕它们的"闪亮之物"大肆宣传时，这家不可思议的公司却在杭州低调的办公室里，悄悄识别一个又一个价值池，为股东创造价值。从在淘宝上为买家和卖家提供简单的托管服务开始，到几乎连接中国所有银行的移动支付和电子钱包服务，再到允许账单支付，然后到创建易于使用的投资基金，最后到创建易于获得信贷的产品，支付宝一直在寻找合适的机会，每次都全力以赴全面赢得消费者。难怪该公司的 IPO 估值超过 3000 亿美元。你的组织需要建立这种能力来将伟大的想法转化为伟大的商业计划，然后按优先级排序并完成交付。

到此，你已经完成了第一个 Epic，现在你已经开始想象你的公司在未来十年能取得什么样的成就。你拥有大胆的志向，你已经做了研究，知道机会在哪里。你已经做了估值，知道这整件事对你来说价值几何。是时候让你走进下一个 Epic 了，在那里你将构建让你实现目标的转型载体。

Epic 2：构建你的转型单元

就在我写这部分的时候，网飞播出了我最喜欢的一部电视剧的第三季。该剧名为《罪城苏布拉》（*Suburra：Blood on Rome*），是意大利语的，所以我是带字幕看的。除了美丽的罗马背景，这部剧有趣的地方在于，没有一个角色是真正完美的，你会觉得你真的和某个人立场一致，但随后这个人就做了一些非常不负责任的事，比如谋杀了五个人，这让你怀疑自己是否支持了合适的主角，其中有阿达米（Adami）犯罪家族的年轻后裔奥雷连诺（Aureliano）、罗马吉卜赛人家族的年轻才子斯帕迪诺（Spadino）、跟随父亲的步伐成为警察但刚加入警察队伍就腐败的莱莱（Lele）。他们联手组建了一支年轻的队伍，成员来自敌对各方，因为共同的事业——赢得罗马的支持而团结在一起。一切行动都受到一位性格保守、人脉很广且无所不能的策划者的监视，他被称为武士。

我之所以想用这个例子来开场，是因为我发现它与你为数字化转型而组建的团队和你将任命的领导者有诸多相似之处，我们将在此 Epic 中讨论这些相似之处：当你建立自己的数字化转型实体时，剧中犯罪集团建立联盟和占领领地的方式可能会引导你自己去做出构建决策或购买决策；令人厌恶的三人组支持使用不同的车辆走私违禁品并从纳税人那里吸走资金的方式可能会证明我们需要建立平台（见图 8.3）。免责声明——不要犯罪。

Epic 2

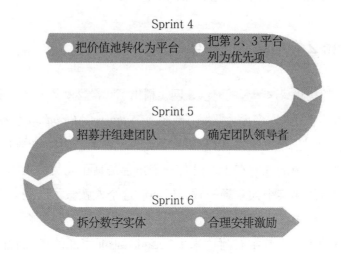

图 8.3　构建你的转型单元

Sprint 4：勾画平台理念的蓝图

　　平台是数字化转型的基石。要想在数字领域实现既定目标，这可能是一个至关重要的概念。但人们谈论起平台的时候指的是什么呢？这方面的谈论很多，领导者会抛出一个平台即未来的奇怪声明，但从来没有人解释它，所以我在这里尝试一下。在词源上看，它并没有给我们提供任何线索：Platform 这个词来自古法语 Plateformme，而后者又来自古希腊语 platus，意思是"平坦的"，拉丁语 forma 的意思是"形状"。所以，我们要处理的是平面形状。

　　我将跳过这一步，根据我们的目的把平台定义为一个市场，一个在价值创造链中直接相邻的两个实体找到对方后进行涉及价值交换的交易市场。所以，建立平台就相当于建立了市场。这听起来像是一种延伸，但这就是我想让你做的事，即超越电子商务网站甚至农贸市场的视野去延伸市场的概念。因此，在前沿领域，当我们谈到数字化的户外媒体时，我们谈到了从屏幕所有者向品牌方出售智能屏幕库存的市场；当我们谈到消费者参与时，我们谈到了在品牌和消费者之间以忠诚度换取附加值的市场。即使在工业 4.0 制造的背景下，也可以把两个制造单元之间的接口平台想象成一个内部市场，其中，单元之间按照预先商定的时间表交换部件。因此，考虑到这一点，我们接下来需要研究平台为什么重要？究其原因，主要有以下三大方面：易于构建、灵活应变和便于货币化。把计划构建为平台，你就可以对其进行整体资源配置，让它独立于组织的其他部门而发展；把计划构建为平台，可以让它自我调节，并专注于提高结果的质量；当然，把计划构建为一个独立的平台，可以让你与外部机构一起将其货币化。正如我们通过本书所了解的，更好的资产货币化将是创造价值的关键驱动力。

实际上，在执行这个 Sprint 时，你需要解决的关键是对可能有三个以上需要投资的平台进行优先级排序。当然，你可能已经带着很多想法完成了先前的 Sprint，但在这一次的 Sprint 中你将不得不进行两次演练。首先，需要查看你的价值池列表，并将其转换为平台列表。以市场的形式表达平台理念，准确界定交易，明确价值即增量营业收入的来源。与此同时，你还应该查看自己的一长串平台列表，看看是否有必要将其中一些放在一个更大的平台下，特别是在团队、合作伙伴、客户或其他利益相关者的性质相似的情况下，这么做更有必要。当然，你需要区分优先级，你应该根据组织的规模来决定自己能承担多少，但我还没有发现哪家线下本地公司同时提供了三个以上成功运行的平台。

让我们以美国外卖平台巨头"管饱"（Grubhub）为例，从食品配送商的角度来看这种平台理念。该平台成立于2004年，主要是为提供外卖服务的餐馆提供在线菜单，因此这里的市场本来应该是餐馆与消费者交换菜单信息，"管饱"得到餐厅补偿。2015年，"管饱"在其平台上为那些不自己送餐的餐馆增加了外卖服务，这时的市场就变成了向消费者提供送货服务，然后让他们付费。"管饱"推出了一个销售点整合平台，让餐厅更容易管理在线餐饮订单，这其实是一个虚拟餐饮平台，餐馆无须实体店就可以在线销售食物。"管饱"选择将所有这些独立的平台聚合成一个更大的市场，向餐馆老板和消费者提供订餐和送餐领域的服务。

你的目标应该是以类似的蓝图来完成这个 Sprint，这个蓝图最多包括三个平台，三个未来十年对你来说最有价值、最有趣的平台。

Sprint 5：招募你的转型团队

应该由谁来监督组织里的数字化转型？这可能是最关键的问题，而且没有正确的答案。没有正确的答案并不意味着没有好的答案，并且还有一些不好的答案。理想的候选人需要具备这四种人格：商业价值创造者、技术专家、战略家和布道者。这四种全都具备的是完美候选人，但求之不得。优秀候选人具备其中三种，但不是任意的三种。大多数领导者最多只具备这三种中的两种，遗憾的是，有些领导者只具备一种——这些都是错误的答案。所以，如果你必须三选一，你应该放弃哪些？耐人寻味的是，要打造一家以技术为基础的企业，我认为领导者不一定需要具备深厚的技术知识这种品质。因此，我的建议很简单：在你的领导层中找到这样一个有魅力、有战略思维、关注业务的人，让他学习技术并获得技术支持。当然，除非你能找到一个同时拥有这四种人格的人。

当你建立自己的内部创业公司时，你对自己的愿景有多自信，对潜在趋势有多自信，你将这种自信转化为商业计划的能力有多大，让投资者或公司领导人看到这些后告诉自己两件事：（1）这似乎是个好主意，从目前的流行趋势来看，很有可能会奏效；（2）所有的经验都告诉我们，它并不会完全按照商业计划所阐述的方式奏效，但提出想法的人会找到办法的。这就是为什么创业公司的创始人都超级有魅力，在投资者面前，即使是内向的人也会像教会领袖一样充满激情。所以，如果你认为你在做什么，那就把它发布出来，找到合适的人来开发它，并把这个想法推销出去，也许，只是也许，你会在你的公司里打造出下一个脸书公司。

接下来是组建团队。领导者找得合适，团队就会跟随他。记住，在这种情况下，领导者必须是一个真正了解业务、充满激情的战略家，还得是一个油滑的推销员。激励员工把他们的命运与不存在的东西联系起来是很困难的，但这就是魅力和故事的源泉。有了正确的表述，团队其他成员的人员配备绝对不成问题，公司的办公室里挤满了渴望进入更有趣的环境的人，他们希望能从中学到更多东西。大量经验丰富的专业人士放弃安稳的岗位而加入薪酬大幅削减的初创公司，就是对这一点的证明。也许你还可以试试几个怀才不遇的中层，引入一些外部人才来完善团队的职能专长，你就万事俱备了。

我们来看看领英这家众所周知的公司。领英创办于2003年，2016年以260多亿美元的价格被微软收购，如今在全球拥有2万多名员工。先说创始人里德·霍夫曼（Reid Hoffman），他在硅谷创下辉煌的职业生涯后，于2000年初加入贝宝担任首席运营官，然后于2002年底创立了领英。联合创始人艾伦·布鲁（Allen Blue）也紧随霍夫曼和来自社交网的让－吕克·韦兰特（Jean-Luc Vaillant）的步伐。因此，作为经验丰富的专业人士，霍夫曼通过自己的交际圈子组建了自己的团队，包括他过去的同学和同事，我们看到这种故事在初创公司中一遍又一遍上演。当你建立自己的数字化转型团队时，不要放弃这种有机的、由创始人领导的团队建设方式。在危机的早期，个人的关系网将激励你的团队相互依赖，合作应对共同建立新业务的所有挑战。

Sprint 6：建立你的转型实体

要创业就得遵守创业规则。回想商学院的基础课程"金融101"，企业价值是所有预期的未来折现现金流的净现值。我不会在此解释估值，我更感兴趣的是这个定义中的一个很少被提及的词，即"预期"，世界上所有的"独角兽"和"十角兽"企业都是在这个词的基础上创建起来的。因此，推动收入和盈利能力的增长是提高企业价值的重要杠杆，促进预期的行为也是如此。许多公司肯定还没有像初创公司那样充分利用这种杠杆，也许是因为风险，即业务中高度不确定但期望巨大的部分可能会破产，这可能会导致整个公司的价值缩水，包括其坚实可靠的核心业务。但是，没有风险就没有回报，所以公司需要决定是否要在期望方面做文章，这就是创业博弈。如果当务之急是像初创公司那样思考，那么接下来就需要像初创公司那样行动起来。不能按照公司的规则来创业，这有点像在高尔夫球场上用推杆开球，它会有一些效果，但不会像1号木杆的开球效果那么好。顺便说一下，反之亦然，不能真正按照创业规则来运营企业，正是这种尝试导致了众创空间公司的破产。创业最简单的方法就是开创一家创业公司，这是支持你把数字化转型嵌入自己的实体中的一个强有力的论据。

另一个观点是不要去干涉转型。开始转型的时候，你的内心会有不同的反应，也会出现形形色色对此不相信的人。未被说服的人说"这在我们的行业行不通"，规避风险的人说"我认为我们应该等等看"，还有最糟糕的，说得多做得少的假支持者会说"很兴奋要这么做"。这种隐性的反对经常会出现，因为虽然人们多少都明白不去做改变是不可能的，但紧迫性也没有足以让他们真正费心去做相关的任何事情。出于这个原因，我认为考虑把转型应用场景分离开并融入一个单独的实体是很重要的。

指望短期业绩激励下的领导者为只有经过三五年或十年后才能体现成果的计划而全力奋斗是不合理的，这个期限远远超出了奖金兑现窗口期，也可能远远超出了那位领导者的剩余任期。总而言之，太多的时间花在了让人们去做他们分外的工作上。在你新创的实体中把你最愿意培养且最有能力的领导者培养出来，并资助和激励他们建立新的数字平台，这是一条更合适的成功之路。

谷歌的"字母表"公司（Alphabet，实际上可以说成"字母表"旗下的谷歌）是一个不错的例子，说明了一家强大的现任公司多年来如何用一个成功的产品（在谷歌的例子中是谷歌搜索）组建新公司，并把这些新公司留在一个相关但又清晰的结构中，在时机成熟时将它们整合起来，但在它们组建起来之前，让各家独立发展。想想安卓、谷歌地图、油管等产品，现在已经深度整合，但像谷歌的无人驾驶公司 Waymo 或生命健康公司 Calico 等新成立的实体在组建过程中仍一直保持相对的独立性。

你需要取得平衡，即在允许自由组建新公司的同时，确保组建战略与原公司战略保持一致并坚决纳入公司治理中。第二个 Epic 将就此接近尾声。你现在有了平台优先级的架构，这将是实现数字化转型的基石。你也有了合适的领导，他和你一起找到了你的创业团队，你已经组建起一个实体来从中构建这个平台。在下一个 Epic 中，你将为这个实体提供合适的资源或资金，为持续运行它而创建出合适的环境，并与你的公司关联起来，以不断更新你的数字化议程。

Epic 3：运作数字化转型

2020 年 9 月 6 日，在被称为速度圣殿的蒙扎国家赛车场，一级方程式赛车能够加速到最大极限速度。这一年，赛车在起步至终点的主要直道结束时的时速达到了 360 公里；这一年的比赛极具戏剧性，为我们奉上了不同寻常的比赛结果：斯卡德里亚·阿尔法托利车车队（Scuderia alphaauri）的皮埃尔·加斯利（Pierre Gasly）赢得胜利。这个结果不同寻常，但却因为一些原因而极受欢迎并广泛获得庆祝。对于这项在过去十年中由三支球队主导的运动来说，看到一支新车队赢得比赛可谓令人耳目一新。阿尔法托利车队也是红牛车队的"初级"团队，皮埃尔·加斯利在红牛车队的半个赛季都表现不佳，去年被毫不客气地降级到阿尔法托利车队，这次获胜是他的救赎。一想到青年队可以胜过主力队，这就更加令人兴奋。

我们之所以对这个类比感兴趣，有以下几个原因。首先，红牛车队和阿尔法托利车队都使用了一些相同的重要汽车部件：本田今年提供的相同的发动机、相同的变速箱、相同的前后悬架，可能只要规则允许，一切都是相同的。但除此之外，最重要的是在空气动力学的关键领域，两队遵循的方法是完全独立的。当然，红牛车队获得的投资更多，选择的是最好的车手，但这让阿尔法托利车队更渴望获胜，每隔一段时间就会像在2020年的蒙扎比赛中一样亮出一张王牌。拥有第二支车队也为红牛汽车赛创造了更多的获利机会，将其作为独立车队的部分原因是为了最终的分拆和出售，无论是部分出售还是完全出售。因此，当我们开始建立自己的"姐妹实体"来推动数字业务时，我们可以从中学到一些有趣的经验：让这些实体与我们的主体公司捆绑在一起，同时允许它们以自认为适合在市场中获胜的方式运营（见图8.4）。

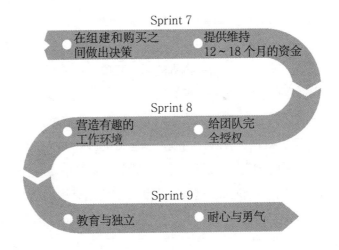

Epic 3

Sprint 7

在组建和购买之间做出决策　　提供维持12～18个月的资金

Sprint 8

营造有趣的工作环境　　给团队完全授权

Sprint 9

教育与独立　　耐心与勇气

图8.4　运作数字化转型

Sprint 7：为实体合理提供资源

当你开始为这种新的数字化转型工具分割资源时，你需要做出两个关键的决定。你应该组建、购买、以少数股权投资还是以控股权投资？如果真的决定组建，你应该为这个实体提供多少资金？我们先来讨论第一个问题。

当然，这里提供不了明确的答案，我也不会笼统地说一定要组建、一定要购买或一定要投资，但让我们比较下不同方法的优缺点，看看是否能一起学到一些东西。让我们从购买还是组建的问题开始——这其中的明显优势是上市时间，已经建立的初创公司当然比你自己从头开始建公司要快得多。初创公司已经建起来了，进入市场的风险更低，而你自己的计划可能会也可能不会实现。因此，如果你对平台和潜在机会有信心，并且认为与你自己对价值池的评估相比，现有资产的估值是合理的，那么就应该购买。接下来，让我们考虑三种可能——收购 100% 股权、收购控股权和收购少数股权。如果你真的想让某项资产或某个平台成为你公司不可或缺的一部分，那么我不太赞成购买其少数股权。在初创公司拥有董事会席位会给人一种控制感，但在我的创业生涯中，我发现少数投资者对公司战略和运营的影响力微乎其微。如果你纯粹是为了在退出时赚钱而进行投资，这可能是一种利润丰厚的退出方式，但我认为这不是你想要的。这就引出了是 100% 投资还是多数控股的问题，这个问题也有两个方面。如果你最终打算完全拥有一家公司，购买其 70% 的股份实际上意味着你最终会以更高的估值购买剩下的 30%。另一方面，如果没有一个仍持有公司 10% 股份的管理层，没有外部投资者（战略投资者和纯粹的金融投资者）带来的额外动力和压力，真的会让初创公司失去活力。我们之前讨论过让外部合作伙伴通过平台获利的想法，以及基于创业规则建立初创公司的理念，这些让我找到了最佳的选择。所以，找到合适的初创公司，进行控股权投资，保持管理层持股，以更高的估值邀请外部投资者，因为这样你和公司有关联，风险也更低，而且目标是在几年内实现完全分拆。

　　如果你正在创建初创公司，该如何为其提供资金？我建议第一次就为这个团队提供 18 个月的资金。大多数初创公司在前几年的可用资金撑不过 12 ~ 18 个月，往往每年都需要筹资。当然，我是在概括地平均而言，因为创业界的口头禅通常就是不断筹资，越多越好。把握好融资时机，尽可能推迟融资，获得更长的投资期限，以获得更好的估值，但不要晚到现金明显快要耗尽的时刻，那时会正中鹰派投资者下怀，最终以下跌告终，这是一项宝贵的技能。例如，我的创业公司创始人老板在资金还剩不到 6 个月的情况下有勇气拒绝一个潜在投资者，在投资者回到谈判桌上时设法为我们所有人争取到了一笔更好的交易。但并不是每个人都适合这么做。然而，在你的数字实体中，你的员工不必担心现金耗尽，我认为这与其说是优势不如说是劣势，这再次表明了让管理层持有股份和从外部筹资的重要性。对自己股权稀释的恐惧促使管理层在资金使用上做出更谨慎的决定，并在寻求增长方面带来更大的侵略性，只你想要继续创业游戏，这方面就无法避开。

　　当谈到组建、购买或拆分时，一个很好的例子就猫途鹰，尽管它自创立以来多次易手，但领导者一直没变。猫途鹰由斯蒂芬·考弗（Stephen Kaufer）和他人联合创立于 2000 年，2005

年被 IAC 收购，后者将其与其他几家旅游公司合并，并将其分拆为 Expedia，而斯蒂芬·考弗继续领导猫途鹰。2011 年，Expedia 由达拉·科斯罗萨西（Dara Khosrowshahi）领导，他现在是优步的 CEO，他将猫途鹰剥离出来在纳斯达克上市，当时估值约 40 亿美元，当然，斯蒂芬·考弗继续领导该公司。这其中有很多变数，但我想要证明的是你可以组建或者收购并整合互惠互利的公司，只是在稍后阶段要将它们重新拆分，始终保持对公司的管理和核心增长路径的控制。

Sprint 8：每天都运行平台

上一章讨论过的情感平衡是初创公司每天运营的核心，在你的数字实体中，你要捕捉员工工作方式和公司运营方式中的所有积极因素。我认为，确保我工作的初创公司运转良好且让我们最终取得成功的是这四件事，即预期收益、完全授权、专注于业绩和真正有趣的环境。让我们深入研究一下。我之所以加入创始团队，是因为我有机会在几年内比我以前从事咨询业或后来去的公司赚到更多的钱。我认为这几乎适用于所有人，即使当人们谈论这方面的所有体验时也是如此。如果预期收益不是很大，就没有人会申请加入。重要的是，要为转型领导者建立类似的薪酬机制，因为这样不仅会让你得到最优秀的人才，还会让这些人才保持提升价值的积极性。在需要做出决策时，我们都有 100% 的权利和自由去决策。这并不意味着我们可以不负责任，恰恰相反，对我们的期望是在模棱两可的情况下快速做出决策，但这样显然可能导致冲突。在我入职三个月后，CEO 把我叫到一边，说他对没有人抱怨我而感到不悦——他希望我的工作方式更有挑衅性。

拥有这种自由有助于我们大家敢于冒险。

我们非常关注业绩。你可能是场上最有天赋的人，但如果你的数据不好，你就得出局。员工获得奖励的依据不是潜力，而是结果。很多像我这种有过顾问经历的人在艰难度过的最初几个月里，对此感同身受。在业绩评估几乎纯属主观的环境中，"评级"基本上是靠一群同事提供的反馈来形成的；在初创公司，靠的是销售情况。这就消除了"我支持我的员工"观念的影响和在很多公司绩效评估中普遍存在的任人唯亲的现象，得以让合适的人到合适的地方工作。当然，它并不总是完美的，任何创业公司的创始人都有自己的"团队"，与这位创始人的亲近程度成了某种关键的成功因素，但除此之外，我们建立过一种比我以前或曾经看到过的更客观的绩效文化。最后是日常体验，不加装饰却饶有趣味的办公环境。我们的大多数办公室基本上都是拥有数百张桌椅的大房间，每个人都坐在固定的位置上。想和市场部同事见面？走出 20 米就是对方的办公桌。想让 CEO 知道什么？站起来大喊一声就可以。在办公室的每一天都像是在参加一场运动，二十八九岁到三十岁出头的平均年龄肯定是个有利因素。但这是否意味着没有年轻人就不能经营公司呢？或者说年长的领导者没有能力去做到不分等级且让人觉得有趣？我不这么认为，我目前公司的 CEO 无疑是我职业生涯中见过的最平易近人、最容易让人产生共鸣的资深领导者。但是，组织结构实现扁平化需要一场大规模的文化变革，这种变革试图否定花 20 年来培养公司领导者的价值，而剧烈的变革需要剧烈的步骤。

让我们来看看声田，这是一家我在本书中多次提到的很了不起的公司，目前正迈向估值突破 500 亿美元的关口。该公司成功的基石之一是"声田模式"（The Spotify model），该模式来自公司的工程团队，他们自行组织起来，敏捷交付高质量产品，同时为员工营造出良好的工作环境。来自不同职能部门的人在小队（Squad）中一起工作，在一个特定区域的多个小队组成一个部落（Tribe）。每个部落都有一个三人组（Trio），由部落领导、产品领导和设计领导组成，以保持这些领域的紧密联系。高级技术领导者领导分会（Chapters），维护专业领域的最佳实践和工程标准。此外，员工还可以根据个人兴趣加入公会（Guilds），也可以加入多个部落为实现关键目标而聚集在一起的联盟（Alliances）。这一切可能听起来很复杂，但无须复制它。我们得到的经验是：就像声田所做的那样，你需要在如何让你的数字企业获得所需的授权和敏捷优势方面进行创新，从而有能力从中为自己创造出价值。

Sprint 9：每年都更新平台

这是最后一个 Sprint，我想以最后一个例子开始，这是一个绕不过去的成功创业故事，公司名叫 Zoom，在我行笔至此的时候，该公司的估值突破了 1400 亿美元。视频会议软件公司 Zoom 由袁征（Eric Yuan）创立于 2011 年，该领域包括微软的 Skype、谷歌的 Hangouts、思科以及 BlueJeans 等财力雄厚的初创公司。但凭借卓越的产品和良好的合作伙伴关系，Zoom 继续刷新其价值主张，并不断进行后续融资，直到 2019 年首次公开募股。由于新冠疫情的出现，Zoom 的使用率和股价双双飙升，随着安全担忧成为优先事项，公司开始更多地关注加密问题。世界转向远程工作的长期趋势让 Zoom 现在进一步更新了其价值主张，硬件合作也纳入其中了。在过去的十年里，这么一家专注于不断优化视频通话方式的公司，通过视频会议这种看似微不足道的东西，实现了令人难以置信的创新，这真是不可思议。

那么，如何让数字化转型不仅仅成为一次性事件而成为公司在能力方面的长期追求呢？在获得完全授权可以决定公司的发展方向后，当然也要经过"董事会"的批准，你的内部初创公司将会自我学习、自我发展，所以你对此不必担心。但你需要保持渠道畅通，思想流动，转型积极。一个结构良好、激励有效且教育有方的组织，将独立地实现自我更新，并保持基业长青。

把数字化转型单设成独立部门，不要将其嵌入营销、销售、供应链或 IT 部门。让你的数字部门领导像其他业务部门或业务单位一样，直接向公司的高层领导汇报。如果你有一个处理新商业风险的组织，那也可以为数字团队提供一个合适的位置。将数字化置于职能部门之下，将彻底摧毁对平台进行端到端思考的价值，你的优先级和紧迫性也将在内部治理中丧失。对现有的组织来说，这将是痛苦的，但我坚信这是实现重大转型的最佳方式。

这是我们之前讨论过的，我在这里再强调一下。大力投资对你的组织进行深度技术教育。你可以常年都做路演，所以在任何时候，世界上的某个地方都有一群人在学习。确保学习有足够的深度且能立即引发相互鼓励并完善思维的讨论。这里需要强调的一个重要观念是，数字化不是你的技术团队学习如何做生意，而是你的业务团队学习如何使用技术来做未来的业务。就像你对待公司其他部门一样，根据预先商定的目标，包括通过平台和服务的商业化运作所创造的价值，与外部客户一起来激励内部初创公司。但要鼓励它们更多地筹集外部资金。筹集资金是一件美好的事情，它能推动团队不断思考价值创造，不惜一切代价，同时可以减轻你对初创公司的全部融资义务。另一件重要的事情是要有耐心，数字平台是一场积累的游戏。一次积累一个消费者，一周又一周地积累知识和经验。初创公司只有在资金耗尽的时候才会倒闭，你也必须这样对待你内部初创公司。

但最重要的是，当你尝试做这一切时，要表现出勇气。我在相对和平的 90 年代长大，没有经历过太多苦难。我听说过有关世界大战、黑手党和恐怖主义的故事，让我很感兴趣的是，世界各地都有很多像我一样有血有肉的人有这样的戏剧性经历。在童年和刚成年的大部分时间里，我都在想，一个人是否能挺身而出去做一些成就非凡的事情，或许首先取决于其周围的环境是否非凡。我想，伟大的时刻会激发出人们的伟大。

我认为这可能也适用于公司。我们正生活在一个深刻变革的时期，仿佛有几场冷战同时在进行。代际变化正在发生，千禧一代已经 30 多岁了，从西方到东方的经济再平衡正在进行，社会自由主义者和社会保守主义者之间存在着价值观冲突，穷人和富人之间存在着权利的冲突。我们的海洋里到处有垃圾，我们的肺里充满了废气。技术每隔几年就会发生不可思议的变化，机器设备变得过时，生活方式也随之过时。在这一切之中，我们正遭遇新冠肺炎的全球大流行，且没有丝毫缓和的迹象。没错，毫无疑问，一场"战争"正在进行，而这也为我们带来了一个推动变革的机会。你可以想象，每一家大型公司的每一位创始人，在某一天起床拨打第一个电话，写下第一行代码，开始打印商业案例的第一段，或者和朋友喝咖啡时首次谈论自己的想法之前，都会有片刻的犹豫，怀疑自己是不是在做白日梦。但在他们内心里，有某种东西促使他们继续前进，无论如何都要迈出第一步。同样很有可能的是，无论他们有什么共同的想法，他们的生意已今非昔比了。但如果没有勇气迈出第一步，他们就不会改变自己的生活，也不会在这一路上改变数十亿人的生活。所以，在这最后一个 Epic 中，你调动资源、推动转型，并以充分的勇气为了持续获得成功而奋斗。

全书到此为止。我们从了解价值创造并审视十大技术趋势和十大消费趋势开始，讨论了六大前沿领域：触达、互动、交易、产品与品牌、生产与销售以及公司职能。最后，我们探讨了 3^3 框架，我在其中提供了一个蓝图，作为你进行数字化转型的基础。我和读者朋友的旅程到这里就结束了，我屏住呼吸，热切期待着未来十年，我会理解并从你们将采取的行动中学习，捕捉到世界何以如此运转的本质道理。

后记 | EPILOGUE

2060 年 11 月的一天，天刚破晓。

在柏林，早上 6 点，奥丁刚刚醒来。下个月他就 60 岁了，他正在反思过去的 25 年。他回想起与伴侣在壳牌加油站的第一次约会，并期待着当天晚些时候驱车 100 公里前往不远处的海滩。他们仍然分居，但他俩在介乎婚姻和友情之间舒适地度过了过去的 25 年。奥丁做好准备，舒适地坐进他的旅行舱，加速驶向一个过去叫作罗斯托克但现在完全淹没在水下的地方。我们没能及时阻止全球变暖，现在全世界的大部分资源都被用于建造巨型大坝和恢复土地。几分钟后，奥丁伴侣的吊舱出现在视野中，与他的舱并排前行，最终会合。隔板向上滑动，两舱合二为一，她滑到奥丁旁边的座位上，在他的脸颊上快速吻了一下。

在孟买，上午 10 点 30 分，瓦哈德刚刚吃过早餐。他非常高兴的是自己仍然和两个女儿住在一起，她们一个是海洋采矿工程师，另一个是法律从事者，专门研究百岁老人的权利。他打开第三台投影仪，获取印度北部的最新消息。三年来，印度整个北部都发生了大规模的粮食暴动，他一直生活在恐惧中，担心暴动会蔓延至孟买。在全球各地，少数群体的生活质量仍没有改善，愤怒总是很快转向最弱势群体。瓦哈德看了一会儿，然后决定不看了——他想回到他们在 21 世纪 30 年代的生活，于是在他的内容设备中输入了几个参数，设备在五分钟内人工渲染了瓦哈德家在2035年某周日的一小时记忆，并在3D投影仪上播放。

在首尔吃过午饭后不久，杰登坐在自己位于江南区第400层的公寓阳台上。他凝视着天空，没有一丝阳光照射在他依然精致的脸庞——通过多次移植等整容手术，他现在仍然是年轻时的样子。天空中有一大群无人机和小卫星让他晒不到太阳，虽然政府已经围绕禁飞区制定了规定，但收效甚微。杰登也需要那些东西，他不再经常走出公寓大楼，这幢楼不仅仅是一座摩天大楼，足足有500层的巨大建筑俨然成为一个小镇，在曾经时髦的江南区附近延伸了多个街区。

波哥大，午夜将至，努诺正准备收工。埃德自杀已经十年了，努诺也指责过执法部门。遗憾的是，政府曾持续对移民采取非常强硬的手段，埃德加入了反对这种保护主义政策的大规模全球运动。努诺认为埃德在随后爆发的内战中并非直接而是间接地成为高度监视的目标，最终，这让埃德无法承受。这是他人生的一个转折点。内战胜利了，国家变得更好了，但是激进主义已经伤了努诺的心。他放弃了拉小提琴，将所有的努力转向了新的激情——植树造林。就在去年，所有的亚马逊热带森林完全恢复到了150年前的状态。埃德对此会很骄傲的。

向北几千英里，巴特也即将进入睡眠状态，但不再是真正的睡眠了。巴特今年90岁了，根据他的计算，他的体重只有人类的65%。他的胃、食道和部分大肠都是人造的。那些雷尼胃药片在他75岁后就不起作用了。他的双腿都安装了支撑件，身体里还有一些其他的小植入物。他仍然打高尔夫球，但不再是打真正的高尔夫球了，全都是虚拟的。事实上，上个月他在巴哈马度过了整整五天的虚拟假期。度假时他的年龄是 45 岁，他去玩了虚拟潜水，很有趣。可惜，巴哈马现在已经消失了。吉尔和他一起度假——重温他们最初的、真实的巴哈马之旅，这感觉真好。真正的吉尔就坐在他身边，巴特觉得她看上去还是和他们初次见面时一样漂亮。

这个世界已经今非昔比，11 月的这个日子充满了欢乐和痛苦、团聚和孤寂、爱恋和悲剧、乐观和毁灭。但我想这些都会在 11 月的每一天以不同的形式上演，而且很可能会永远上演。地球旋转不息，生命也会不断出现意想不到的神奇。